# 中国刑事案例指导制度研究

RESEARCH ON
THE GUIDING SYSTEM OF
CRIMINAL CASES IN CHINA

刘银龙　著

图书在版编目（CIP）数据

中国刑事案例指导制度研究 / 刘银龙著. -- 北京：当代中国出版社, 2024.12. -- ISBN 978-7-5154-1515-4

Ⅰ. D924.05

中国国家版本馆 CIP 数据核字第 20247AP383 号

| 出 版 人 | 蔡继辉 |
|---|---|
| 责任编辑 | 邓颖君　李　昭 |
| 责任校对 | 贾云华　康　莹 |
| 印刷监制 | 刘艳平 |
| 封面设计 | 宋　涛　鲁　娟 |
| 出版发行 | 当代中国出版社 |
| 地　　址 | 北京市地安门西大街旌勇里8号 |
| 网　　址 | http://www.ddzg.net |
| 邮政编码 | 100009 |
| 编 辑 部 | (010) 66572156 |
| 市 场 部 | (010) 66572281　66572157 |
| 印　　刷 | 中国电影出版社印刷厂 |
| 开　　本 | 710 毫米×1000 毫米　1/16 |
| 印　　张 | 15.75 印张　1 插页　254 千字 |
| 版　　次 | 2024 年 12 月第 1 版 |
| 印　　次 | 2024 年 12 月第 1 次印刷 |
| 定　　价 | 98.00 元 |

版权所有，翻版必究；如有印装质量问题，请拨打（010）66572159 联系出版部调换。

# 序

长期以来,同案不同判是我国司法实践的一大痼疾,建立与贯彻案例指导制度无疑是有效解决该司法问题的重要举措之一。通过指导案例,可以为类似案件提供参考,减少司法裁量的随意性,确保法律的统一性和公正性。我国建立和贯彻案例指导制度 10 余年的实践表明,案例指导制度为更好地统一司法尺度,进而维护司法的公平公正发挥了极其重要的作用。尽管如此,案例指导制度在我国仍然属于新生事物,虽然已有极为丰硕的理论研究成果对案例指导制度的相关问题进行了颇为深入的探讨,对案例指导制度的运行发挥了重要的促进作用,但不乏需要进一步深入讨论的案例指导基础问题,而且随着案例指导制度的贯彻也产生了诸多需要研究的新问题,特别是,既有刑事、行政等公法类案例指导,又有民商事等私法类案例指导,因法律属性与调整对象不同,不同部门法的案例指导制度又各自具有特殊性,所以还需要分部门法进行案例指导制度的研究。因此,案例指导制度中有待继续深入研究的领域和问题还有很多。

刘银龙副教授撰写的《中国刑事案例指导制度研究》一书聚焦刑事案例指导制度的理论与实践问题,在全面考察我国刑事案例指导制度的建立、发展的历史及现状的基础上,对刑事案例指导制度的正当性基础、法律本质、价值追求等本源性、基础性问题进行了深入的研究与准确的阐释,对刑事案例指导制度实践中运行存在的问题及其成因进行了准确的揭示与分析,提出了进一步完善刑事案例指导制度的颇为合理可行的解决方案。该书以下四大亮点凸显其具有非常重要的理论意义和实践价值:

一是深入分析了刑事案例指导制度与罪刑法定原则的关系,明确指出刑事案例指导制度与罪刑法定原则相契合,对罪刑法定原则的实现颇有助益。刑事案例指导制度与西方判例法制度有别,其是在现有成文法框架之下进行的释法活动,不存在法官造法,而且在明确法律规定、规范法官自由裁量权等方面助推罪刑法定原则的实现，司法案例与成文法的有效结合才是罪刑法定原则的真谛。

二是对刑事案例指导制度进行了准确的定位，指出该制度的宗旨在于统一法律适用，对立法与司法解释有诸多补足功能。作为一项司法改革举措，刑事案例指导制度重在适用法律，绝非创制法律。刑事指导性案例自身没有法律效力，其只是适用成文法之典范。刑事案例指导制度可以弥补成文法的不足，对指导司法裁判，指导规范量刑，活化与发展立法，指引、预测以及回应社会公众关切具有补足功能。

三是采用实证分析方法对最高人民法院已经颁布的 36 个刑事指导性案例的司法援引情况进行深入分析得知，刑事指导性案例的援引数量少、频次低，法院参照指导性案例较少，法院对其他主体援引刑事指导性案例的情形未给予回应，对刑事指导性案例的援引也有失规范。由此可以断定刑事案例指导制度的运行效果较差，未达至其预期目标，亟须寻找破解之道。

四是提出了要不断提升刑事案例指导制度的影响力。指导性案例的效力问题一直是学界与司法实务界争论焦点，至今仍未达成共识。基于我国法律体制与司法实践考量，我们不妨转变观念，从争论指导性案例是否应当被赋予效力转化为如何提升刑事案例指导制度的影响力。只要刑事案例指导制度在司法实践中能够产生广泛的影响力，其运行效果自然会好，无须特别强调其是否具有法律效力。这样既不会有违反我国法律体制之嫌，还能有效地促进刑事案例指导制度功能的发挥，统一司法尺度，实现司法公正。

因而有理由相信，本书不仅丰富和深化了我国关于案例指导制度的理论研究，而且对今后刑事案例指导制度的运行和完善也具有重要的指导价值。银龙敬我为师为长，我待其为友为弟，看到他取得如此高质量的研究成果，由衷地为他高兴，期望他再接再厉，继续在案例指导制度领域深耕，取得更多更好的研究成果。

是为序。

刘志伟[*]

2024 年 10 月于北京师范大学刑事法律科学研究院

---

[*] 北京师范大学刑事法律科学研究院教授、博士生导师，兼任中国刑法学研究会副会长、中国法学会案例法学研究会副会长、最高人民检察院专家咨询委员。

# 目录
## Contents

绪　论 …………………………………………………………………… 1
一、选题的背景和意义 ……………………………………………… 2
二、研究现状 ………………………………………………………… 6
　　（一）域内研究现状 ……………………………………………… 6
　　（二）域外研究现状 ……………………………………………… 11
三、本书的基本框架 ………………………………………………… 19
四、研究方法 ………………………………………………………… 21
　　（一）历史研究方法 ……………………………………………… 21
　　（二）比较研究方法 ……………………………………………… 22
　　（三）实证研究方法 ……………………………………………… 22

**第一章　刑事案例指导制度的本土化发展：历史与现状** …………… 23
一、刑事案例指导制度的孕育期 …………………………………… 23
　　（一）案例指导工作的探索 ……………………………………… 23
　　（二）案例指导工作的繁荣 ……………………………………… 26
二、刑事案例指导制度的诞生期 …………………………………… 29
　　（一）"两高"《案例指导规定》的出台 ………………………… 29
　　（二）最高人民法院《案例指导规定》的解读 ………………… 30
　　（三）最高人民检察院《案例指导规定》的解读 ……………… 33
　　（四）刑事指导性案例发布主体的定位 ………………………… 36
三、刑事案例指导制度的成长期 …………………………………… 40
　　（一）刑事案例指导制度的推进 ………………………………… 40
　　（二）最高人民法院《实施细则》的解读 ……………………… 41

　　　　（三）最高人民法院《案例指导意见》的解读 …………………… 44
　　　　（四）指导性案例与非指导性案例的关系 …………………………… 47
　　四、刑事指导性案例的发布现状 …………………………………………… 51
　　　　（一）刑事指导性案例所涉罪名 …………………………………… 62
　　　　（二）刑事指导性案例的问题点 …………………………………… 63
　　　　（三）刑事指导性案例的类型 ……………………………………… 67
　　五、本章小结 ………………………………………………………………… 70

**第二章　刑事案例指导制度的正当性基础：现实与法理** ………………… 72
　　一、刑事案例指导制度产生的现实基础 …………………………………… 72
　　　　（一）成文法天然存在滞后性 ……………………………………… 72
　　　　（二）司法解释未能有效化解成文法的弊端 ……………………… 73
　　二、刑事案例指导制度建立的法理基础 …………………………………… 76
　　　　（一）司法机关享有法律解释权是法律运行的必然选择 ………… 76
　　　　（二）法官事实上承担着解释法律的重任 ………………………… 78
　　三、刑事案例指导制度是法官释法的有益尝试 …………………………… 80
　　　　（一）传统解释体制下法官释法功能未得到有效发挥 …………… 80
　　　　（二）案例制度促使法官解释法律权回归 ………………………… 81
　　四、本章小结 ………………………………………………………………… 83

**第三章　刑事案例指导制度的法律本质：立法与司法**
　　　　——立足于与罪刑法定原则的关系 ……………………………………… 84
　　一、刑事案例指导制度与罪刑法定原则相契合 …………………………… 84
　　　　（一）罪刑法定原则的价值内涵 …………………………………… 84
　　　　（二）刑事案例指导制度应坚守罪刑法定原则 …………………… 87
　　　　（三）刑事案例指导制度并无法官造法 …………………………… 90
　　二、刑事案例指导制度对罪刑法定原则的确证与强化 …………………… 95
　　　　（一）促进刑法规范的明确化 ……………………………………… 95
　　　　（二）促进法官自由裁量权的规范化 ……………………………… 97
　　　　（三）促进罪刑法定原则的司法化 ………………………………… 100
　　三、本章小结 ………………………………………………………………… 101

## 第四章 刑事案例指导制度的价值追求：定位与功能 …… 104
一、刑事案例指导制度的定位 …… 104
（一）学说争鸣 …… 104
（二）刑事案例指导制度旨在法律适用 …… 106
（三）刑事案例指导制度是立法实现的辅助方式 …… 108
（四）刑事案例指导制度是司法解释的有益补充 …… 109
二、刑事案例指导制度的补足功能 …… 116
（一）指导司法裁判功能 …… 117
（二）指导规范量刑功能 …… 120
（三）活化与发展法律功能 …… 124
（四）指引与预测功能 …… 128
（五）回应社会公众关切功能 …… 130
三、本章小结 …… 132

## 第五章 刑事案例指导制度的实践困境：认知与运行 …… 134
一、刑事案例指导制度的认知现状 …… 134
（一）司法人员对刑事案例指导制度的熟悉度不高 …… 134
（二）司法人员对刑事案例指导制度的重视度不够 …… 136
（三）司法人员的理念保守 …… 136
（四）司法人员应用案例技术缺乏 …… 137
二、刑事案例指导制度的运行现状 …… 138
（一）刑事指导性案例的援引率不高 …… 167
（二）法官对其他主体援引指导性案例不予回应 …… 169
（三）刑事指导性案例的援引有失规范 …… 172
三、刑事案例指导制度实践效果不彰之成因 …… 175
（一）刑事指导性案例供需不足 …… 175
（二）刑事指导性案例质量不高 …… 176
（三）刑事指导性案例的效力形同虚设 …… 178
四、本章小结 …… 180

## 第六章　刑事案例指导制度的完善路径：内部与外部 …… 182

### 一、刑事案例指导制度的域外经验借鉴 …… 182
#### （一）英美法系的判例法制度 …… 183
#### （二）大陆法系的判例制度 …… 185
#### （三）域外司法判例制度对我国的启示 …… 190

### 二、刑事案例指导制度的内部完善 …… 191
#### （一）增设高级人民法院为指导性案例的发布主体 …… 191
#### （二）严格遵循刑事案例指导制度遴选案例标准 …… 194
#### （三）注重刑事案例指导制度的影响力 …… 196
#### （四）增强刑事指导性案例的说服力 …… 199
#### （五）健全刑事案例指导制度的各项机制 …… 202

### 三、刑事案例指导制度的外部解困 …… 206
#### （一）保障人民法院审判独立 …… 206
#### （二）控制司法解释的发布数量 …… 207
#### （三）加强对法官应用案例能力的培训 …… 209
#### （四）加强学者与刑事案例指导的良性互动 …… 212

### 四、刑事案例指导制度完善需注意的问题 …… 213
#### （一）刑事案例指导制度的发展方向 …… 213
#### （二）刑事案例指导制度形成的长期性 …… 215

### 五、本章小结 …… 218

## 结　论 …… 219

## 参考文献 …… 222

## 后　记 …… 241

# 绪 论

案例指导制度是我国司法改革的一项重要举措，也是我国法治建设的重要内容，其旨在总结审判经验，统一法律适用，提升审判质量与效率。我国是典型的成文法国家，法官审判案件主要依照成文的法律规定，对已生效案例的指导功能重视不够。然而，成文法的滞后性与抽象性难以满足社会生活的发展与多样化需求，而旨在法律细则化的司法解释也未能承担起明确法律规范的责任，致使法律适用不统一现象比比皆是。事实上，近年来判例运用制度化进程之所以不断加快，正是为了应对类案异判现象频繁显现及其导致的负面效应问题。① 案例是法律适用的产品，是对立法的一种动态解释，其凝结了法官个人的智慧结晶，妥当使用案例无疑对我国审判实践具有十分重要的意义。指导性案例是众多已经生效案例的典型，是案例指导制度的载体与核心，是案件事实与法律规范结合之典范，是对抽象法律的直观形象解释，能够为司法类案裁判提供具体规则指导，确保"同案同判"②，实现法治统一，有利于维护司法公正。因此，2010年中国特色案例指导制度建立恰逢其时，其既是司法实践的客

---

① 李振贤：《中国语境下的类案同判：意涵、机制与制度化》，载《法学家》2023年第3期，第49页。

② 这里的"同案同判"是指司法实践中存在案件相似情形下，法官定罪量刑不应该有太大偏差，并非必须丝毫不差，因为从绝对意义上而言，世界上没有完全相同的两片树叶，也不会有完全相同的两个案例。但从司法裁判实践角度而言，法官裁决案件必定是一种针对社会纠纷所反复进行的、类型化的认知和实践活动，作为法院裁判过程产物的司法判决也必定不只是一个个单独的实例，它们中的许多案例必然会由于法律的重复调整和司法同类化处理的性质而形成具有相关性的联系。参见杨知文：《论类案的结构性相似特征及其运用》，载《中国法学》2023年第6期，第104页。对此有学者提出不同看法，认为由于司法实践中普遍存在的乃是"相似案件"，而非"同案"，因此，差异化判决不仅是正常的现象，而且无可避免。相应地，我们真正需要解决的现实问题其实是"类似案件不类似处理"，而非"同案不同判"。"同案同判"命题不能解决刑事案件判决的公正性问题，因为面对"同案"，"同判"本身无法说明案件判决的实质合理性，它能够解决的仅仅是司法的统一性问题，但是很多情况下，这种"统一"恰恰不利于个案公正的实现。参见周少华：《刑事案件的差异化判决及其合理性》，载《中国法学》2019年第4期，第164页。

观需要，又是顺应法治发展潮流的结果。时至今日，案例指导制度在我国司法实践运行已逾10年，虽已取得一定成就，但尚未达到预期效果，我们也不能急于求成，案例指导制度的发展与完善必然是一个长期的过程，只有适时对其进行总结、分析及评价，才能正确指引其未来发展走向。刑事案例指导制度作为整个案例指导制度的重要分支，既具有共性的一面，受刑法特殊法律属性与罪刑法定原则的限制，又有其自身独立的品格。因此，以刑事案例指导制度为视角考察案例指导制度运行的效果更具有代表性，不仅能掌控案例指导制度整体的运行情况，而且能发现案例指导制度在实践运行中面临的真正难题，进而有针对性地提出完善建议。

## 一、选题的背景和意义

随着法治建设与司法改革的不断推进，刑事案例指导制度既有良好的发展机遇，同时也面临着巨大的挑战。2014年10月，党的十八届四中全会通过《关于全面推进依法治国若干重大问题的决定》，描绘了建设中国特色社会主义法治国家的宏伟蓝图，并指出公正是法律的生命线，要严格司法，加强与规范司法解释和案例指导，统一法律适用标准，达致"人民群众在每一个司法案件中感受到公平正义"之目标。案例制度、案例裁判规则不仅对于实现司法公正、提高司法审判的效率具有重要意义，而且对于法治国家的建设具有长久的基础性意义。[1] 可见案例指导制度已成为建设法治国家的重要内容，是实现司法公正的重要方式，也是中央重点推进的司法改革项目。2016年10月，为了推进党的十八届四中全会的改革任务，最高人民法院等五部门[2]联合发布《关于推进以审判为中心的刑事诉讼制度改革的意见》（以下简称《意见》），旨在改革完善刑事诉讼制度，着力发挥庭审的决定性作用，提高办案质量与效率，切实维护司法公正，防止冤假错案。在全面推进依法治国总目标下，以"审判为中心"的刑事诉讼程序改革为刑事案例指导审判的进一步发展提供了司法契机。该《意见》倡导司法改革要以审判为中心，进一步提升法庭地位，保障人民法院审判独立，这无疑为发挥指导性案例的作用提供了更大的空间。而其诉讼程序的改革还可以提升裁判文书质量，裁判文书是法庭审判内容的载体，也

---

[1] 张骐：《论案例裁判规则的表达与运用》，载《现代法学》2020年第5期，第49页。
[2] 最高人民法院、最高人民检察院、公安部、国家安全部、司法部。

《人民法院案例选》和各种《刑事审判参考》等作为教学和理论研究的素材，各省高级人民法院的内部刊物也刊登了一些典型案例。受案例指导运行实践的影响，学界也不甘寂寞。从1986年开始，学界就掀起了一场关于我国是否引进判例法的激烈争论，统计到2003年，相关论文有将近200篇。关于判例制度研究的主要学术成果大多收录在2004年人民法院出版社出版、武树臣教授主编的《判例制度研究》（上、下）中，该书集中体现了这一阶段学者对于判例制度的学术思想。赞同引进判例法的代表人物有武树臣[①]与李步云[②]等学者，反对引进的主要学者有高岩[③]与沈宗灵[④]等学者。虽然学者们对于引进判例制度持有不同看法，但却都没有否认案例的司法价值。而且大部分学者都主张我国不宜直接套搬外国的判例制度，但可以在司法实践中借鉴其有效的经验与做法，这对于弥补我国成文法制度下的司法缺陷大有裨益。理论交锋及其理由的阐述无疑有助于我们全面了解判例制度，为以后的司法改革提供了智力支持。

在理论仍然争论不休之时，实践业已走到了理论的前面，各级法院在建立案例指导制度过程中做出了大胆的尝试。例如，天津高院、江苏高院与郑州中原区法院都对案例指导工作进行了有益尝试，分别推出"判例指导""典型案件"和"先例判决"等制度。地方法院的改革实践无疑进一步推动判例制度的研究，即从应不应当引进判例制度到如何设计我国的"判例制度"或案例制度。[⑤] 2005年，最高人民法院发布《人民法院第二个五年改革纲要》，提出"建立和完善案例指导制度，重视指导性案例在统一法律适用标准、指导下级法院审判工作、丰富和发展法学理论等方面的作用"。这是我国首次明确提出要建立案例指导制度，为将来建立案例指导制度做了舆论先导，也释明了我国司法改革的方向。由此开始，以"案例指导制度"为主题的研究成果开始出现并逐步增多，理论研究重点转向应当如何建立中国特色的案例指导制度。其中出现了一批代表性的学术研究成果，例如，刘作翔和徐景和发表在《法学研

---

[①] 参见武树臣：《论判例在我国法治建设中的地位》，载《法学》1986年第6期，第26页。
[②] 参见李步云：《关于法系的几个问题——兼谈判例法在中国的应用》，载《中国法学》1990年第1期，第13页。
[③] 参见高岩：《我国不宜采用判例法制度》，载《中国法学》1991年第3期，第43页。
[④] 参见沈宗灵：《当代中国的判例——一个比较法研究》，载《中国法学》1992年第1期，第33页。
[⑤] 参见蒋惠岭：《建立案例指导制度的几个具体问题》，载《法律适用》2004年第5期，第8页。

究》2006年第3期的题为《案例指导制度的理论基础》的文章指出:"中国特色案例指导制度建立,仍然是以制定法为主、案例指导为辅,是对判例法的一些做法的有益借鉴。案例指导制度的建立对我国法治建设有诸多价值:积极解决纠纷,提高司法效率,实现司法公正,提高司法能力,遏制司法腐败等。"胡云腾和于同志发表在《法学研究》2008年第6期的题为《案例指导制度若干重大疑难争议问题研究》的文章,主要对案例指导制度的价值以及与外国判例法的区别、指导性案例的生发机制以及与司法解释的关系等十一个疑难问题进行了详细的论证。孙谦检察官发表在《中国法学》2010年第5期的题为《建立刑事司法案例指导制度的探讨》的文章,从刑事类型角度讨论案例指导制度,并从建立案例指导制度的必要性、案例指导制度的功能与价值、案例指导制度的性质与定位详细论证了案例指导制度的具体问题。该阶段研究案例制度学术成果的共性都旨在为建立中国特色的案例指导制度提供理论指导,研究案例指导制度在我国建立的合理性以及案例指导对我国法治建设提供的诸多价值,为案例指导制度最终在我国的建立做了理论先导,并最终促成案例指导制度从理论研究推向司法实践。如何建立适合我国自身的"判例制度"的确是需要我们认真思考的问题,不能盲目照搬他国的经验和做法。

2010年11月26日是值得我们铭记的一天。最高人民法院于当日正式颁布《案例指导规定》,这一规定的出台标志着我国案例制度进入实践落实阶段,开启了指导性案例指导审判实践的序幕。案例指导制度的建立,激发了学者的学术热情,有关案例指导研究的论文成果呈"井喷式"增长,发表了很多有学术价值的文章。代表性的论文有:陈兴良教授关于案例指导制度的"三部曲":《案例指导制度的法理考察》(载《法制与社会发展》2012年第3期)、《案例指导制度的规范考察》(载《法学评论》2012年第3期)、《我国案例指导制度功能之考察》(载《法商研究》2012年第2期);周光权教授发表的《刑事案例指导制度的发展方向》(载《中国法律评论》2014年第5期)、《刑事案例指导制度:难题与前景》(载《中外法学》2013年第3期)、《判决充分说理与刑事指导案例制度》(载《法律适用》2014年第6期);林维教授的《刑事案例指导制度:价值、困境与完善》(载《中外法学》2013年第3期);孙国祥教授的《从柔性参考到刚性参照的嬗变——以"两高"指导性案例拘束力的规定为视角》[载《南京大学学报(哲学人文社会科学)》2012年第3期];等等。

论文数量繁多,在此不再一一列举。特别值得一提的是,其间还出版了一些以案例指导制度为研究对象的书籍,主要有:陈兴良主编:《中国案例指导制度研究》,北京大学出版社2014年版;左卫民、陈明国主编:《中国特色案例指导制度研究》,北京大学出版社2014年版;江勇、马良骥、夏祖银:《案例指导制度的理论与实践探索》,中国法制出版社2013年版;苏泽林主编:《中国案例指导制度的构建和应用》,法律出版社2012年版;于同志:《刑法案例指导制度:理论·制度·实践》,中国人民公安大学出版社2011年版。

经过对该阶段学术作品的阅读与梳理,可以发现学者讨论主要集中在以下几个问题:一是案例指导制度的性质。一般认为,案例指导制度是一种适用法律机制而不是造法机制。也有学者主张,案例指导制度指导既是法律解释机制,也是司法造法机制。[①] 二是案例指导制度的功能解读。案例指导制度功能主要在于创制规则,通过解释法律,弥补成文法律不足。然而,有学者认为,指导性案例除了解释法律之外,"创法"功能也是不争的事实。[②] 笔者对此观点存有异议,尤其是在刑事领域要格外注意。三是指导性案例的效力定位。指导性案例和我国刑事立法与司法解释的关系以及与西方判例法制度的比较,形成了指导性案例是具有法律拘束力[③]、事实拘束力[④]还是行政拘束力[⑤]的激烈论争。四是指导性案例的条件。已经发布的指导性案例释法效果不明显,基本都是重申司法解释与回应公共议题,不宜作为刑事指导性案例,应当把是否解释法律作为指导性案例的必要条件。[⑥] 五是指导性案例的发布主体。指导性案例的发布主体应当多元化还是一元存在争议。依照《案例指导规定》,最高人民法院是指导性案例发布的唯一主体。有学者主张对于刑事案例指导的形成,要

---

① 参见刘克毅:《法律解释抑或司法造法?——论案例指导制度的法律定位》,载《法律科学》2016年第5期,第200页。
② 参见舒洪水:《建立我国案例指导制度的困境和出路——以刑事案例为例》,载《法学杂志》2012年第1期,第125页。
③ 参见张倩:《指导性案例的应然定位》,载《人民司法》2016年第10期,第57页。
④ 参见陈兴良:《案例指导制度的规范考察》,载《法学评论》2012年第3期,第123页。
⑤ 参见孙国祥:《从柔性参考到刚性参照的嬗变——以"两高"指导性案例拘束力的规定为视角》,载《南京大学学报(哲学·人文科学·社会科学)》2012年第3期,第137页。
⑥ 参见周光权:《判决充分说理与刑事指导案例制度》,载《法律适用》2014年第6期,第5页。

承认地方各级法院的主体地位，形成不同层级的法院参与指导性案例制度。① 还有学者建议允许省级法院创制指导案例，② 不仅能缓解指导性案例数量不足的局面，还能满足地方司法实践需要。六是指导性案例不能满足司法实践需要。案例指导制度的核心在于指导性案例，目前颁布指导性案例数量较少，没有形成规模效益，难以满足司法实践需要。而且，指导性案例裁判要点缺乏指导性，案例指导功能几近消亡，③ 也没有发布的必要，不能有效指导审判工作。由此可见，该阶段主要是针对指导性案例的效力、功能、选择标准、适用范围以及运行现状，而这些也是关系到我国案例指导制度运行效果的重要因素。

案例指导制度的理论研究可以推动案例指导工作的进步，但无的放矢的理论研究对于实践的指导意义则会大打折扣。令人欣慰的是，有关指导性案例运行的实证研究成果纷纷面世。实证研究表明，指导性案例遭受司法人员冷遇，不了解案例指导制度具体内容的人数占有很高比例。④ 指导性案例供给不足，鲜见法院参照指导性案例，援引指导性案例比例较低、质量不高，指导性案例的参照效力被忽视，案例指导制度的运行现状极不乐观。⑤ 这些实证研究成果有助于我们认清案例指导制度实践中存在的问题以及运行障碍，对完善案例指导制度具有很好的指导意义。

应当说无论是对判例还是对案例的研究，现有的学术研究成果已经颇丰。然而，从理论研究来看，案例指导一般理论的研究较多，类型化的案例指导研

---

① 参见周光权：《刑事案例指导制度：难题与前景》，载《中外法学》2013年第3期，第496—497页。

② 参见林维：《刑事案例指导制度：价值、困境与完善》，载《中外法学》2013年第3期，第511页。

③ 同上，第507页。

④ 参见秦宗文、严正华：《刑事案例指导运行实证研究》，载《法制与社会发展》2015年第4期，第44—46页。

⑤ 参见向力：《从鲜见参照到常规参照——基于指导性案例参照情况的实证分析》，载《法商研究》2016年第5期，第97—98页；马翔：《刑事案例指导制度的实证研究》，载《山东审判》2015年第6期，第19页；詹亮、张庆庆：《刑事案例指导制度的困境反思与突围之道——基于最高人民法院公布十批九个刑事指导性案例的实证分析》，载《尊重司法规律与刑事法律适用研究（上）——全国法院第27届学术讨论会获奖论文集》，2016年4月14日，第399—401页；谢彩凤、赵鸿章：《从柔性参考到刚性参照：指导性案例应用现状探究及完善——以52个指导性案例的援引情况为分析视角》，载《尊重司法规律与刑事法律适用研究（上）——全国法院第27届学术讨论会获奖论文集》，2016年4月14日，第415—418页；赵瑞罡、耿协阳：《指导性案例"适用难"的实证研究——以261份裁判文书为分析样本》，载《法学杂志》2016年第3期，第116—117页。

究较少,尤其是对于刑事领域的案例指导没有形成体系性的研究,难以对刑事案例指导实践形成有效的指导。从应然角度谈的较多,基于我国实际的理性建议较少。判例法形成于英美国家,但并不代表判例作用的发挥方式就只有英美法系这一种模式。我国借鉴案例是出于尊重司法规律、重视案例作用以及司法实践的需要,而不是说一定要按照判例法系的理念和模式进行。尤其是对于指导性案例的效力之争更多是从规范角度认为应当赋予指导性案例法律效力,但这种观点显然难以在我国现有司法实践中变成现实,也不适合中国的实际情况。借鉴判例要有全球视野,但更要坚持中国立场。即便指导性案例有法律效力,也并不当然能转化成执行力,关键还要看指导性案例自身的"软实力"。因此,论者应当跳出这个"效力争执圈",转换思维,打铁还需自身硬,想办法提高指导性案例的自身质量,进而扩大这些案例的影响力是较为务实的做法,一旦指导性案例形成一定的影响力,其约束力也会自然而然地形成。

另外,指导性案例的"创法"功能在刑事领域要格外慎重。我国是典型的成文法国家,在刑事法治领域强调罪刑法定原则,最大限度地保障人权,也是法治进步的突出表征。如若允许法官在刑事领域创制裁判规则,极有可能会越过刑事立法的界限违反罪刑法定原则,侵犯公民的合法权益。因此,刑事案例指导制度与民商事方面的案例指导制度必然有根本区别,这恰恰是需要我们去认真研究的问题,不能把二者当然混同。然而,司法实践告诉我们,由于刑事立法的兜底条款、抽象数额、情节严重等规定大量存在,在刑法的定性定量方面给司法实践造成很大困境,稍有不慎就会导致同案不同罚,甚至导致错案发生,而这些问题又是司法解释所不能解决的。因此,刑事案例指导制度对刑事法治领域的现实意义不言而喻。在遵循罪刑法定原则下,如何更好地发挥案例指导制度价值就需要我们进一步研究。

(二)域外研究现状

在深入探讨和推进我国案例指导制度的建设过程中,毋庸置疑,对他国的判例制度进行深入的分析和研究是至关重要的。判例是司法活动的产品,是法治建设的"活教材",是建设法治国家不可或缺的宝贵财富。无论是在以判例法为主的国家还是在以成文法为主的国家,判例都对司法实践产生了深远的影响,并且具有不可忽视的重要价值。一方面,以英美国家为例,这些国家作为判例法系的典型代表,其判例法已经发展到了一个高度成熟和完善的状态。尽管它们的法律体系与我国存在一定的差异，但英美国家在判例方面的理论研究和实践经验，无疑对我国构建案例指导制度具有重要的借鉴意义和帮助作用。另一方面，大陆法系的代表国家，如德国、法国和日本，它们的法律制度与我国的基本法律制度有着相似之处，都属于成文法国家。然而，在这些国家的法治实践中，判例同样发挥着极其重要的作用，已经成为国家法律体系中不可或缺的一部分。鉴于我国与德、法、日国家在法律体系上的相似性，深入研究这些国家在司法判例方面的先进经验和做法，对于我国案例制度的建设和发展无疑具有重要的指导和参考价值。因此，对这些国家判例的发展现状进行系统的梳理和考察，是一项不可或缺的工作。我们有充分的理由相信，通过学习和借鉴它们的经验，必将对我国案例指导制度的建设产生巨大的推动和促进作用。

1. 英国

英国普通法的形成及其早期实践构成了法律史上的重要里程碑，其发端可追溯至 12 世纪的英格兰。在此期间，英格兰的法律体系经历了从分散的地方习惯法向统一的普通法的过渡。该变革的核心在于亨利二世所推行的司法改革，其通过构建皇家法院系统，确立了中央集权的司法体系。皇家法院的法官们开始巡回全国，搜集与统一了各地的法律实践，逐步形成了具有普遍适用性的法律规范。此过程不仅促进了法律的统一，也为后续遵循先例原则的确立奠定了基础，遵循先例原则在 19 世纪末才得到普遍的承认。[①] 此外，判例法的运作机制，尤其是遵循先例原则，为法律的稳定性和可预测性提供了保障。在英国，遵循先例原则要求法官在审理案件时必须考虑先前的判例，并在相似情况下予以适用。该机制确保了法律的连贯性和一致性，降低了法律适用的不确定性。权威性与遵循先例原则在英国判例法中的体现，不仅限于国内法律体系的内部运作，还对国际法律体系的发展产生了影响。英国判例法的这一特点，对英美法系国家产生了深远的影响，许多国家在法律教育和司法实践中都借鉴了英国的这一做法。在英国判例法体系中，法官的角色至关重要，他们不仅是法律的解释者，更是法律的创造者。法官通过审理案件，确立了遵循先例 (stare decisis) 的原则，即在相似案件中，法院应当遵循先前的判决。先例原则的一个显著特征是尊重上级法院的判决，下级法院的判决对于上级法院而言具有说

---

① 参见梁志平：《英国判例法》，载《法律科学》1991 年第 1 期，第 12 页。

服力，而上级法院的判决对于下级法院则具有约束力。① 英国的法院体系等级分明，这种严密的等级制度为判例法机制的形成和有效运作提供了重要的基础。经过长时间的司法实践和积累，遵循先例已经成为英国法官在司法审判中的一条基本行为准则，在一般情况下，法官都不会轻易违背先例。② 当然，制定法在英国也发挥着重要的作用，随着工业革命的到来，社会经济结构发生了翻天覆地的变化，法律需求也随之增加，这促使议会立法活动日益频繁。然而，议会立法的增加并没有削弱判例法的地位，反而在某些情况下，议会立法需要通过法院的解释和应用才能获得生命力。例如，1998年《人权法案》的实施，要求法院在解释和应用法律时必须考虑《欧洲人权公约》的规定，这在实践中导致了判例法对议会立法的深入解读和适用。

2. 美国

英国的判例法体系对全球法律体系产生了深远的影响，美国就是其中一个国家。在美国法律体系中，判例法占据着举足轻重的地位，其影响力和权威性在司法实践中得到了充分的体现。美国的判例法体系，又称为普通法体系，并非土生土长，起源于英国，随着殖民地的建立而被引入北美大陆。但美国的判例制度与英国的判例制度有一定区别。美国宪法虽然没有明文规定判例法的地位，但最高法院的判决，尤其是具有里程碑意义的案例，如马伯里诉麦迪逊案（Marbury v. Madison），确立了司法审查的原则，从而赋予了判例法以宪法解释的权威，这就大大提升了美国判例的效力等级。遵循先例原则也是美国判例法体系的核心，它要求法官在裁决案件时必须考虑并遵循上级法院或同级法院先前的判决。这一原则确保了法律的稳定性和可预测性，使得相似案件能够得到一致的处理。例如，在美国，最高法院的判决对所有下级法院具有约束力，而上诉法院的判决则对同一司法管辖区内的下级法院具有指导作用。据统计，美国最高法院每年审理的案件数量有限，但其判决却对全国的法律实践产生深

---

① 参见[英]鲁伯特·克罗斯、J. W. 哈里斯：《英国法中的先例》，苗文龙译，北京大学出版社2011年版，第6页。

② 1966年，英国上议院发表惯例陈述，宣布放弃过去严格遵循先例的做法。陈述指出：过于严格地遵循先例可能在个别案件中导致不正义，而且不适当地限制了法律的发展。因此，他们提议修改目前的惯例，在认为本院以前的判决通常具有约束力的同时，也可以偏离以前的判决，只要它看起来是正当的。参见[英]鲁伯特·克罗斯、J. W. 哈里斯：《英国法中的先例》，苗文龙译，北京大学出版社2011年版，第116页。

远影响。遵循先例原则的运用，不仅体现在对法律条文的解释上，更体现在对社会价值和公共政策的反映上。根据遵循先例原则，法院通常会尊重先前的判决，但当社会价值观发生显著变化或先例明显与现实脱节时，法院有权通过新的判决来变更或推翻旧的先例。相较英国，美国对待判例的态度上要更为灵活更为宽松。①"美国对待先例的态度看上去要比英国上议院于 1966 年以前所遵行的政策更为可取。既然维持稳定性并不是法律制度的唯一目标，那么就应当给予法官以否弃那些陈腐的、根本不明智的且与社会福利大相径庭的早期判例的权力。"② 当然，在美国也有制定法，但判例法仍然是主流。成文法的制定往往是对现有判例法的回应，旨在提供更加明确和普遍适用的规则。例如，美国国会通过的《民权法案》在很大程度上是对历史上种族歧视判例的直接回应，它通过明确的法律条文，对判例法中关于种族平等的原则进行了具体化和强化。此外，成文法的修改和更新也常常需要法院通过新的判例来解释和适用，从而形成新的法律规则。这种动态的互动关系确保了法律体系能够适应社会变迁，同时保持一定的稳定性和连续性。

3. 德国

德国判例制度的历史演变反映了其法律体系的成熟与发展。19 世纪以前，德国法律体系主要基于罗马法，判例并未获得正式的法律地位。然而，随着 19 世纪末法律统一运动的推进，德国开始逐步认识到判例在法律体系中的重要性。1877 年，《民事诉讼法典》的颁布确立了法院判决的公布与传播机制，为判例制度的发展奠定了基础。进入 20 世纪，尤其是二战后，德国法院的判决开始被广泛收集与出版，形成了判例汇编，这标志着判例制度的正式确立。③ 尽管德国法律体系以成文法为主导，但司法判例在填补法律空白、解释法律条文以及指导司法实践方面发挥着不可或缺的作用。根据德国联邦宪法法院的统计数据，判例在德国司法体系中约占 30% 的比重，这凸显了判例在实际案件裁决中的显著影响力。在德国判例制度中，联邦最高法院（Bundesgerichtshof,

---

① 参见何家弘主编：《外国司法判例制度》，中国法制出版社 2014 年版，第 17 页。
② ［美］E. 博登海默：《法理学：法律哲学与法律方法》，邓正来译，中国政法大学出版社 2004 年版，第 568 页。
③ 判例尽管在德国司法实践中也发挥着重要作用，但是德国联邦法院从来不承认自己国家有判例制度，德国现存的判例是他们自己的传统。参见最高人民法院课题组：《关于德国判例考察情况的报告》，载《人民司法》2006 年第 7 期，第 12 页。

简称 BGH）扮演着至关重要的角色。作为德国最高司法机关之一，联邦最高法院不仅负责审理案件，更承担确保法律统一解释与适用的职责。依据德国法律体系，联邦最高法院的判决具有极高的权威性，对下级法院具有指导作用，甚至在某些情况下具有约束力。在德国法律体系中，地方法院、州法院和高级法院的判例构成了判例制度的核心。地方法院作为基层司法机构，处理大量日常案件，其判决虽不具备普遍的法律约束力，但为法律实践提供了丰富的素材。据统计，地方法院每年处理的案件数量占德国司法案件总数的绝大部分，其判决在一定程度上反映了法律在社会生活中的实际应用情况。州法院在审理更复杂案件时，其判例往往具有较高的权威性，对下级法院具有指导意义。高级法院，尤其是联邦法院，其判例在德国法律体系中具有决定性的影响力，因为它们不仅解决具体案件，还可能对法律的解释和适用设定标准。例如，联邦法院在商法和刑法领域的判例，经常被引用为权威解释，对法律的统一性和稳定性起到了关键作用。根据德国宪法法院的判决，判例虽不具备成文法那样的普遍约束力，但具有重要的指导作用。例如，联邦宪法法院的判决在德国法律体系中具有极高的权威性，其对基本法的解释往往成为后续案件的重要参考。在司法实践中，下级法院在处理类似案件时，通常会遵循上级法院的判例，以确保法律适用的一致性和稳定性。这种遵循判例的做法，虽非强制性，但事实上形成了对下级法院的约束力。

4. 法国

法国，作为大陆法系的典型代表，其法律体系以制定法为核心。在该国，立法与司法彼此独立，法官在审理案件时必须严格遵守制定法的规定，不得随意创设新的法律规则。尽管如此，在司法实践中，判例发挥着至关重要的作用，并占据了显著地位。法国的判例制度，其历史可追溯至 18 世纪末，即法国大革命后法律体系逐步建立之时，判例的作用开始逐渐被认识和重视。作为大陆法系中独特的法律实践，法国的判例制度明确了法官在司法裁决过程中对先前判决的参考和应用。与英美法系中判例法（Case Law）的绝对权威不同，法国的判例制度并不赋予先前判决以法律渊源的地位，而是将其视为一种辅助性的法律解释工具，即所谓的"司法解释型先例"[①]。在法国，判例主要通过最

---

[①] 参见何家弘主编：《外国司法判例制度》，中国法制出版社 2014 年版，第 135 页。

高法院（Cour de cassation）的裁决来体现其影响力，这些裁决虽在法律上无普遍约束力，但在司法实践中却具有极高的指导价值。例如，统计数据揭示，最高法院的判例在很大程度上统一了法国的司法解释，显著减少了不同法院间判决的差异性。在法国法律体系中，判例在法律解释方面发挥着至关重要的作用。尽管法国的判例制度不具备英美法系国家中判例法的法律渊源地位，但其在司法实践中的指导作用不容忽视。法国最高法院的判决，理论上不具有法律创制功能，但在实际操作中，对下级法院的判决具有极强的指导和约束力。在法国司法实践中，判例制度的重要性体现在法律解释、司法决策以及法律创新等多个方面。法国最高法院的判例，因其权威性和约束力，为下级法院提供了重要的参考。例如，统计数据显示，在某些情况下，法国最高法院的判决能够影响多达80%的下级法院裁决。这种判例的影响力不仅体现在数量上，更在于其对法律原则的阐释和对具体案件的指导作用。法国判例制度的这一重要内容，正是需要我们深入探究的——如何发挥案例解释和活化抽象法律等我国指导性案例的主要功能。

5. 日本

日本判例制度的起源可追溯至其法律体系的早期发展，特别是在明治维新之前，日本法律体系深受中国法律传统的影响，以成文法为主，但同时也重视判例的作用。在这一时期，判例尚未形成系统化的法律渊源，然而在司法实践中，法官的裁决对后续案件具有一定的指导作用。明治维新后，日本开始大规模吸收和借鉴西方法律制度，尤其是德国和法国的法律体系，这推动了日本法律制度的现代化和系统化。在这一过程中，判例制度逐渐确立了其在司法实践中的地位，特别是在最高法院的判例中，形成了具有约束力的先例，下级法院作出违背上级法院判例的判决时，这种判决很有可能被上级法院撤销。① 日本判例制度的形成和发展，不仅反映了法律实践的内在需求，也体现了日本法律文化与西方法律传统的融合。日本判例制度，作为大陆法系与英美法系融合的产物，具有其特点。首先，日本判例制度在法律体系中并不具有与成文法同等的法律效力，但其在司法实践中却扮演着极为重要的角色。"日本虽然是成文

---

① 参见［日］后藤武秀：《判例在日本近代化中的作用》，载《比较法研究》1997年第1期，第76页。

法国家,但日本法中判例作为事实上的法源对司法裁判的支配力之强可媲美英美的判例法。"① 例如,日本最高法院的判例,尽管不构成法律渊源,却对下级法院具有指导意义,形成了所谓的"事实上的约束力"②。这种制度设计使得日本的司法实践在保持法律稳定性的同时,也能够适应社会发展的需要。据统计,日本最高法院的判例在某些领域,如宪法解释和商法领域,对下级法院的判决产生了决定性的影响。此外,日本判例制度还强调法官的创造性作用,法官在审理案件时,不仅依据成文法,还会参考以往的判例,以确保判决的公正性和合理性。这种做法在一定程度上弥补了成文法的不足,使得法律更加灵活,更能适应时代变迁。在日本法律体系中,判例与成文法的关系构成了司法实践的核心。成文法,即立法机关制定的法律,是日本法律体系的基础。然而,判例,特别是最高法院的判例,对成文法的解释和适用起到了至关重要的作用。例如,根据日本最高法院的判例,法官在审理案件时,必须首先考虑成文法的规定,但当成文法存在不明确或空白时,法官则会参考先前的判例来填补法律的空缺。这种做法在日本被称为"判例法",它在一定程度上弥补了成文法的不足,确保了法律的连续性和稳定性。

综上所述,判例作为一种司法实践财富,不论在判例法国家还是在成文法国家,都对司法审判活动具有十分重要的作用,理应成为国家法治建设不可或缺的组成部分。"从比较法角度来看,两大法系都采用了判例制度,只不过,判例的法律效力有所不同。"③ 判例是英美法系法律的主要表现形式,具有法律效力。大陆法系国家以制定法为主,迄今为止,没有任何一个大陆法系国家在法律上全面赋予判例的法律效力,但这也丝毫没有影响到判例在这些国家作用的发挥。"继续过去的实际做法,就是为没有经验的法官提供前人积累的经验。如果他无知,他可以向前人学习,从先行者的知识中获益;如果他慵懒,他可以注意前人的行为,并从先驱者的勤奋中获益;如果他愚蠢,他可以从前人的智慧中获益;如果他有偏见,对比可以起到公开监督的作用,限制肆意妄为的

---

① 何家弘主编:《外国司法判例制度》,中国法制出版社2014年版,第247页。
② 参见董皞等:《判例解释之变迁与重构:中国判例解释发展与构建之路》,中国政法大学出版社2015年版,第65页。
③ [美]马丁·夏皮罗:《法院:比较法上和政治学上的分析》,张生、李彤译,中国政法大学出版社2005年版,第199页。

空间。"① 学者所言，高度总结了先前判例的价值。英美法系的法官在作出判决时要遵循先例，大陆法系国家的法官在作出判决时也不能无视先例。换言之，遵循先例在英美法系国家是"明规则"，在大陆法系国家则是"潜规则"。② 基于法治对司法的融贯性和可预测性的要求，判例在发挥实际效用方面，并没有因不同法律传统的区分而有根本性的差别。③ 因此，关于判例制度的讨论，我们不要总是囿于判例效力如何的思维窠臼，而是应该转换视角，立基于国内实践，竭力增强判例的说理论证能力，提审判例自身的质量，吸引法官主动援引判例指导审判，这才是完善中国案例指导制度的当务之急。从判例制度的功能角度而言，在现代法治国家"法官造法"已经不是司法判例制度的主要功能，对制定法规则进行解释和补充才是司法判例制度生存发展的主要空间。④ 判例法与制定法形成相互借鉴之势，现在英美国家的制定法也颇具规模，但仍然以判例法为主，制定法是判例规范的总结，起辅助作用。德日等大陆法系国家十分重视判例的作用，判例在司法实践中发挥出很大实效，也对阐释与明确成文法律作出了很大的贡献。可以说，在成文法典的缝隙周围长出了茂盛的判例法之林。⑤

众所周知，两大法系的融合已成为当今法律发展的一个趋势，但实际上两个法系的国家并没有因为采用和借鉴对方的法律智慧而失去自我。在英美法系国家，判例法仍然是主导，成文法主要用于解决没有判例或判例解决不了的问题。在大陆法系国家，法官首先考虑的依然是法律条文，国家确认的判例可以作为抽象条文具体化的印证和解释，或者作为成文法基本原则之下的漏洞填补。⑥ 判例法系国家主要依靠遵循先例原则来维护法的确定性与一致性，大陆法系国家主要依靠法典来保持法律的确定性与一致性，二种路径的目标是一致的，不存在孰优孰劣的问题，更多的是一个法律文化与法律传统的问题。不论是判例法还是制定法都存在一定的局限性也是客观事实，理性审视两种法律制

---

① [美] 彼得·德恩里科、邓子滨编著：《法的门前》，北京大学出版社2012年版，第5页。
② 参见何家弘主编：《外国司法判例制度》，中国法制出版社2014年版，第21页。
③ 参见张骐等：《中国司法先例与案例指导制度研究》，北京大学出版社2016年版，第107页。
④ 参见何家弘主编：《外国司法判例制度》，中国法制出版社2014年版，第28页。
⑤ 参见刘克毅：《法律解释抑或司法造法——论案例指导制度的法律定位》，载《法律科学》2016年第5期，第196页。
⑥ 蒋惠岭：《建立案例指导制度的几个具体问题》，载《法律适用》2004年第5期，第9页。

度,立基于我国制定法的实际情况,充分发挥指导性案例的补足功能,必能进一步加快我国法治建设的步伐,使人民群众在每个案件中都能感受到司法的公平与正义。

### 三、本书的基本框架

案例指导制度相关理论与实际问题颇多,尤其是关于案例指导制度的一般性理论研究一直都是学者讨论的热点。本书主要以刑事案例指导制度为视角,梳理了案例指导制度在我国的发展历程,论证了案例指导制度建立的正当性,刑事案例指导制度与罪刑法定原则相契合,案例与成文法的有效结合才是罪刑法定原则的真谛。作为一项司法改革措施,刑事案例指导制度重在法律适用,是立法实现的辅助方式,是司法解释的有益补充,其能够弥补立法与司法解释的诸多不足,对成文法具有诸多补足功能。在夯实刑事案例指导制度基础以及明确其制度功能的前提下,采用实证研究的方法对刑事案例指导制度的认知现状与运行现状进行了深入分析,探寻刑事案例指导制度运行不畅的原因。最后,针对问题提出完善刑事案例指导制度的内外两条路径。注重刑事案例指导制度的影响力,提升指导性案例自身的说理能力,健全刑事案例指导制度的监督机制与激励机制,努力营造刑事案例指导制度运行的外部环境,落实指导性案例的补足功能,实现法律的统一适用,维护司法公正。除绪论外,本书包括六章,分别为:

第一章为刑事案例指导制度的本土化发展:历史与现状。从新中国成立开始,刑事案例指导制度经过60年的孕育,于2010年最终诞生。通过梳理这一阶段案例指导制度的发展历程,不仅使我们对我国案例指导工作的发展脉络有一个清晰的认识,而且可以确定案例在我国司法实践中一直发挥着重要作用,案例指导法院审判工作就从没有缺席过,因此案例制度是我国特有的东西,绝非对国外司法判例制度的简单照搬。由此可见,案例指导制度是在我国司法实践中逐步成长起来的,是司法机关多年案例指导工作探索的成果总结,也是推动法治中国建设而进行司法改革的重要举措。当然,刑事案例指导制度的诞生不代表其功能的当然发挥,由于检察机关司法权力所限,法院不能也不应该参照其发布的指导性案例,而最高人民法院已发布的刑事指导性案例数量少,难以满足司法实践需要。因此,最高人民法院仍需加大刑事指导性案例的发布力度,并逐步完善这一制度,才能确保刑事案例指导制度功能的充分发挥。

第二章为刑事案例指导制度的正当性基础：现实与法理。最高人民法院出台《案例指导规定》，标志着我国正式建立案例指导制度。这一司法制度的建立是长期司法实践的智慧结晶，具有坚实的实践基础，高质量的指导性案例不仅能清晰地解释抽象的法律，而且能为法官审判类案提供裁判规则。同时案例指导制度也是司法解释权的一种表现方式，具有正当的法理基础。最高人民法院在司法裁判活动中具有司法解释权有法可依，传统意义上的司法解释体制大大限制了各级法院法官解释法律的积极性和创造性，司法解释未能有效吸收具有丰富裁判经验的一线法官的智慧。案例指导制度恰好能够发挥这一功能，其本质上就是促进法官释法的一种有益尝试。通过不断健全完善刑事案例制度，既能弥补现有司法解释体制的不足，又能调动法官的主观能动性，发挥案例法治这笔宝贵财富的作用，不断推进中国特色司法制度建设，为法治中国建设提供制度保障。

第三章为刑事案例指导制度的法律本质：立法与司法（立足于与罪刑法定原则的关系）。罪刑法定原则是现代刑法的基石，也是刑事法治文明进步的重要标志，不论司法如何改革，罪刑法定原则都是我国法治建设必须坚守的底线。英美判例法中的判例的确存在法官造法的现象，但我国的刑事案例指导制度只是吸纳案例的释法功能，刑事指导性案例与民事指导性案例不同，法官必须坚守罪刑法定原则，指导性是在现有刑事立法与司法解释框架之下对抽象原则性的法律条款进行解释，不存在法官造法的情形。因此，刑事案例指导制度不仅不违背罪刑法定原则，而且在明确法律、规范法官自由裁量权等方面契合罪刑法定原则的要求，有利于促进罪刑法定的司法实现。

第四章为刑事案例指导制度的价值追求：定位与功能。我国是典型的成文法国家，制定法是我国法律制度的基石，也是审判案件的法律依据。作为一项司法改革举措，刑事案例指导制度重在法律适用，其强调对法院裁判活动的指导，力图达到统一法律适用的效果。作为一种法律解释方式，刑事案例指导制度是立法实现的一种辅助方式，刑事立法与刑事指导性案例是一种"主"与"辅"的关系。同时刑事案例指导制度与司法解释有别，是司法解释的有益补充，它们共同构成我国独特的法律解释体制，合理分配二者的释法空间是今后我们考虑的重点。刑事案例指导制度对于成文法具有诸多补足功能，其灵活、直观、具体的释法优点能够有效弥补成文立法以及司法解释的不足，对活化立法、规范指引民众日常行为、为司法提供裁判规则与方法、指导规范量刑以及回应社会公众关切具有补足功能。

第五章为刑事案例指导制度的实践困境：认知与运行。刑事案例指导制度的建立，不代表制度目标就能实现，关键还要看制度运行的实效。实证研究表明，司法人员对案例指导制度的熟悉程度较低，指导性案例的效力遭受司法人员忽视。刑事案例指导制度实践运行远未达到预期效果，鲜见法院援引指导性案例进行裁判活动，指导性案例的援引有失规范，法院对其他诉讼主体援引指导性案例情况也不予回应。究其原因，指导性案例的供需、质量、效力、适用技能以及司法人员的理念是制约刑事案例指导制度进一步发展的瓶颈所在。经过实践反思，深入分析制度存在的各种问题，探索有效的路径去化解刑事案例指导制度面临的诸多障碍，转变观念，注重刑事案例指导制度的影响力，把提升指导性案例质量作为重中之重，逐步完善与健全刑事案例指导制度的各项机制是我们今后一段时间努力的方向。

第六章为刑事案例指导制度的完善路径：内部与外部。刑事案例指导制度是符合司法规律且顺应时代潮流的法律适用机制，虽然其在实践遭受挫折，但我们不能因此就搁置甚或放弃该项制度，因为案例指导制度是化解我国司法实践难题的最佳方式。因此，在依法治国理念的正确指引下，根据我国司法实践的实际情况，借鉴域外司法判例制度的经验，不断完善与改进刑事案例指导制度的不足之处，形成指导性案例数量充足与质量较高并重的局面，增强刑事案例指导制度的影响力。同时为制度运行营造良好的外部环境，转变司法人员传统的司法观念，培训司法人员掌握适用指导性案例的各项技能，充分发挥刑事案例指导制度的优势功能，弥补成文立法与司法解释的不足，化解法律适用难题，实现统一法律适用的预期目标。当然，我们也应当清晰地认识到，刑事案例指导制度是一项长期的社会工程，其发展过程不可能一蹴而就，目前仍然处于幼年时期，充其量是判例制度的一种雏形，因此，我们对其要保持足够的耐心，努力促使刑事案例指导制度在近期具有执行力，在远期具有生命力。

**四、研究方法**

（一）历史研究方法

本书通过历史研究的方法，梳理了新中国成立以来我国案例指导工作发展历程，厘清了案例指导制度的整个脉络。作为司法的一种产品，案例是一笔宝贵的司法财富,案例来源于司法又能很好地指导司法。新中国成立以来,司法机关都十分注重对案例作用的应用,案例指导工作有深厚的历史与现实基础。案例指导工作的历史经验为案例指导制度提供本源基础,案例指导制度建立是案例指导历史的一种延续与升华,因此案例指导制度也是我国一贯的东西,而不是对外国司法判例制度的简单照搬。当然,历史作为遗产,"它的价值不是使现代人回到历史中去,而是为现代人开创新的历史提供营养和动力。"[①]

(二) 比较研究方法

当今的世界是一个开放性世界,司法改革要有国际视野,但要坚持中国立场,既不盲目崇拜,也不故步自封。他国的成功经验无疑为中国司法改革提供了有益的指导,结合中国的实际情况,积极借鉴国外的先进司法经验,是我们完善司法制度的一条重要路径。通过对英美法系国家与大陆法系国家司法判例制度现状的研究,可以为我国案例指导制度的完善提供宝贵经验,尤其是德、日等大陆法系国家和我国有相似的法律体制,他们的判例制度面临的问题也可能是我国要面临的问题,立基于我国司法实际,积极采纳他国有效的做法,对完善中国特色的案例指导制度无疑具有重要意义。

(三) 实证研究方法

案例的理论研究固然重要,但离开实践的理论研究只能是盲目的,难以做到有的放矢。依托实证调研的数据和司法援引指导性案例的实际情况,能清晰把握案例指导制度目前存在的突出问题,为完善刑事案例指导制度指明了方向。刑事案例指导制度的建立不是目的,目的是要把指导性案例的优势功能转换为实际效果。考量指导性案例运行效果的一个重要指标就是看法院援引指导性案例的实际情况,由此实证研究法就是本书必不可少的一种研究方法,通过实证研究了解与掌控刑事案例指导制度运行的实效,进而提出有针对性的完善措施,这也是本书研究价值所在。

---

① 参见张中秋:《中西法律文化比较研究》,南京大学出版社1991年版,第278页。

# 第一章 刑事案例指导制度的本土化发展：历史与现状

刑事案例指导制度是全面落实依法治国方略、建设公正高效司法制度的一项重要举措，对于统一刑事判决尺度、增强判决说理性、提升司法裁判质量具有重要作用。作为一项法治措施，刑事案例指导制度并非司法机关心血来潮而为，而是司法机关多年的探索与改革的最终成果。追根溯源，案例指导在中国古代就有厚重的司法传统，[①] 比照成例断案，是中国法律文化的有机组成部分。当今世界判例法系与大陆法系在立法与司法层面已日渐融合，因此建立刑事案例指导制度不仅是对中国传统法律文化的承继，也是对他国司法经验的科学借鉴。新中国成立初期，最高人民法院十分重视案例指导工作，收集与总结案例且开始探索发挥案例作用，指导与规范法院的审判工作。1985年，公报案例的发布使案例指导工作有了很大进步，为发挥案例的指导作用提供了很好的平台。2010年，刑事案例指导制度建立，标志着法院参照案例进行审判进入实质阶段，从隐性参考案例阶段走向显性参照案例阶段。本章通过对刑事案例指导制度的梳理，探寻刑事案例指导制度的发展历程，厘清我国刑事案例指导制度的基本特点，分析最高人民法院已发布的刑事指导性案例的基本情况，这对认识我国刑事案例指导制度的过去与现在颇有助益。

## 一、刑事案例指导制度的孕育期

### （一）案例指导工作的探索

新中国成立初期，面对偌大一个国家的管理，法律规范极度匮乏。如何满足司法实践对法律规范的需求，是摆在司法机关面前的一大难题。针对这一现

---

[①] 有学者认为："历史上中国一直都存在判例制度，甚至从功能主义的视角来看，历史上中国不少时期存在有'判例法'的传统，不可否认的是，判例在我国长远的历史实践中始终发挥着重要的功能。"参见左卫民、陈明国主编：《中国特色案例指导制度研究》，北京大学出版社2014年版，第26页。

实情况，法院审判工作只能依凭国家政策与司法机关发布案例来暂时化解成文法律阙如的困境。案例成为这一阶段指导审判活动的重要资源，法院主要以内部文件的形式发放案例。1954年，最高人民法院在收集整理奸淫幼女犯罪的典型案件基础上，起草了《关于处理奸淫幼女案件的经验总结和对奸淫幼女犯罪的处理意见》，经过充实完善之后，最终形成《1955年以来奸淫幼女案件检查总结》，要求各地法院遵照执行，从此拉开了新中国案例指导工作的序幕。1955年，最高人民法院开始收集各级人民法院已经审理的19200件刑事案件，筛选出5000多份案件材料，结合司法实践的审判经验，对这些案件材料进行提炼，总结审判中常见的9类犯罪、92个罪名和10个刑罚种类具体情况。从应然角度而言，这份案例工作总结对日后刑事案件的审判工作理应具有很强的指导意义，但是因为国家政治形势及刑事政策的变化，这个总结最终并未通过。即便如此，这份总结同样为最高人民法院今后开展案例指导工作积累了宝贵的经验。1956年，在全国司法审判工作会议上，最高人民法院明确提出要分类分批汇编案例用以指导审判，并阐明了案例在人民法院裁判案件中"比照援引"的法律效力，这一表态表明最高人民法院认为案例是审判工作中具体应用法律的解释。[①] 1962年《关于人民法院工作若干问题的规定》明确提出了"在总结审判工作的基础上运用案例的形式指导审判工作"，并对案例的选发条件和程序作出明确规定。这一司法文件表征了最高人民法院对于案例指导审判的高度重视，希望通过司法文件规范案例指导司法裁判，该司法文件被学者称为"基本具备了案例指导制度的雏形"[②]。虽然受制于诸多因素的影响，该司法文件没有付诸实践，但这一事实依然反映出那个年代法院对案例指导工作的重视程度。

1978年，最高人民法院以内部文件的形式，颁发了刘殿清"反革命"案等9个典型的案例，其对平反"文化大革命"期间的冤假错案起到了很好的导向与示范作用，为平反冤案提供了活生生的标准，具有很强的现实意义。这些

---

[①] 参见江勇、马良骥、夏祖银：《案例指导制度的理论与实践探索》，中国法制出版社2013年版，第141页。

[②] 参见左卫民、陈明国主编：《中国特色案例指导制度研究》，北京大学出版社2014年版，第31页。

案例好比一盏盏明灯,刹那间照亮了在黑暗中苦苦摸索的人们的前进方向。①1979年《中华人民共和国刑法》颁行,这标志着我国法制建设进入一个新时期,刑事审判有了明确的法律规定。由于立法仓促,社会发展迅速,立法规范难以满足司法实践的需求,人民法院越来越重视判例在司法实践中的指导作用。1983年,时任最高人民法院院长江华在审判工作会议上对案例的重要性作了特别强调:"案例是我们的宝贝,以前我们不善于运用,今后要好好地运用这个武器。省以上的法院对基层法院的指导和监督,可以用案例;对外学术交流,可以运用案例。有的问题争论不休,你摆出案例来不就清楚了吗!所以,案例要好好地运用,用案例来讲道理嘛!"②这对案例的作用进行了全面高度的概括,很好地诠释了案例的诸多优点,不仅有利于指导审判工作,加强案例的说理性,同时在学术交流中也有着十分重要的意义。1984年,郑天翔担任最高人民法院院长,对案例指导审判工作同样十分重视。其先后多次组织法官编选案例,并先后印发《刑事犯罪案例选编(一)》和《刑事犯罪案例选编(二)》,共发布了34则案例,对法院适用法律具有很好的指导作用,也适应了当时"严打"工作的客观需要,对案例指导工作具有开创意义,践行了1956年司法文件提出的"比照援引"的具体设想,这也是最高人民法院通过案例指导法律适用的最好例证。③ 1983—1988年,最高人民法院共发布293个案例,这些案例对审判实践起到了一定的指导作用。最高人民法院发布案例旨在统一案件裁量标准,尤其是解决刑事案件的定罪与量刑不统一问题,其发布案例的目的与刑事案例指导制度追求的目标具有一致性。

综观这一阶段案例在我国司法实践中的应用情况,发布机关主要以"红头文件"形式发布案例,此时的案例发布具有临时性,尚未形成稳定的案例发布机制,案例指导审判工作的功能发挥一定程度上受到限制。虽然案例的指导作用在司法文件和实践中处处得以体现,但更多都是法院不得已而为之。换言之,新中国成立之后,法律规范不健全,加之"文化大革命"对法制的破坏,

---

① 董皞等:《判例解释之变迁与重构:中国判例解释发展与构建之路》,中国政法大学出版社2015年版,第93页。
② 《江华传》编审委员会:《江华传》,中共党史出版社2007年版,第430页。
③ 参见江勇、马良骥、夏祖银:《案例指导制度的理论与实践探索》,中国法制出版社2013年版,第142页。

致使整个中国处于"无法"状态,因此法院选择案例指导司法审判有一定的无奈性,这种客观形势使法院选择案例指导司法适用法律成为一种必然路径,法院对于案例的应用更多的是出于自发,而不是自觉援引。当然这一阶段所有的案例发布工作对案例指导作用的探索仍具有十分重要的价值,其不仅为下一步最高人民法院通过《最高人民法院公报》有组织、系统地发布典型案例做了准备工作,也指明了案例指导工作前进的方向,同时也为今后案例指导工作的繁荣奠定了坚实的基础。

(二) 案例指导工作的繁荣

1. 案例的发布情况

1985—2010 年为刑事案例指导制度正式确立期间,该阶段可视为案例指导工作的繁荣阶段,在此期间案例指导工作从案例发布和制度建设两个方面推进。特别值得一提的是,1985 年最高人民法院创办《中华人民共和国最高人民法院公报》(以下简称《公报》),用以刊载一些重要的法律、司法解释与案例等。发布典型案例成为《公报》的一项重要职能,因此这些典型案例又被称为"公报案例"[①]。公报案例更加注重总结案例中蕴含的司法价值取向和裁判方法,更加注重通过案例阐明法院判决的思维方法,且特别关注案例的社会效果。其对于法官寻找与参考公报案例提供了便利,更好地展示了案例的指导功能,实现了公报案例统一法律适用的初衷。《公报》发布案例有特定的程序和审查标准,案例必须是经最高人民法院认可的适用法律和司法解释的典型案例,必须经过严格审查之后方能刊登。公报案例既是对国家法制的一种宣传方式,又可以不断地总结审判案件的经验,还能给各级人民法院提供学习和参照判罚的标准。[②]

除公报案例外,最高人民法院还适时通过司法文件发布一些典型案例。还有一个现象值得关注,最高人民法院和地方法院通过报纸与书刊等载体编纂案例。案例编纂既达到了宣传案例的效果,也为法官借鉴案例提供了多种渠道。如 1985 年 7 月最高人民法院印发的《关于破坏军人婚姻罪的四个案例》的通

---

① 参见陈越峰:《公报案例对下级法院同类案件判决的客观影响》,载《中国法学》2011 年第 5 期,第 176 页。

② 参见陈兴良、张军、胡云腾主编:《人民法院刑事指导案例裁判要旨通纂》,北京大学出版社 2013 年版,序言第 1 页。

知，供各级人民法院参照执行，对该类型案件的审判起到了规范和指导作用。1992年，最高人民法院中国应用法学研究所编辑《人民法院案例选》，国家法官学院和中国人民大学法学院联合编辑《中国审判案例要览》，并向海内外发行。1999年，最高人民法院各审判庭相继编辑以案例研究为主要内容的审判参考和指导丛书，对法官办理刑事案件具有一定的参考价值。2005年，"两高"联合编辑出版《中国案例指导》丛书，每个案例都由著名学者撰写了研究性文章，阐述裁判的理论原理和总结裁判精髓，抽象出案例指导原则，对法律实务工作者和法学理论工作者具有参考价值。2006年，《人民法院报》开设"案例指导"专栏，该专栏宗旨明确，倡导案例指导效果，对各级人民法院重视案例指导有很强的引领效果。2009年9月最高人民法院发布《关于印发醉酒驾车犯罪法律适用问题指导意见及相关典型案例的通知》，这是最高人民法院第一次以文件的形式明确提出要遵照典型案例进行裁判，维护醉酒驾驶犯罪适用法律规范的统一性。与此同时，地方法院也在积极编写各种案例专刊，编辑大量案例参阅刊物，创办主体主要集中在地方高级人民法院和个别中级人民法院。毋庸置疑，地方法院案例的编选进一步丰富了人民法院案例编选的内容和形式，在一定意义上有利于推进案例指导制度的司法应用，但案例的规范性还有待进一步提高。

2. 案例指导制度的前期准备

最高人民法院在通过《公报》刊登经典案例和各种刊物编写案例的同时，也适时推进案例指导制度的实现。为贯彻中共十五大提出的"依法治国，建设社会主义法治国家的基本方略和推进司法改革"的要求，1999年最高人民法院制定的《人民法院五年改革纲要（1999—2003）》明确提出："从2000年开始，发布有适用法律问题的典型案件，供下级法院参考。"这一纲要的制定标志着最高人民法院把案例指导工作正式纳入司法改革的范畴，也为下一个五年计划进一步开展案例指导工作做了充足的准备。2005年，根据党的十六大积极、稳妥地推进司法体制改革的要求，最高人民法院发布《人民法院第二个五年改革纲要（2004—2008）》，该纲要明确提出了中国要建立案例指导制度，该举措为我国将来正式建立案例指导制度做了舆论先导，也释放了我国司法改革的方向。2008年12月，根据中共中央关于深化司法体制和工作机制改革工作部署，案例指导制度成为党和国家司法改革的一项重要内容。2009年2月，中央政法委出台《关于深入学习实践科学发展观解决政法工作突出问题的意见》,要求建立和完善法律统一适用机制,进一步规范自由裁量权。该意见再次强调了案例指导制度统一司法尺度的功能。这一系列的案例制度建设工作,既是对过去案例指导工作的经验总结,又是对未来案例指导制度正式确立的有计划的推进。

与此同时,地方各级法院也在积极开展案例指导司法实践的探索工作。从各地开展案例指导制度的司法活动可以断定,各级法院都十分重视已经生效的典型案例对之后类似案件审判的指导效果,虽然各自制度名称不同,但却没有本质区别,都是对长期审判工作经验的高度概括与总结。这也是响应国家司法改革的号召,充分利用和发挥先前案例的指导作用,以便达致司法判决的统一。虽然这些举措仍存在诸多问题,案例的司法应用还不够规范,但不可否认的是,地方法院对案例指导的不断探索给最高人民法院确立中国特色的案例指导制度积累了宝贵的实践经验。

3. 案例指导工作的特点

相比新中国成立初期人民法院通过文件发布案例指导审判工作而言,本阶段案例指导工作更加积极主动,主要呈现出以下几个特点:第一,案例发布数量较多。这一阶段发布案例的主要表现形式为公报案例与各级法院编纂的案例。《公报》的创立是这个阶段案例指导工作进入繁荣阶段的一个标志性事件,《公报》也是这一阶段案例指导工作能够快速发展的一个重要载体。虽然《公报》承担发布司法解释、司法文件、地方法院信息、年度报告、典型案例等诸多功能,但其发布的典型案例引起了众多学者与法官的高度关注。这不仅为学者研究法律提供了很好的实证材料,也为法官审判类似案件提供了有益的经验借鉴。与此同时,各地法院编撰案例活动也十分频繁,有"指导案例""参阅案例""示范案例"等。这些案例的颁布在一定程度上对地方法院审判工作起到了统一法律适用的作用。第二,案例没有约束力。无论是公报案例还是地方法院通过自己创办的载体发布的案例都不具有约束力。时至今日,《公报》公布案例已经三十余载,所公布的案例都是最高人民法院认真选取的,具有一定的典型性和权威性,虽然没有赋予其一定的法律身份,但经过多年的积淀,其已然具有一种约定俗成的指导力。公报案例对于统一法律适用作用究竟有多大,理论上难以阐释清楚,唯有经过大量的实证研究才有可能得知一二。但确证的一点是公报案例不是以统一法律适用为唯一使命,其还承担着审判公开和法制宣传等诸多功能,统一法律适用的作用恐怕十分有限。第三,人民法院改革纲要助推案例指导制度的确立。在大量公报案例发布的基础上,1999年《人民法院五年改革纲要》提出建立典型案例指导制度,2005年《人民法院第二个五年改革纲要》提出建立案例指导制度的目标。虽然纲要所设置的目标未能如期实现,但项目的提出本身已经引起学界和司法实务界的广泛关注,大量学术研究成果以及地方法院案例指导工作的探索均为之后案例指导制度的正式出台起到了巨大的推动作用。

**二、刑事案例指导制度的诞生期**

(一)"两高"《案例指导规定》的出台

为了加快推进案例指导制度的实践运行,2010年4月,中央政法委协调公检法召开会议,要求推行案例指导制度并在年内公布一批指导性案例。同年,最高人民检察院和最高人民法院先后颁布《关于案例指导工作的规定》,把案例指导制度从幕后推向了台前。案例指导制度的建立,使我国案例指导工作迈上一个新台阶。虽然规定只有短短10条,但对构建中国特色的案例指导制度意义重大。有学者赞称:"它不仅解决了长期以来围绕在中国司法制度中要不要案例指导制度的争论,而且对指导性案例的效力、制定程序等问题,都作出了基本的规定,对审判实践、法学理论研究和法学教育产生深远的影响,称其为'一个具有划时代意义'的标志毫不为过。"[①]

当然,案例指导制度建立是否能够达到预期效果还言之尚早,关键还在于后续指导性案例的司法运用效果。按照中央政法委组织召开的协调会精神,在2010年底之前,最高人民法院就应当公布一批指导性案例,事实上直到第二年年底,第一批指导性案例才姗姗来迟。2011年12月20日,最高人民法院发布4个指导性案例。最高人民法院对于首批出台的指导性案例格外重视,对案例的选取也显得十分谨慎,从各高级法院和最高法审判业务部门推荐的100个案例中遴选出来。即便如此,首批出台的刑事指导案例3号潘玉梅、陈宁受贿案和4号王志才故意杀人案仍遭到学者批判,[②] 认为其根本就不能起到指导性案

---

[①] 王利明:《我国案例指导制度若干问题研究》,载《法学》2012年第1期,第72页。
[②] 参见林维:《刑事案例指导制度:价值、困境与完善》,载《中外法学》2013年第3期,第507—508页;周光权:《刑事案例指导制度:难题与前景》,载《中外法学》2013年第3期,第482—484页。

例的指导效果。当然，任何一项制度的成长都不可能是一蹴而就的，案例指导制度必然要经历一个成长过程。学者的使命就在于以挑剔的眼光与质疑一切的态度去评价一个制度，最高人民法院唯有认真对待这些质疑之声，不断地吸纳他人的合理建议，才能进一步规范与完善刑事案例指导制度，并使之健康成长。

（二）最高人民法院《案例指导规定》的解读

最高人民法院《案例指导规定》仅10条，但包含丰富的内容，本书不再逐条分析，主要对案例指导制度的核心内容进行剖析。

第一，案例指导制度的宗旨。《案例指导规定》前言明确提出："为总结审判经验，统一法律适用，提高审判质量，维护司法公正，根据《中华人民共和国人民法院组织法》等法律规定，就开展案例指导工作，制定本规定。"建立案例指导制度旨在统一法律适用，其根本目的在于维护司法公正。统一法律适用是司法公正的必然要求，也是司法公正最直接的体现。统一法律适用，即"同案要同判"。我国司法实践中"同案不同判"现象十分严重，这严重毁损了司法权威与司法公信力。司法的内在性质决定了"同案同判"是法官作为裁判者应当予以贯彻的一项重要义务，在满足特定条件下方可背离这一原则的要求。[①] 为此，案例指导制度出台的直接动因就是为了破解这一司法坚冰。[②] 然而，理性观之，导致同案不同判现象发生的原因有多种，欲有效化解这一司法难题，仅仅依凭指导性案例是远远不够的。案例指导制度只是控制同案不同判的一个必要条件，却不是充分条件。应当说同案同判是司法公正的基本要求，是我国学习他国先进司法经验，欲通过指导性案例统一司法尺度的目的，也是我国建立案例指导制度的初衷。在我国现有的法治环境中，很多法治因子缺失，想通过建立案例指导制度这一举措立即改变现有的司法现状不切实际。不可否认，指导性案例具有达致同案同判之功能，但在案例指导制度建立初期，与其说要发挥其同案同判的功能，毋宁说发挥指导性案例活化立法、提供裁判方法与规则、指引与规范民众行为、回应社会关切的作用更具有现实意义。

第二，指导性案例的界定。我国案例制度不同于英美判例法，指导性案例

---

[①] 孙海波：《"同案同判"：并非虚构的法治神话》，载《法学》2019年第5期，第151页。
[②] 参见孙谦：《建立刑事司法案例指导制度的探讨》，载《中国法学》2010年第5期，第78页。

是理性建构的产物，并非所有案例都能成为指导性案例，而是要经过严格程序遴选产生，选择释法效果好的案例，可弥补成文法的不足。《案例指导规定》第2条对指导性案例的条件做出界定，从应然角度而言，以"法律规定比较原则的""具有典型性的"和"疑难复杂或者新类型的"三者作为指导性案例的条件比较容易理解，这也应当是遴选指导性案例的主要标准，是确保案例指导作用得以发挥的前提条件。然而，对于"社会广泛关注的"这一要件很多学者持否定意见。因为社会广泛关注的案件并不必然存在适用法律障碍，不应当成为指导性案例的充分条件。从实然角度而言，"社会广泛关注"作为指导性案例条件具有现实合理性。一是司法实践中能被广泛关注的案件往往也存在法律适用争议，如"二奶继承案"和"许霆案"就是最佳事例。司法实践中民众不可能也不会关注太多司法案件，能够吸引他们眼球的案件基本都与社会热点问题息息相关，如死刑案件、贪污受贿案件。针对该类案件，仅从法条字面理解角度而言，似乎未有法律适用困难，然而当法院真正处理实际案件时，案件经媒体报道而发酵之后，裸露到广大公众面前时，加之社会各种因素推波助澜，法律适用的隐性难题就会浮出水面，甚至平常简单的案件由于公众的关注而演变为疑难案件。① 二是指导性案例回应公众关切问题具有现实意义。退一步而言，即便"社会广泛关注的"案例不存在任何法律适用层面的困难，仅仅是因广受民众关注，把这样的案例上升为指导性案例，这必然会取得良好的法律规范教育与指引作用，对民众无疑是上了一堂生动的法制教育课。因此，笔者认为基于我国司法实践考量，把"社会广泛关注的"作为指导性案例的条件具有妥当性，也契合我国司法实践的需要。另外，第五项"其他具有指导作用的案例"明显是一个兜底规定，也表明对于哪些问题应该发挥案例的指导作用，至少目前最高人民法院还没有给出明确答案。

第三，案例指导制度的定位。案例指导制度的定位，又称指导性案例的效力。指导性案例是否具有法律效力是比较敏感的话题，也是学界争议颇多的问题。基于我国的政治体制与法律体制考量，我们不主张"法官造法"，如若赋予指导性案例法律效力，相当于认可法官有立法权，由此就有僭越立法权之嫌

---

① "于欢案"就是经媒体报道之后，引起民众广泛关注，最后由一个法律适用简单的刑事案件上升为一个疑难案件的典型适用。2017年6月23日，山东高级人民法院二审宣判，由无期徒刑改判为5年有期徒刑。案件虽然已被改判，但仍受到很多学者的质疑，对此案件的判罚仍然存在很大争论。

疑，这也是案例指导制度推进较为谨慎的重要原因。因此，指导性案例的效力不妨以案例指导制度定位替代，如此既不妨碍认识案例指导制度在司法实践中所处的位置，也不会导致司法权和立法权的紧张关系。由于制约机制缺失，法官参照指导性案例不够积极，案例指导制度的作用十分有限。理性审视指导性案例运行现状，并非只要赋予指导性案例法律效力，就能发挥其指导作用，关键在于指导性案例自身的软"实力"，即案例的释法效果与说理能力。正如道德与法律，虽然伦理道德规范没有法律效力，但并不代表民众在日常行为中遵守道德规则就比遵守法律规则效果差。事实证明，在维系民众和谐生活秩序中，道德的功劳绝对不比法律作用差。由此我们可以得知，指导性案例是否具有效力固然是个重要问题，但不应该是案例指导制度运行的主要瓶颈，关键要从制度上不断完善案例指导制度，尤其要提升指导性案例的说理能力，增强指导性案例的影响力，方能发挥其应有作用。

第四，指导性案例的发布主体。案例指导制度是司法改革的重点内容之一，其创制主体在一定程度上决定制度运行的广度。《案例指导规定》第1条明确指出：最高人民法院确定并统一发布指导性案例。最高人民法院是我国最高的司法机关，对整个国家的司法实践进行宏观指导，而且还享有法律明确授予的司法解释权，对于国家的司法改革具有引领和导向作用。显然从指导性案例的发布主体可窥最高人民法院对案例指导制度运行的谨慎态度，鉴于该制度目前仍处于摸索阶段，也能理解，但这样势必导致指导性案例数量有限且又难以满足地方特殊情形的需要。因此，欲着力完善案例指导制度，发布主体应逐步向多元化发展，尤其要赋予高级人民法院创制指导性案例的权力，这既是遵循司法规律使然，也是满足司法实践的现实渴求。

第五，指导性案例的推荐主体。相较于指导性案例发布主体的单一性而言，指导性案例的推荐主体呈现出多元化、开放性局面。其不仅包含司法系统内部主体，而且包含司法外部的广泛的社会主体，这也体现出推荐指导性案例这一举措的兼收并蓄与司法民主性。《案例指导规定》第4条针对法院系统内部指出，各类型、各级人民法院都有权利推荐本辖区或本院已经发生法律效力的裁判，这既是各级法院的权利，也是法院的义务。同时可以发现，指导性案例的资质并不要求一定是上级人民法院的生效裁判案例，基层人民法院已经生效的裁判案件如果符合指导性案例的条件亦可作为指导全国各级法院的指导性案例，这一点也是我国案例指导制度和英美法系与大陆法系判例制度的根本区别，表征了中国案例指导制度的特殊性。《案例指导规定》第 5 条主要针对司法系统外的社会主体，其体现出推荐指导性案例这一举措的开放性，推荐主体没有任何限制，只要是关心人民法院审判、执行的各界人士都可以推荐适格的指导性案例。从推荐主体不难发现，最高人民法院对案例指导制度寄予很大期望，希望和鼓励全体法官、全社会民众都能关心和推动案例指导制度的发展。

总而言之，《案例指导规定》对我国建构的案例指导制度做了基本的构架，使人们对案例指导制度内容有了初步的认识与了解。但仍有很多重要内容没有做出明确规定，比如如何援引指导性案例，审理案件的法官在类似案件中没有参照指导性案例的法律后果如何，这些规定是保障案例指导制度有效运转的基本前提，否则"应当参照"就会形同虚设。如果不明确背离指导性案例的不利法律后果，那么指导性案例所谓的"应当参照"之效力将沦为"失去牙齿的猛兽"，这种权威的实践意义将大打折扣。①

（三）最高人民检察院《案例指导规定》的解读

2010 年 7 月 29 日，最高人民检察院先于最高人民法院颁布《案例指导规定》，此举表明检察机关对中国案例指导制度设立的关注与努力程度丝毫不亚于法院，同时表明检察机关希望案例指导工作能在我国司法实践中有实质进步，案例指导制度的建立无疑对检察机关在行使检察权和检察监督权有重大指导作用。该规定共 18 条，体系与最高人民法院的《案例指导规定》基本相同。

第一，指导性案例的业务范畴。根据最高人民检察院《案例指导规定》第 3 条规定，指导性案例只能是检察机关在行使法律监督权过程中有普遍指导意义的案例。具体包括：职务犯罪立案与不立案案件；批准（决定）逮捕与不批准（决定）逮捕、起诉与不起诉案件；民事、刑事、行政抗诉案件；国家赔偿案件；涉检申诉案件以及其他新型、疑难和具有典型意义的案件。检例业务范围的规定就说明与法院发布的指导性案例有本质的区别，检例只能针对检察机关工作过程中自身职权范畴内的案件发挥指导作用，对实践中法院的审判工作

---

① 孙跃：《案例指导制度的改革目标及路径——基于权威与共识的分析》，载《法制与社会发展》2020 年第 6 期，第 74 页。

没有约束力也不应当具有约束力，否则就有越权之嫌，有违无罪推定原则。因此，狭义上的案例指导制度不应当包括检察院发布的指导性案例，检察机关性质决定其不享有司法裁判权，不具有终结案件的能力，司法尺度是否统一主要取决于法院最后的判决，而与公诉机关的起诉没有直接关系。

第二，指导性案例的条件。从最高人民检察院《案例指导规定》第 8 条可以发现，采用了抽象与具体相结合的方式来确定检例的标准。抽象标准为：已经发生法律效力的案件；在事实认定、法律适用、政策掌握或者法律监督实践中具有典型性和代表性；适用法律正确，对法律的解释合乎法律的原则和精神，处理结果恰当、社会效果良好。具体条件为：涉及的法律适用问题在现行法律规定中比较原则，不够明确具体的案件；可能多发的新类型或者容易发生执法偏差的案件；群众反映强烈、社会关注的热点案件；在法律适用上具有指导意义的其他案件。由此可见，检察院的检例与法院的指导案例条件基本相似，解决适用法律疑难问题都是指导性案例的宗旨，而且都对"社会关注的热点"案例做出明确要求。可见，无论是最高人民法院还是最高人民检察院，都对指导性案例赋予一定政治功能，希望通过指导性案例回应公众关切问题、宣传国家政策、讲述中国法治故事，提升民众的司法认同感，这也是中国特色案例指导制度的题中应有之义。

第三，指导性案例的发布主体。根据最高人民检察院《案例指导规定》第 14 条规定可知，检例的发布主体为最高人民检察院，地方各级检察机关没有发布检例的权力。

第四，指导性案例的效力。最高人民检察院《案例指导规定》第 15 条指出，各级人民检察院在办理同类案件中，可以参照指导性案例执行。相较于最高人民法院指导案例的"应当参照"而言，检例"可以参照"的效力要弱一些，虽然都是参照，但"应当"与"可以"还是存在天壤之别，"应当"包含必须的意思，"可以"是一种两可的选择。然而，第 16 条随之对第 15 条做出一个背书：在办理同类案件、处理同类问题时，如果承办案件的检察官认为不应当适用指导性案例的，应当书面提出意见，报经检察长或者检察委员会决定。这一背书条款的规定无疑增强了检例的约束力。因此，解读最高人民检察院对检例指导效力应把两个条文内容结合起来考察，其中第 16 条规定的精神相当于德国的"背离先例报告"，这一制度的确立具有里程碑式的意义，确立了指导性案例具有事实上的拘束力。① 由此可见，由于背离报告制度的确立，检例的"可以参照"要比指导案例的"应当参照"约束力强。最高人民法院也应学习与借鉴"背离先例报告"制度，以便确保指导性案例的指导作用得以落到实处。此外，最高人民检察院《案例指导规定》还对检例的工作机构、程序以及案例的发布渠道等内容作出规定，这些都是检察机关案例指导制度的组成部分，在此就不再一一解读。

2015 年 12 月 9 日，最高人民检察院重新修订《案例指导规定》，并在规定中明确宣布废止之前的规定。修订之后的《案例指导规定》不仅在条文数量上有变化（由原来的 18 条增加为 20 条），而且在内容方面也做出了很大的变动。主要体现在以下几个方面：第一，明确指导性案例的具体条件。把 2010 年《案例指导规定》第 8 条选送、推荐和征集案例的条件与第 2 条杂糅之后作为新规定的第 2 条，内容进行了简化，将指导性案例的条件界定为：案件处理结果已经发生法律效力；案件办理具有良好法律效果与社会效果；在事实认定、证据采信、法律适用、政策掌握等方面对办理类似案件具有指导意义。表面上看对指导性案例的条件进行了简化，实则更加抽象，如删除 2010 年《案例指导规定》第 8 条第二项的具体情况，特别是删除了指导性案例业务范畴的限制，致使指导性案例更加宽泛，不利于指导检察机关在实践中选拔指导性案例。第二，取缔指导性案例效力的约束机制。2010 年《案例指导规定》的"可以参照"与"书面报告"两个条款被废除，一定程度上削弱了指导性案例的约束力。虽然修订的《案例指导规定》第 3 条规定：人民检察院参照指导性案例办理案件，可以引述相关指导性案例作为释法说理根据，但不得代替法律或者司法解释作为案件处理决定的直接法律依据。但该条规定一方面只是说明援引指导性案例的方式，另一方面说明指导性案与法律和司法解释不同，没有法律效力，对于实践中检察机关应当援引而不援引指导性案例没有任何限制，这样必然导致指导性案例被架空。这一内容的废除令人扼腕叹息，难以判定最高人民检察院是基于何种考虑。第三，建立指导性案例失效机制。随着社会的进步，法律和司法解释立改废以及指导性案例数量的逐步增加，有可能会出现

---

① 参见江勇、马良骥、夏祖银：《案例指导制度的理论与实践探索》，中国法制出版社 2013 年版，第 9 页。

一些指导性案例与新颁布的法律、司法解释和新的指导性案例发生冲突的现象,因此,对于指导性案例及时清理就尤为重要。新修订的《案例指导规定》第 17 条对指导性案例清理的情形做出明确的规定:案例援引的法律或者司法解释废止的;与新颁布的法律或者司法解释相冲突的;与最高人民检察院发布的指导性案例相冲突的;其他应当宣告实效的情形。总而言之,最高人民检察院对于《案例指导规定》的适时修改,从各个方面更加规范了检察机关的案例指导工作,有利于指导各级人民检察院依法办案。但同时也出现了一些让人捉摸不透、比较模糊的规定,尤其是对"书面报告"条款的废除颇令人费解。

(四) 刑事指导性案例发布主体的定位

英美法系和大陆法系判例仅限于法院的生效判决,即判例的发布主体是一元的。与其他国家不同,中国特色的案例指导制度发布案例的主体则是多元的,除法院外,检察院、公安部门都享有发布指导性案例的权力。从制度规定上考察指导性案例的发布主体是三元的,然而截至目前,公安部尚未发布任何形式的指导性案例。因此,从指导性案例发布的现实情况而言,我国案例指导制度的发布主体实质上是二元主体并存的局面,由此必然会产生最高人民法院发布的指导案例与最高人民检察院发布的检例的效力关系。虽说无论是指导案例还是检例目前都不属于我国的法律渊源,都不具有法律效力,但对适用法律有一定的影响力已是客观事实。作为一项法律适用机制,必然要厘清二者在对同一法律问题做出不同解释时,参照谁更加合理合法。如若最高人民检察院仅仅在享有终局决定权的领域发布指导性案例的话,比如不起诉决定与不批准逮捕,就不会与最高人民法院发布的指导性案例存在交集,冲突自然也不会产生。然而,从已经发布的众多检例可以清晰地发现,检察院在提起公诉时,对法律进行解释的案例大大存在,尤其是对具体刑事犯罪的定罪与量刑条款做出的解释,这势必就会对法院审理案件适用法律产生一定的影响。由此检例是否对法院的审判工作具有参照约束力就成为一个必须要明确的重要课题。刑事案例指导制度中存在的两种载体究竟属于何种关系,显然是这项制度运行必须明确的一个基本前提。虽然从"两高"各自业已颁布的指导性案例看,没有明显的法律适用冲突,但随着刑事案例指导制度的进一步推进,这些问题必将凸显出来,为此尽快明确二者发布指导性案例的权限是十分必要的。

一般情况而言,对于同一法律问题可能存在以下三种情形:一是只有最高人民法院的指导性案例；二是只有最高人民检察院的检例；三是"两高"都发布相关指导性案例。其中第三种又可以分为两种情形：一是二者对法律的解释具有一致性；二是二者对法律的解释存在分歧。如果对同一问题只存在最高人民法院的指导性案例，检察院和法院在适用法律中都应遵循该指导性案例，也无须再加以论证其合理性；如果"两高"对同一法律问题都发布指导性案例且理解相同的，也不存在适用分歧。例如，指导案例61号与检例第24号都是马乐利用未公开信息交易案，裁判要点与要旨完全相同，对此问题无论适用法院的指导案例还是适用检察院的检例，都不会出现司法尺度不统一的局面，由此我们只需探讨剩余的两种情形：

第一，只有检例的情形。针对某一法律问题如若只有检察机关的指导性案例，法院似乎就应当参照检例。然而指导性案例毕竟与司法解释不同，不属于法律规范的范畴，而最高人民检察院颁布司法解释有明确的法律授权。但法院适用检例无论从哪个角度都没有正当的理由，而且检察机关作为"原告"，属于诉讼当事人之一，为审判提供规则有既做运动员又做裁判员之嫌，法院作为居中裁判者，如若在审判案件时适用检察机关的指导性案例，就有偏袒原告的嫌疑，有失司法的公平公正。最高人民检察院享有司法解释权一直被学界所诟病，更何况是以没有任何法律效力的检例来约束法院的审判工作。依此逻辑推演下去，法院审理案件无须也不应参照检察机关发布的指导性案例。但从最高人民检察院已经发布的指导性案例考察得知，对具体罪名构成的法律解释占有绝大多数，若这些指导性案例不能在法院裁判案件时适用，将形同虚设，长此以往检察机关的案例指导制度有土崩瓦解之虞。

第二，指导案例与检例共存，但对同一问题的法律适用持有不同见解。对于这种情形，按照常理推理法院必然会选择适用自己发布的指导性案例，没有必要舍近求远。加之检察机关发布的指导性案例与法院自己发布的指导性案例还存在冲突，更没理由去选择检察机关的指导性案例。反之，就等于自打嘴巴，承认自己的指导性案例存在错误抑或认可自己发布的指导性案例效力低于检察机关发布的指导性案例。由此得知，如若出现这种情况，法院没有道理也没有理由去适用与自己发布的指导性案例相矛盾的检例。或许有人会建议，可以借鉴在司法解释体系中解决二者冲突的办法，即根据1981年《关于加强应用法律解释工作的决议》第2条之规定："凡属于法院审判工作中具体应用法律、法令的问题，由最高人民法院进行解释。凡属于检察院检察工作中具体应用法律、法令的问题，由最高人民检察院进行解释。最高人民法院和最高人民检察院的解释如果有原则性的分歧，报请全国人大常委会解释或决定。"司法实践中的确出现过"两高"对法律适用不统一的情形，最高人民检察院都提请全国人大常委会做出立法解释，以明确法律适用的标准。然而对于"两高"指导性案例发生冲突如何来化解，法律并没有明确规定。我国案例指导制度出台不久，目前只被定位为一种法律适用机制，指导性案例显然还难以纳入司法解释的范畴，如此一来，就不存在全国人大常委会出面化解指导性案例冲突的正当依据。由以上分析观之，若针对同一问题，检法指导性案例所做解释不同，法院必然是适用自己的指导性案例，由此必将导致检察工作适用难题。若选择自己的指导性案例作为诉讼说理依据，就要面临败诉的风险，反之为了追求胜诉则又必须适用法院的指导性案例，如此一来，则会导致检察机关的指导性案例虚置，进一步架空检察机关的指导性案例。①

基于以上分析可以发现，检察机关的指导性案例处于十分尴尬的境地，无论哪种情形，检察机关的指导性案例都有被司法实践虚置的风险，尤其是在指导性案例涉及刑事罪名构成的实体规则解释的情形下，不论是否存在法院发布的相关指导性案例，法院适用检察机关指导性案例都是无理可据的。究其原因，只有法院享有司法最终裁量权，在法院裁量文书生效之前，任何真知灼见充其量也仅仅是学理的解释，正在审理的案件法官不一定会选择适用其规则，更谈不上之后对类似案件的审判指导。诚如学者所言："除了批准逮捕权和不起诉权之外，检察机关的其他公诉权都不是终局性的司法权，检察机关行使这些权力的结果受制于法院的决断，检察机关在行使这些权力过程中所创制的规则也必须经法院认可后才能真正发挥作用。而由于检察机关与法院在诉讼过程中的立场不同，法院不会也不应全盘接受检察机关创制的规则。"② 另外，从刑事案例指导工作的实践察看，或许因为以上原因，检察机关发布指导性案例的积极性明显不高，而且很少受到外界的关注，其影响力也十分有限。当然从社会实践观之，原则上任何行业都有自己的行业规范，若碰到一些比较

---

① 参见陈兴良主编：《中国特色案例指导制度研究》，北京大学出版社2014年版，第317页。
② 同上。

棘手的难题也都希望能从之前他人处理问题的方法中获得启发，进而可以指引解决现在面临的难题。依循这个事理逻辑，公检法都可以发布指导性案例似乎就是顺理成章之事。然而指导性案例制度作为一项法律适用机制，显然是具有特定内涵的，并非任何机关发布的任何案例都可以当然指导司法裁判活动。最高人民检察院和公安部发布的指导性案例难以纳入案例法范畴，充其量是以案例形式提出的行政指令，① 只限于指导两机关自身职权工作范围的法律适用，绝对不能指导法院的审判活动。

综观整个刑事诉讼过程，侦查、起诉只是整个诉讼过程的一个环节，案件结论如何只有经过法院审判之后才能得出结果。尤其是在提倡以审判为中心的诉讼程序改革下，审判工作被摆在中心位置是司法改革的最终归宿。换言之，在以审判为中心的诉讼过程中，法院的地位将进一步提高，裁判文书的说理性将进一步增强，审判案件的质量逐步提高，人民法院的指导性案例必将成为案例指导制度的唯一承载物，发布指导审判活动的指导性案例主体只能是人民法院。检察院作为公诉机关，处于一方当事人地位，发布指导性案例约束法院审判受到质疑。如果诉讼中允许一方当事人具有解释法律的权力，而他方当事人不具有解释法律的权力，其地位的不对等显而易见。而在不对等的诉讼结构中，想有公平的裁判，是很困难的。②

最后，从刑事案例指导制度建立 10 年后的现状可以得知，我国目前的刑事案例指导制度还不是真正意义上的判例制度，充其量是案例指导工作发展的一个新阶段。因此，鼓励司法机关探索自己的案例指导工作也属合情合理之事，随着司法改革的不断深入，案例工作经验的丰富积累，指导性案例的发布也将愈加规范。归根结底，检察机关发布的指导性案例应当仅限于批捕和不起诉范畴，在其他方面没有必要发布指导性案例，由此可以避免二者的指导性案例产生适用规则的分歧。而且从最高人民检察院已经发布的指导性案例可以发现，绝大多数案例都是各级人民法院的生效判决或裁定，如若这些案例足够典型，最高人民法院自然可以通过指导性案例的遴选程序将其确立为指导性案例，而无须检察院在他人判决的文书中去总结要旨，反而使自己处于尴尬境

---

① 参见邓矜婷：《指导性案例的比较与实证》，中国人民大学出版社 2015 年版，第 28 页。
② 李洁：《论罪刑法定的实现》，清华大学出版社 2006 年版，第 346 页。

地。当然检察机关可以把在诉讼过程中自己做出的已经生效的决定经过筛选之后确立为检察工作的指导范例,正如最高人民检察院发布指导性案例时将其称为"检例",虽然是为了便于和法院的指导性案例区分,但一定程度上也昭示了其只是"检例",而非"指导性案例"。

### 三、刑事案例指导制度的成长期

(一) 刑事案例指导制度的推进

制度贵在落实,再完美的制度如果不能转化成实效也是枉然。最高人民法院《案例指导规定》一度受到众多学者指责,被认为很多问题的规定较为模糊,操作性不强。该制度已发布的指导性案例数量不多,指导力不足,饱受学界诟病。为了更好地推动案例指导制度的实践运行,充分发挥指导性案例的应然功能,2015年6月2日,最高人民法院颁布《〈最高人民法院关于案例指导工作的规定〉实施细则》(以下简称《实施细则》)。《实施细则》第1条开宗明义地指出:为了具体实施《案例指导规定》,加强、规范和促进案例指导工作,充分发挥指导性案例对审判工作的指导作用,统一法律适用标准,维护司法公正,制定本实施细则。该细则对指导性案例的构成、具体标准、推荐主体与程序、参照范围以及指导性案例如何援引等问题做出了细致的规定,增强了案例指导制度的可操作性,也为法官在审判实践中如何看待与援引指导性案例做出了明确的指引。需要特别说明的是,2014年最高人民法院公布的《人民法院第四个五年改革纲要(2014—2018)》明确提出:"最高人民法院在推进内设机构改革的同时,还将建立将本院作出的裁判转化为指导性判例的机制,充分发挥其确保法律统一正确实施维护国家法制统一的职能。""指导性案例"转变为"指导性判例"的话语表述,这一转变彰显了最高人民法院推进案例指导制度的决心和信心。对此我们充满期待,在大量适用指导性案例的基础上,把最高人民法院自己审判的一些案例提升为"指导性判例",这一举措进一步强化了指导性判例的约束力,提升了指导性判例的影响力,更好地推进了案例指导工作的顺利进行,进而维护了司法的统一和判决的公平公正。2021年12月22日,最高人民法院印发《关于推进案例指导工作高质量发展的若干意见》的通知(法〔2021〕294号,以下简称《案例指导意见》),明确提出了案例指导工作要高质量发展,对新时代案例指导工作提出了新要求,要为社会高质量发展提供高质量的法治保障。为此,案例指导工作的持续推进成为人民法院的一项重要工作，面对新形势，必须进一步健全案例指导制度各项机制，以高质量案例指导工作促进高质量法治建设。

(二) 最高人民法院《实施细则》的解读

为了更好地推动指导性案例的司法实践运用，有效发挥案例指导制度的功能，维护司法公正，2015年6月，最高人民法院发布《实施细则》，进一步完善了案例指导制度的各项内容，细化了指导性案例的标准，明确了指导性案例的援引方式，加强了案例指导制度的可操作性，规范了指导性案例司法实践应用。

第一，指导性案例的标准更加具体。2010年的《案例指导规定》对指导性案例的标准只做了宏观要求，尚未言明指导性案例的具体标准，难以有效指导最高人民法院筛选指导性案例。《实施细则》第2条明确规定，指导性案例应当是裁判已经发生法律效力，认定事实清楚，适用法律正确，裁判说理充分，法律效果和社会效果良好，对审理类似案件具有普遍指导意义的案例。其中"认定事实清楚，适用法律正确"应为指导性案例的基本要求，如若裁判案件存在事实不清或适用法律错误之情形，该案就是错案，不能选作指导性案例，充其量只能作为反面教材使用。"裁判说理充分"是指导性案例的必要前提，倘若一个裁判案件对自身都未达致说理透彻，便无从奢谈其对类似案件的指导。综观我国司法裁判文书现状，"说理不充分"是普遍的司法现象，这也是建立案例指导制度的理由之一，但这恰恰也是制约案例指导制度发展的一大瓶颈。因此，增强裁判文书的说理性是我国司法亟待解决的问题，但这毕竟不是朝夕能完成之事，需要循序渐进，不可操之过急。"法律效果和社会效果良好"是我国最近刑事政策对刑事司法审判的总体要求，应当说追求一个案例的法律效果和社会效果完美统一是一件美好之事，可以作为参考标准，但不应该作为指导性案例的刚性要求，否则符合条件的指导性案例必将是凤毛麟角。"审理类似案件有普遍指导意义"应当是指导性案例的核心意涵，之所以选拔指导性案例就是为之后的类似案件提供参照标准，避免同案不同判现象的发生，这也是案例指导制度建立的直接目的。当然案例能不能对类似案件具有指导意义，除该案例是否释法效果较好与说理充分外，还需经过实践反复检验，单独评价一个案例很难预判其是否对今后类似案件的裁判起到相应的指导作用。《实施细则》的出台看似明确了指导性案例的标准，其实想选出真正意义上对刑事审判有指导作用的案例仍然不易。指导性案例是为解决实践问题提供合理参照，那么在实践中哪些刑事案例存在法律适用难题就是我们首先要研究清楚的问题。

第二，类似案件的判断标准。指导性案例确定之后，指导类似待决案件的审判就是其作用所在，那么何为类似案件就是值得我们认真思考的问题。《实施细则》第9条规定：各级人民法院正在审理的案件，在基本案情和法律适用方面，与最高人民法院发布的指导性案例相类似的，应当参照相关指导性案例的裁判要点作出裁判。从该规定可看出，最高人民法院从"基本案情"和"法律适用"两个维度来提供判断案件是否类似的标准。这个标准看似全面，实则经不起推敲，且规定过于笼统，难以指导法官区分相同案件。指导性案例的功能就在于为待决案件提供裁判方法与裁判规则，给法官对待判案件"适用法律"树立标杆。通过参照指导性案例，待决案例和指导性案例在基本案情和法律适用方面相类似，也就意味着待决案件已经找到妥当法律依据，由此便没有必要再参照指导性案例。因此，基本案情是类似案件的判断前提，具体的法律适用则应是指导性案例的指导结果，这里的"法律适用"只能理解为案件涉及的法律问题点。当然仅仅依靠案件的基本事实判断案件是否类似也是一件不易之事，且不论每位法官的主观因素影响，就案件基本事实的判断也经常会出现争议。为了避免法官在类似案件判断出现偏差，最高人民法院在指导性案例中又提炼出裁判要点作为法官判断类似案件的补充标准。由此只要待决案件基本事实与指导性案例中的裁判要点相一致，就可以参照指导性案例进行说理论证。可见裁判要点对指导性案例非常重要，其关系到指导性案例的适用范围的广度与深度，所以概括裁判要点必须客观全面反映出指导性案例的法律适用，方能更好地发挥指导性案例的指导作用。类似案件的辨别仅仅依靠理论上的论证不能解决现实问题，法官在遵循基本标准的前提下，在实践中不断演练，提升应用指导性案例的技能，才能找到合适的指导性案例来参照。

第三，进一步明确案例指导制度的定位。如果说《案例指导规定》对案例指导制度定位（指导性案例的效力）比较模糊的话，那《实施细则》则比较明确地说明了指导性案例的地位与属性，即类案裁判的指导标杆。《实施细则》第10条规定：各级人民法院审理类似案件参照指导性案例的，应当将指导性案例作为裁判理由引述，但不作为裁判依据引用。由此可知，指导性案例不能直接作为裁判依据加以引用，但可在裁判待决案件的裁判理由中引述指导性案例进行说理论证。换言之，指导性案例没有法律效力，只能作为类似案件判决中的说理论据。最高人民法院把案例指导制度定位为法律适用机制，赋予指导性案例事实上的约束力，要求法院审判类似案件应当参照。然而，"应当参照"的实现必须配套相应的制约机制，否则参照效力也将名存实亡。《实施细则》第11条第2款规定：公诉机关、案件当事人及其辩护人、诉讼代理人引述指导性案例作为控（诉）辩理由的，案件承办人员应当在裁判理由中回应是否参照了该指导性案例并说明理由。由此可见，其他诉讼参与人若提出援引指导性案例，法官原则上应当对此作出回应，尤其是在不参照的情形下更应当说明理由。仅仅依靠"应当"文字的规定而没有丝毫监督和制度约束，指导性案例事实上的约束力也很难实现。

第四，指导性案例的援引方式。只有法院在审判工作中明确引用指导性案例，使所有人感受到指导性案例在司法实践真能发挥指导作用。援引案例审案必须由之前主观援引转向客观援引，因此规范的援引方式也是案例指导制度运行规范的必然要求。《实施细则》出台之前，法院援引指导性案例的方式五花八门，有损司法的严肃性。《实施细则》第11条明确提出：在办理案件过程中，案件承办人员应当查询相关指导性案例。在裁判文书中引述相关指导性案例的，应在裁判理由部分引述指导性案例的编号和裁判要点。由此可见，援引形式上依照指导性案例的编号，援引内容仅限于指导性案例的裁判要点。各级人民法院在以后的审判活动中，参照指导性案例进行说理论证，必须严格按照细则规定执行，逐步规范指导性案例的援引方式，推动案例指导制度的有效运行。

《实施细则》就案例指导制度完善的主要内容做出了解读，除此之外其还进一步明确了指导性案例的推荐主体，完善了推荐指导性案例的程序要求，对指导性案例的编纂与清理也提出了很好的指导意见，保障了指导性案例的前后一致性，为司法实践查询指导性案例提供了便利条件。客观来讲，该细则的出台对案例指导制度的自身完善和实践运行提供了很多具体可行的方法，但作为一项司法改革措施，尤其是司法改革的长期目标，仅仅依靠这些规定是远远不够的，必须为案例指导制度提供健康的司法环境秩序，不断提升司法人员自身的法律素养和综合素质，健全各项配套制度，保障案例指导制度在中国司法实践中良性运转，弥补成文法的缺陷，补足司法解释的短板，统一司法尺度，最终实现司法的公平公正。

（三）最高人民法院《案例指导意见》的解读

《案例指导意见》开宗明义指出，为深入贯彻落实习近平法治思想，全面推进依法治国，适应"十四五"时期人民法院工作高质量发展新形势，通过不断优化案例指导工作机制，切实发挥案例指导制度在统一裁判标准、促进司法公正、提升司法公信力等方面的重要作用，制定本意见。由此可见，案例指导工作是人民法院"十四五"时期的一项重要工作，更是全面推进依法治国，落实习近平法治思想的重要体现和保障。进入新时代，案例指导工作必须与时俱进，以习近平法治思想为指导，把案例指导工作做实做细，切实发挥其统一裁判标准、促进司法公正、提升司法公信力等重要作用。此次意见，从案例指导的地位、原则、管理、应用、保障机制等多方面做出了明确的说明，为进一步推进案例指导制度的实践运行指明了方向。

第一，强调了案例指导制度的重要作用。《案例指导意见》第1条就特别强调了案例指导制度在法治建设中的重要作用，人民法院要将其置于坚持和完善中国特色社会主义司法制度的战略高度来谋划。由此可见，意见已经把案例指导制度提升到了我国特色司法制度建设的战略高度，最高人民法院要从战略高度布好局，各级人民法院要充分认识到案例指导工作对于新时代法治建设的重要性，不断强化案例意识，充分发挥案例指导制度在完善中国特色社会主义法律体系、保证法律统一实施、加强审判监督指导等方面的重要作用。

第二，明确了案例指导工作的基本原则。最高人民法院结合我国法治建设实际和案例指导工作实践，在《案例指导意见》明确提出了五个重要原则。一是要坚持以人民为中心的原则。民生是最大的政治，党的十九大报告和二十大报告都体现了以人民为中心的思想，习近平总书记在多次讲话中都有提及以人民为中心的发展思想。习近平总书记在党的二十大代表大会上作报告提出，坚持以人民为中心的发展思想。维护人民根本利益，增进民生福祉，不断实现发展为了人民、发展依靠人民、发展成果由人民共享，让现代化建设成果更多更公平惠及全体人民。法治建设是现代化建设的重要内容，是人民美好生活的重要组成部分，新时代法治建设必须坚持以人民为中心的思想，案例指导工作的开展必须满足和回应人民对法治建设的需求，切实让人民群众在每一个司法案件中感受到公平正义，用法治保障人民的幸福感、获得感和安全感。二是要坚持社会主义法治理念原则。案例指导工作必须坚持社会主义法治理念，从中国实际出发，把社会主义核心价值观融入法治建设中，强化司法人员的社会主义法治理念，指导性案例要能够体现社会主义核心价值观精神，指导法院审判工作，及时回应民众关切问题。三是坚持问题导向原则。案例指导工作的开展必须以司法实际问题为出发点，围绕司法裁判中面临的突出问题和社会治理问题，有目的性地培养指导性案例，坚持法律底线，加强判决的说理性，把抽象的法律通过活生生的案例进行有效释法，为法院解决类似难题提供可参照的裁判方法和规则，进而实现法律适用统一，维护司法公正。四是坚持严把案件质量原则。发布指导性案例必须严格标准要求，必须要把案件事实清楚、说理透彻的高质量案件推选出来，把法律效果和社会效果有效结合的案件选拔出来，使其真正能够发挥类案的指导作用。五是严格遵循指导性案例遴选程序。若想推选出高质量的指导性案例，严格的遴选程序是重要的保障。最高人民法院选拔指导性案例不是为了照顾某个法院或者某个法官，而是为了发挥高质量案例的标杆作用，发挥司法裁判指挥棒的作用，因此要按照规定，严格执行遴选程序，深入研究论证，广泛听取意见，严把挑选关、编写关、审查关和发布关，确保案例质量。

第三，健全指导性案例选拔管理机制。为了提高指导性案例的数量和质量，《案例指导意见》提出了很多举措。一是要求最高人民法院研究室统筹管理，各业务部门发挥自己职能优势，积极参与案例指导工作，与研究室合作共同完成案例指导的各项工作。同时对高级人民法院可以发布参考性案例作出明确规定，可对自己辖区法院审判工作进行案例指导。二是不断拓宽案例发现培育范围和来源。要增强法官的案例培育意识，善于发现司法实践中可培养成为指导性案例的素材，功夫下在前面，提前做好案件裁判的各个环节，为推荐指导性案例做好案例储备工作。此外，可以拓宽案例来源，把已经入选其他优秀案例资源库的案例作为指导性案例的备选案例。三是注重将大法官裁判、最高人民法院裁判转化为指导性案例。通常而言，大法官和最高人民法院所作裁判具有代表性且质量较高，要充分发挥大法官裁判、最高人民法院裁判指导审判作用，按照关于完善四级法院审级职能定位改革的有关要求，建立和完善将大法官裁判、最高人民法院裁判转化为指导性案例的工作机制。考察现有发布的刑事指导性案例可得知，最高人民法院判决的仅有 1 例，确实需要加强这方面的工作，提升指导性案例的水平。四是建立完善案例专业会议机制和审判委员会讨论机制。要充分发挥两个机制的作用，积极听取各类专家群体的意见和建议，提高案件质量，提高案件选拔效率。

第四，加强指导性案例应用监督。最高人民法院《实施细则》第 10 条和第 11 条明确规定，法院审理类似案件参照指导性案例的，应当将指导性案例作为裁判理由引述，案件承办人员对其他主体援引指导性案例的，应当给予回应。这项细则规定在司法裁判中落实效果并不理想。此次《案例指导意见》再次强调要加强指导性案例的应用，要求在办理案件时，案件承办法官在进行类案检索时，应首先检索现行有效的指导性案例。检索到的类案为指导性案例的，应当参照作出裁判。在裁判文书中引述相关指导性案例的，应当在裁判理由部分引述指导性案例的编号和裁判要点。公诉机关、案件当事人及其辩护人、诉讼代理人引述指导性案例作为控（诉）辩理由的，案件承办人员应当在裁判理由中回应是否参照了该指导性案例并说明理由。由此可见，意见确立了"类案必参照"原则，同时再次申明法院要对其他主体应用指导性案例的必须给予明确回应，这一规定无疑对加强指导性案例的应用有巨大推动作用。当然这项规定如果能够增加约束后果机制，结果可能会更好一些。

第五，健全案例指导工作保障机制。为了做好案例指导工作，把案例指导制度作为一项长期的司法制度坚持下来，必须做好一系列相关配套工作。这次《案例指导意见》提出很多重要配套机制。一是要加强对指导性案例的评估、清理、编纂工作。案例的评估、清理和编纂工作与案例遴选工作同样重要，一定要适时做好案例的评估工作，不符合案例指导工作的案例要及时进行清理，把现有的指导性案例做好编纂工作，由此才能进一步规范案例指导工作。二是加强案例指导工作队伍建设和人员的教育培训工作。没有高素质的工作队伍，就不会有高质量的案例指导工作。为此，要建立一支政治过硬、业务精湛、观察敏锐、认识深透、严谨细致、精益求精的案例指导工作队伍。同时，要加强对案例指导工作人员的业务培训，特别是与指导性案例质量相关的内容，要通过各种渠道加强学习培训，不断提高司法水平。三是建立完善案例指导工作激励机制。奖励是最好的工作机制，做好案例指导工作同样需要通过有效的奖励激发法官的积极性和创造性，不断提高案例指导工作的质量。四是积极探索合作建设案例研究基地。最高人民法院可以与司法案例研究院或其他研究能力强的高等院校、研究机构联合设立案例研究基地。案例研究基地通过总结司法经验、裁判规则、裁判方法，形成专题报告，提出解决审判实践中热点、难点和新类型问题的办法。五是加快指导性案例管理信息化建设。数字时代已经来了，案例指导工作同样需要建立数字平台，加强信息化建设，为指导性案例推荐、审查、检索、应用、评估等工作开展提供便捷的信息化平台，不断提高案例指导工作的效率。

总而言之，《案例指导意见》是继《案例指导规定》和《实施细则》之后，最高人民法院在总结 10 年案例指导工作实践的基础上，结合新时代法治中国建设的要求，出台的一个规范性文件，旨在进一步推进案例指导制度发挥实效。这就要求我们要认真学习领会意见精神，特别是各级人民法院要严格执行相关规定和要求，把案例指导工作当作"十四五"时期一项重要工作来抓，切实发挥各项保障机制作用，形成人人谈案例、人人用案例的良好局面，用好案例这笔法治财富，由此才能真正发挥案例指导制度统一裁判标准、促进司法公正、提升司法公信力等的重要作用。

(四) 指导性案例与非指导性案例的关系

从我国案例指导工作现状来看，生效案例被选为指导性案例的屈指可数。如此众多的、有指导价值的、没有被选为指导性案例的"非指导性案例"[①] 与"指导性案例"的关系如何，非指导性案例对于司法实践还有没有自身的价值，是否还值得我们去关注与研究，这些都是亟须澄清的问题。

1. 非指导性案例与指导性案例的联系

指导性案例作为中国特色案例指导制度的载体必然是优中选优，因此在众多对司法裁判工作有指导作用的案例中必然只有极少数案例有望成为指导性案例。但这并不意味着其他具有指导作用的案例毫无价值，相反，我们仍需对其进行反复研究，力求发挥其相应的价值。"具有指导作用的案例"与"指导性

---

① 胡云腾法官把没有被选为指导性案例且对理论和实践有指导作用的案例称为"具有指导作用的案例"，也可以称之为民间版的指导性案例，依此来界分指导性案例与一般的具有指导作用的案例。应当说这种称呼比较妥当，可以把那些没有指导意义的案例分离出去，以便更好地、有针对性地研究案例，避免太过分散，不利于案例指导制度的发展。参见陈兴良、张军、胡云腾主编：《人民法院刑事指导案例裁判要旨通纂》，北京大学出版社 2013 年版，序言第 10 页。

案例"有紧密的联系，具体体现在以下几点：

第一，目的相同。对于建立法治国家而言，重视案例是其必然选择，也是法治建设的题中应有之义。无论是"指导性案例"还是"具有指导作用的案例"都有着共同的目的，即总结审判经验，提高审判质量，确保类似案件得以类似审判，统一司法尺度，力求同案同判，实现司法的公平与公正。因此，二者在目的上具有一致性，并不存在矛盾。

第二，案例的来源相同。从已经公布的指导性案例可以发现，虽然最高人民法院是指导性案例发布的唯一主体，但真正经最高人民法院审判的判例少之又少。在已经发布的36个刑事指导案例中，终审法院为最高人民法院的仅1个，高级人民法院8个，中级人民法院13个，基层人民法院14个。可见，指导性案例的来源具有多级性，各个级别法院的判决都占有一定的比例。这也是中国特色案例指导制度的特殊之处，只要已经生效的判决具有典型性，无论其审级高低都可能被选为指导性案例。相较于国外，英美判例法系国家具有先例约束力的也只限于上级法院的判例，下级法院的判例对上级法院以及同级法院没有约束力。在德、法等大陆法系国家，案例发挥作用的方式主要通过上级法院监督和约束下级法院，由此下级法院必须遵循上级法院在同类案件中的判罚，否则案件有可能被推翻。所以判例也只限于上级法院的判例对下级法院具有约束力，不会出现下级法院的生效判例对各级法院将来的审判都具有约束力的情形。由此观之，指导性案例与具有指导作用的案例一样，都具有多级性，均来自我国各级人民法院已经生效的且对审判工作有指导意义的案例。

第三，"具有指导作用的案例"是"指导性案例"的基础。指导性案例是在数量繁多的并具有指导作用的案例中遴选，并经过最高人民法院反复斟酌、仔细推敲筛选出来的模范案例，其无论是从判决思路还是从裁判结论和判决的说理论证来看都是具有代表意义的案例，这也是赋予指导性案例"应当参照"效力的原因所在。换言之，指导性案例来源于具有指导作用的案例，离开具有指导作用的案例，其将是无源之水、无本之木。最高人民法院案例指导委员会必须是在众多具有指导作用的案例中分类逐一审查，最后选出来的指导性案例一定是在大量同类具有指导作用的案例中最具有代表意义的案例。当然具有指导作用的案例被提升为指导性案例之前，最高人民法院专门负责人员还要对其进行适当的加工，提炼出裁判要点，以便能更好地发挥指导性案例的指导效能。所以说指导性案例来源于具有指导作用的案例,但又高于具有指导作用的案例。

2. 非指导性案例与指导性案例的区别

指导性案例与非指导性案例有很多一致的方面,作为司法实践中的两种案例形态都对案例指导工作的发展有十分重要的意义。但同时二者的区别也显而易见,否则就没有必要通过最高人民法院专门发布指导性案例。二者的区别具体体现在以下几个方面:

第一,案例的体例结构不同。指导性案例作为案例指导制度的载体,对案例的整体编排有严格的要求。根据《实施细则》第3条规定:指导性案例由标题、关键词、裁判要点、相关法条、基本案情、裁判结果、裁判理由以及包括生效裁判审判人员姓名的附注等组成。可见指导性案例的体例结构是有规范依据的,这些要素缺一不可,都是指导性案例有机整体的一部分。而其他具有指导作用的案例的文书样式形式各异,体例上并不受任何限制。尤其是各级法院自己编撰的案例和学者撰写的案例著作更是花样百出,并无定例。

第二,程序要求不同。指导性案例有特定的发布主体,即最高人民法院,其他任何法院均无权发布。指导性案例的发布有严格的程序要求,所有指导性案例都必须经过推荐程序、编审程序、征求意见程序和最高人民法院审判委员会讨论等诸多严格的程序。而具有指导作用的案例则灵活很多,其不存在如此烦琐的程序要求。再者,指导性案例的发布载体是特定的,只能通过《最高人民法院公报》《人民法院报》和最高人民法院网站发布。

第三,效力不同。各种具有指导作用的案例亦是各级司法机关司法审判经验的凝练与总结,包括学者对于案例的各种法理分析,对司法实践的审判工作都具有指导意义。但这些案例所承载的法律解释或法律规则对审判工作没有约束力,是否参照完全取决于法官的自由裁量权。指导性案例则不同,最高人民法院《案例指导规定》第7条明确指出:最高人民法院发布的指导性案例,各级人民法院审判类似案例时应当参照。"应当参照"就是必须参照的意思,没有正当理由不得违背指导性案例。参照指导性案例并不是参照指导性案例本身,而是参照指导性案例所体现出来的法律精神和所遵循的法律规则。"一个裁判违反了指导性案例,就一定会违反指导性案例所适用的法律规则或原则精神。因此,这个裁判本质上不是因为违背指导性案例被推翻,而是由于其违背指导性案例所适用的法律而被推翻。"① 尤其是在《实施细则》出台之后,公诉机关、案件当事人及其辩护人、诉讼代理人引述指导性案例作为控(诉)辩理由的,案件承办人员应当在裁判理由中回应是否参照了该指导性案例并说明理由。这一规定的出台进一步加强了指导性案例的约束力,即使在类似案例中法官没有主动援引指导性案例,但若诉讼双方有引述指导性案例的,法院必须给予明确回应,否则判决就有被推翻的可能。虽然指导性案例没有法律上的约束力,但随着其自身质量的不断提高,内在指导力的不断增强,其参照效力将得到明显提升。而具有指导作用的案例,在司法裁判实践中没有任何效力可言,当然不排除其自身说理较为充分的可能,法官也可能隐性参照适用。具有指导作用的案例对法官是否参照没有任何约束力,也不会存在没有参照具有指导作用的案例而产生判决被推翻的法律后果的可能。

第四,发挥作用的方式不同。指导性案例虽然基本保全原有案例的全貌,但在其裁判文书正文之前,为了避免人们对指导性案例无限的、不确定的解读,最高人民法院特意增加了"裁判要点"这一项内容,这也是指导性案例的特点与亮点所在,对指导性案例发挥作用的范围进行了明确限定。根据《实施细则》第9条规定:各级人民法院正在审理的案件,在基本案情和法律适用方面,与最高人民法院发布的指导性案例相似的,应当参照相关指导性案例的裁判要点作出裁判。由此规定不难发现,各级人民法院参照指导性案例时必须在最高人民法院总结的裁判要点之内,法官不可随意总结指导性案例的其他要点加以援引。虽然这一规定大大限制了指导性案例发挥作用的范围,但在一定程度上限制了法官对于判例的各种看法可能引发其他由于参照点不同而导致新的同案不同判的司法乱象,避免了新的适用法律不统一问题的出现。对于具有指导作用的案例而言,这一点并不受任何限制,法官只要认为其裁判文书中任一内容适用法律具有合理性,都可以借鉴与参照,这充分体现了其灵活性的一面,也是非指导性案例发挥指导作用的优点所在。再者,指导性案例虽然不可以作为裁判的直接依据,但可在裁判理由中援引指导性案例加强说理性,这一举措有利于论证裁判的公正性,说服当事人真心接受裁判结论,增强判决的公

---

① 陈兴良、张军、胡云腾主编:《人民法院刑事指导案例裁判要旨通纂》,北京大学出版社2013年版,序言第11页。

信力，树立司法权威。具有指导作用的案例不仅不能作为裁判判罚依据，也不得作为裁判说理依据加以引用。法官若认为具有指导作用的案例具有合理性，充其量也只能在主观上引用，在案件的文书中不能有丝毫引用痕迹。若当事人有提出具有指导作用的案例，人民法院可以根据实际情况来考量其诉求的合理性，但不可以引用该案例。如果允许法官在裁判文书中引用非指导性案例，就可能导致司法裁判出现混乱，违背规范司法的要求。一个案例的指导作用往往是十分复杂的，具有多样性，见仁见智，随意采纳当事人的诉求，导致法律适用不统一，也难以使当事人服判息诉。[①] 当然这并不代表非指导性案例没有任何作用，只是二者发挥作用的机理不同，司法本身对其管控程度也截然不同。

总而言之，指导性案例与非指导性案例有诸多区别，尤其是在发挥作用的方式和效力方面大相径庭。那么是否可以说除了指导性案例我们就不需要其他任何案例了？答案是否定的。指导性案例固然有其优点，也有明显滞后性，由此不断地更新与发展指导性案例就显得尤为必要。指导性案例源于众多具有指导作用的案例，只有在具有指导作用案例的这块沃土之中指导性案例才能不断地汲取营养，茁壮成长。事实上，司法判决的指导作用是一种普遍存在的法律现象，其对案例制度的构建具有自在的、原生的促进功能，正视非指导性案例的指引或参考价值可以借以更好地阐释和改进案例指导的制度化安排。[②] 实践中具有指导作用的司法案例源源不断地生产出来，部分说理充分、认定事实、适用法律正确的一般案例又能上升为指导性案例，二者形成良性互动，共同促进案例指导制度的良性发展。指导性案例与非指导性案例是案例指导作用的两种进路，虽然二者发挥作用的机理不同，但目的一致，不存在任何矛盾。两种进路相辅相成，相互推进，方能把案例指导作用发挥到极致。因此，官方版的指导性案例与民间版的指导性案例必须要完美结合，共同推进中国特色的案例指导制度不断前行。

**四、刑事指导性案例的发布现状**

截至 2022 年 12 月 31 日，最高人民法院共发布 37 批 211 个指导案例，平

---

[①] 参见陈兴良、张军、胡云腾主编：《人民法院刑事指导案例裁判要旨通纂》，北京大学出版社 2013 年版，序言第 12 页。

[②] 参见杨知文：《非指导性案例的"指导性"与案例指导制度的发展》，载《清华法学》2021 年第 4 期，第 41 页。

均每批不到 6 个，一般每批发布 4—8 个指导性案例，每年近 18 个，其中第 24 批发布 13 个指导性案例，是已发布批次之中数量最多的一次。由 2011—2022 年指导性案例发布情况观之，最高人民法院发布的指导性案例数量逐步呈上升趋势，其中 2020 年总数没有突破个位数，应该是疫情所致。由此可见，经过十几年的发展，最高人民法院发布指导案例的工作已基本步入正轨，为发挥案例指导制度的功能提供了有力保障。从案例性质角度划分，已颁布指导性案例涉及 5 种类型，分别为：民事案例 125 个，刑事案例 36 个，行政案例 31 个，执行案例 15 个，国家赔偿案例 4 个。由此清晰可见，民事指导案例最多，刑事与行政案例次之，这也与司法实践的案件数量情况基本吻合。与此同时，最高人民检察院发布 41 批共 166 个检例，"两高"总计发布了 377 个指导性案例。由于最高人民检察院发布的检例重在指导检察系统的检察工作，因此这里仅对最高人民法院发布的刑事指导性案例进行评价，剖析已颁布刑事指导性案例涉及的刑法问题点与罪名以及对于刑事立法的解释情况，探寻刑事指导性案例存在的问题，明确最高人民法院今后遴选指导性案例的工作重点。表 1-1 是已颁布的 36 个刑事指导案例具体情况，根据表中内容从以下三个视角进行分析，力图客观评价已颁布刑事指导性案例的基本情况。

表 1-1 截至 2022 年 12 月 31 日最高人民法院颁布的 36 个刑事指导案例情况一览

| 序号 | 案例编号 | 标题 | 所涉罪名 | 裁判要点 | 法律适用类型 |
| --- | --- | --- | --- | --- | --- |
| 1 | 指导案例 3 号 | 潘玉梅、陈宁受贿案 | 受贿罪 | 1. 国家工作人员利用职务上的便利为请托人谋取利益，并与请托人以"合办"公司的名义获取"利润"，没有实际出资和参与经营管理的，以受贿论处。<br>2. 国家工作人员明知他人有请托事项而收受其财物，视为承诺"为他人谋取利益"，是否已实际为他人谋取利益或谋取到利益，不影响受贿的认定。<br>3. 国家工作人员利用职务上的便利为请托人谋取利益，以明显低于市场的价格向请托人购买房屋等物品的，以受贿论处，受贿数额按照交易时当地市场价格与实际支付价格的差额计算。<br>4. 国家工作人员收受财物后，因与其受贿有关联的人、事被查处，为掩饰犯罪而退还的，不影响认定受贿罪 | 定罪指导宣示法律回应社会 |

续表

| 序号 | 案例编号 | 标题 | 所涉罪名 | 裁判要点 | 法律适用类型 |
|---|---|---|---|---|---|
| 2 | 指导案例4号 | 王志才故意杀人案 | 故意杀人罪 | 因恋爱、婚姻矛盾激化引发的故意杀人案件，被告人犯罪手段残忍，论罪应当判处死刑，但被告人具有坦白悔罪、积极赔偿等从轻处罚情节，同时被害人亲属要求严惩的，人民法院根据案件性质、犯罪情节、危害后果和被告人的主观恶性及人身危险性，可以依法判处被告人死刑，缓期二年执行，同时决定限制减刑，以有效化解社会矛盾，促进社会和谐 | 量刑指导回应社会 |
| 3 | 指导案例11号 | 杨延虎等贪污案 | 贪污罪 | 1. 贪污罪中的"利用职务上的便利"，是指利用职务上主管、管理、经手公共财物的权力及方便条件，既包括利用本人职务上主管、管理公共财物的职务便利，也包括利用职务上有隶属关系的其他国家工作人员的职务便利。<br>2. 土地使用权具有财产性利益，属于《刑法》第382条第一款规定中的"公共财物"，可以成为贪污的对象 | 定罪指导宣示法律回应社会 |
| 4 | 指导案例12号 | 李飞故意杀人案 | 故意杀人罪 | 对于因民间矛盾引发的故意杀人案件，被告人犯罪手段残忍，且系累犯，论罪应当判处死刑，但被告人亲属主动协助公安机关将其抓捕归案，并积极赔偿的，人民法院根据案件具体情节，从尽量化解社会矛盾角度考虑，可以依法判处被告人死刑，缓期2年执行，同时决定限制减刑 | 量刑指导回应社会 |
| 5 | 指导案例13号 | 王召成等非法买卖、储存危险物质案 | 非法买卖、储存危险物质罪 | 1. 国家严格监督管理的氰化钠等剧毒化学品，易致人中毒或者死亡，对人体、环境具有极大的毒害性和危险性，属于《刑法》第125条第2款规定的"毒害性"物质。<br>2. "非法买卖"毒害性物质，是指违反法律和国家主管部门规定，未经有关主管部门批准许可，擅自购买或者出售毒害性物质的行为，并不需要兼有买进和卖出的行为 | 定罪指导解释法律 |

续表

| 序号 | 案例编号 | 标题 | 所涉罪名 | 裁判要点 | 法律适用类型 |
|---|---|---|---|---|---|
| 6 | 指导案例14号 | 董某某等抢劫案 | 抢劫罪 | 对判处管制或者宣告缓刑的未成年被告人，可以根据其犯罪的具体情况以及禁止事项与所犯罪行的关联程度，对其适用"禁止令"。对于未成年人因上网诱发犯罪的，可以禁止其在一定期限内进入网吧等特定场所 | 量刑指导宣示法律 |
| 7 | 指导案例27号 | 臧进泉等盗窃、诈骗案 | 盗窃罪诈骗罪 | 行为人利用信息网络，诱骗他人点击虚假链接而实际通过预先植入的计算机程序窃取财物构成犯罪的，以盗窃罪定罪处罚；虚构可供交易的商品或者服务，欺骗他人点击付款链接而骗取财物构成犯罪的，以诈骗罪定罪处罚 | 定罪指导解释法律 |
| 8 | 指导案例28号 | 胡克金拒不支付劳动报酬案 | 拒不支付劳动报酬罪 | 1. 不具备用工主体资格的单位或者个人（包工头），违法用工且拒不支付劳动者报酬，数额较大，经政府有关部门责令支付仍不支付的，应当以拒不支付劳动报酬罪追究刑事责任。2. 不具备用工主体资格的单位或者个人（包工头）拒不支付劳动报酬，即使其他单位或者个人在刑事立案前为其垫付了劳动报酬的，也不影响追究该用工单位或者个人（包工头）拒不支付劳动报酬罪的刑事责任 | 定罪指导宣示法律 |
| 9 | 指导案例32号 | 张某某、金某危险驾驶案 | 危险驾驶罪 | 1. 机动车驾驶人员出于竞技、追求刺激、斗气或其他动机，在道路上曲折穿行、快速追赶行驶的，属于《刑法》第133条之一规定的"追逐驾驶"。2. 追逐竞驶虽未造成人员伤亡或财产损失，但综合考虑超过限速、闯红灯、强行超车、抗拒交通执法等严重违反道路交通安全法的行为，足以威胁他人生命、财产安全的，属于危险驾驶罪中"情节恶劣"的情形 | 定罪指导解释法律 |

续表

| 序号 | 案例编号 | 标题 | 所涉罪名 | 裁判要点 | 法律适用类型 |
|---|---|---|---|---|---|
| 10 | 指导案例61号 | 马乐利用未公开信息交易案 | 利用未公开信息交易案 | 《刑法》第180条第四款规定的利用未公开信息交易罪援引法定刑的情形，应当是对第一款内幕交易、泄露内幕信息罪全部法定刑的引用，即利用未公开信息交易罪应有"情节严重""情节特别严重"两种情形和两个量刑档次 | 量刑指导 解释法律 |
| 11 | 指导案例62号 | 王新明合同诈骗案 | 合同诈骗罪 | 在数额犯中，犯罪既遂部分与未遂部分分别对应不同法定刑幅度的，应当先决定对未遂部分是否减轻处罚，确定未遂部分对应的法定刑幅度，再与既遂部分对应的法定刑幅度进行比较，选择适用处罚较重的法定刑幅度，并酌情从重处罚；二者在同一量刑幅度的，以犯罪既遂酌情从重处罚 | 量刑指导 解释法律 |
| 12 | 指导案例63号 | 徐加富强制医疗案 | 故意杀人罪 | 审理强制医疗案件，对被申请人或者被告人是否"有继续危害社会可能"，应当综合被申请人或者被告人所患精神病的种类、症状，案件审理时其病情是否已经好转，以及其家属或者监护人有无严加看管和自行送医治疗的意愿和能力等情况予以判定。必要时，可以委托相关机构或者专家进行评估 | 量刑指导 宣示法律 |
| 13 | 指导案例70号 | 习文有等生产、销售有毒、有害食品案 | 生产销售有毒有害食品罪 | 行为人在食品生产经营中添加的虽然不是国务院有关部门公布的《食品中可能违法添加的非食用物质名单》和《保健食品中可能非法添加的物质名单》中的物质，但如果该物质与上述名单中所列物质具有同等属性，并且根据检验报告和专家意见等相关材料能够确定该物质对人体具有同等危害的，应当认定为《刑法》第144条规定的"有毒、有害的非食品原料" | 定罪指导 解释法律 |

续表

| 序号 | 案例编号 | 标题 | 所涉罪名 | 裁判要点 | 法律适用类型 |
|---|---|---|---|---|---|
| 14 | 指导案例71号 | 毛建文拒不执行判决、裁定案 | 拒不执行判决、裁定罪 | 有能力执行而拒不执行判决、裁定的时间从判决、裁定发生法律效力时起算。具有执行内容的判决、裁定发生法律效力后,负有执行义务的人有隐藏、转移、故意毁损财产等拒不执行行为,致使判决、裁定无法执行,情节严重的,应当以拒不执行判决、裁定罪定罪处罚 | 定罪指导宣示法律 |
| 15 | 指导案例87号 | 郭明升、郭明锋、孙淑标假冒注册商标案 | 假冒注册商标罪 | 假冒注册商标犯罪的非法经营数额、违法所得数额,应当综合被告人供述、证人证言、被害人陈述、网络销售电子数据、被告人银行账户往来记录、送货单、快递公司电脑系统记录、被告人等所作记账等证据认定 | 量刑指导解释法律 |
| 16 | 指导案例93号 | 于欢故意伤害案 | 故意伤害罪 | 对正当防卫中"不法侵害""严重危及人身安全的暴力犯罪"的判定以及判断防卫过当认定及量刑的考量因素 | 量刑指导解释法律回应社会 |
| 17 | 指导案例97号 | 王力军非法经营再审改判无罪案 | 非法经营罪 | "其他严重扰乱市场秩序的非法经营行为"应结合其社会危害性、刑事违法性和刑事处罚必要性进行判定。违反行政管理有关规定的经营行为应考虑是否严重扰乱市场秩序 | 定罪指导解释法律回应社会 |
| 18 | 指导案例102号 | 付宜豪、黄子超破坏计算机信息系统案 | 破坏计算机信息系统罪 | 1. 通过修改路由器、浏览器设置、锁定主页或者弹出新窗口等技术手段,强制网络用户访问指定网站的"DNS劫持"行为,属于破坏计算机信息系统,后果严重的,构成破坏计算机信息系统罪。<br>2. 对于"DNS劫持",应当根据造成不能正常运行的计算机信息系统数量、相关计算机信息系统不能正常运行的时间,以及所造成的损失或者影响等,认定其是"后果严重"还是"后果特别严重" | 定罪指导解释法律 |

续表

| 序号 | 案例编号 | 标题 | 所涉罪名 | 裁判要点 | 法律适用类型 |
|---|---|---|---|---|---|
| 19 | 指导案例103号 | 徐强破坏计算机信息系统案 | 破坏计算机信息系统罪 | 企业的机械远程监控系统属于计算机信息系统。违反国家规定，对企业的机械远程监控系统功能进行破坏，造成计算机信息系统不能正常运行，后果严重的，构成破坏计算机信息系统罪 | 定罪指导解释法律 |
| 20 | 指导案例104号 | 李森、何利民、张锋勃等人破坏计算机信息系统案 | 破坏计算机信息系统罪 | 环境质量监测系统属于计算机信息系统。用棉纱等物品堵塞环境质量监测采样设备，干扰采样，致使监测数据严重失真的，构成破坏计算机信息系统罪 | 定罪指导解释法律 |
| 21 | 指导案例105号 | 洪小强、洪礼沃、洪清泉、李志荣开设赌场案 | 开设赌场罪 | 开设赌场罪的客观行为方式认定：以营利为目的，通过邀请人员加入微信群的方式招揽赌客，根据竞猜游戏网站的开奖结果等方式进行赌博，设定赌博规则，利用微信群进行控制管理，在一段时间内持续组织网络赌博活动的，属于《刑法》第303条第2款规定的"开设赌场" | 定罪指导解释法律 |
| 22 | 指导案例106号 | 谢检军、高垒、高尔樵、杨泽彬开设赌场案 | 开设赌场罪 | 开设赌场罪的客观行为方式认定：以营利为目的，通过邀请人员加入微信群，利用微信群进行控制管理，以抢红包方式进行赌博，在一段时间内持续组织赌博活动的行为，属于《刑法》第303条第2款规定的"开设赌场" | 定罪指导解释法律 |
| 23 | 指导案例144号 | 张那木拉正当防卫案 | 故意伤害罪 | "行凶"的认定：使用致命性凶器攻击他人要害部位，严重危及他人人身安全的行为"防卫时间"的认定：多人共同实施不法侵害，部分不法侵害人已被制伏，但其他不法侵害人仍在继续实施侵害的，仍然可以进行防卫 | 定罪指导解释法律 |

续表

| 序号 | 案例编号 | 标题 | 所涉罪名 | 裁判要点 | 法律适用类型 |
|---|---|---|---|---|---|
| 24 | 指导案例145号 | 张竣杰等非法控制计算机信息系统案 | 非法控制计算机信息系统罪 | 1. 通过植入木马程序的方式，非法获取网站服务器的控制权限，进而通过修改、增加计算机信息系统数据，向相关计算机信息系统上传网页链接代码的，应当认定为《刑法》第285条第2款"采用其他技术手段"非法控制计算机信息系统的行为。<br>2. 通过修改、增加计算机信息系统数据，对该计算机信息系统实施非法控制，但未造成系统功能实质性破坏或者不能正常运行的，不应当认定为破坏计算机信息系统罪，符合《刑法》第285条第2款规定的，应当认定为非法控制计算机信息系统罪 | 定罪指导解释法律 |
| 25 | 指导案例146号 | 陈庆豪、陈淑娟、赵延海开设赌场案 | 开设赌场罪 | 开设赌场罪的客观行为认定：以"二元期权"交易的名义，在法定期货交易场所之外利用互联网招揽"投资者"，以未来某段时间外汇品种的价格走势为交易对象，按照"买涨""买跌"确定盈亏，买对涨跌方向的"投资者"得利，买错的本金归网站（庄家）所有，盈亏结果不与价格实际涨跌幅度挂钩的，本质是"押大小、赌输赢"，是披着期权交易外衣的赌博行为。对相关网站应当认定为赌博网站 | 定罪指导解释法律 |
| 26 | 指导案例147号 | 张永明、毛伟明、张鹭故意损毁名胜古迹案 | 故意损毁名胜古迹罪 | 1. 风景名胜区的核心景区属于《刑法》规定的"国家保护的名胜古迹"。对核心景区内的世界自然遗产实施打岩钉等破坏活动，严重破坏自然遗产的自然性、原始性、完整性和稳定性的，综合考虑有关地质遗迹的特点、损坏程度等，可以认定为故意损毁国家保护的名胜古迹"情节严重"。<br>2. 对刑事案件中的专门性问题需要鉴定，但没有鉴定机构的，可以指派、聘请有专门知识的人就案件的专门性问题出具报告，相关报告在刑事诉讼中可以作为证据使用 | 定罪指导解释法律程序指导 |

续表

| 序号 | 案例编号 | 标题 | 所涉罪名 | 裁判要点 | 法律适用类型 |
|---|---|---|---|---|---|
| 27 | 指导案例172号 | 秦家学滥伐林木刑事附带民事公益诉讼案 | 滥伐林木罪 | 1. 人民法院确定被告人森林生态环境修复义务时，可以参考专家意见及林业规划设计单位、自然保护区主管部门等出具的专业意见，明确履行修复义务的树种、树龄、地点、数量、存活率及完成时间等具体要求。<br>2. 被告人自愿交纳保证金作为履行生态环境修复义务担保的，人民法院可以将该情形作为从轻量刑情节 | 量刑指导解释法律 |
| 28 | 指导案例186号 | 龚品文等组织、领导、参加黑社会性质组织案 | 组织、领导、参加黑社会性质组织罪等 | 组织具有黑社会性质组织的行为认定：犯罪组织以其势力、影响和暴力手段的现实可能性为依托，有组织地长期采用多种"软暴力"手段实施大量违法犯罪行为，同时辅之以"硬暴力"，"软暴力"有向"硬暴力"转化的现实可能性，足以使群众产生恐惧、恐慌进而形成心理强制，并已造成严重危害后果，严重破坏经济、社会生活秩序的 | 定罪指导解释法律 |
| 29 | 指导案例187号 | 吴强等敲诈勒索、抢劫、故意伤害案 | 抢劫罪等 | 恶势力犯罪集团应当具备"为非作恶、欺压百姓"特征，其行为"造成较为恶劣的社会影响"，因而实施违法犯罪活动必然具有一定的公然性，且手段应具有较严重的强迫性、压制性。普通犯罪集团实施犯罪活动如仅为牟取不法经济利益，缺乏造成较为恶劣社会影响的意图，在行为方式的公然性、犯罪手段的强迫压制程度等方面与恶势力犯罪集团存在区别，可按犯罪集团处理，但不应认定为恶势力犯罪集团 | 定罪指导解释法律 |

续表

| 序号 | 案例编号 | 标题 | 所涉罪名 | 裁判要点 | 法律适用类型 |
| --- | --- | --- | --- | --- | --- |
| 30 | 指导案例188号 | 史广振等组织、领导、参加黑社会性质组织案 | 组织、领导、参加黑社会性质组织罪 | 在涉黑社会性质组织犯罪案件审理中，应当对查封、扣押、冻结财物及其孳息的权属进行调查，案外人对查封、扣押、冻结财物及其孳息提出权属异议的，人民法院应当听取其意见，确有必要的，人民法院可以通知其出庭，以查明相关财物权属 | 量刑指导解释法律 |
| 31 | 指导案例192号 | 李某侵犯公民个人信息刑事附带民事公益诉讼案 | 侵犯公民个人信息罪 | 使用人脸识别技术处理的人脸信息以及基于人脸识别技术生成的人脸信息均具有高度的可识别性，能够单独或者与其他信息结合识别特定自然人身份或者反映特定自然人活动情况，属于刑法规定的公民个人信息。行为人未经公民本人同意，未具备获得法律、相关部门授权等《个人信息保护法》规定的处理个人信息的合法事由，利用软件程序等方式窃取或者以其他方法非法获取上述信息，情节严重的，应依照《最高人民法院、最高人民检察院关于办理侵犯公民个人信息刑事案件适用法律若干问题的解释》第5条第1款第4项等规定定罪处罚 | 定罪指导解释法律 |
| 32 | 指导案例193号 | 闻巍等侵犯公民个人信息案 | 侵犯公民个人信息罪 | 居民身份证信息包含自然人姓名、人脸识别信息、身份号码、户籍地址等多种个人信息，属于《最高人民法院、最高人民检察院关于办理侵犯公民个人信息刑事案件适用法律若干问题的解释》第5条第一款第（四）项规定的"其他可能影响人身、财产安全的公民个人信息"。非法获取、出售或者提供居民身份证信息，情节严重的，依照《刑法》第253条之一第1款规定，构成侵犯公民个人信息罪 | 定罪指导解释法律 |

续表

| 序号 | 案例编号 | 标题 | 所涉罪名 | 裁判要点 | 法律适用类型 |
|---|---|---|---|---|---|
| 33 | 指导案例194号 | 熊昌恒等侵犯公民个人信息案 | 侵犯公民个人信息罪 | 侵犯公民个人信息罪认定：一是违反国家有关规定，购买已注册但未使用的微信账号等社交媒体账号，通过具有智能群发、添加好友、建立讨论群组等功能的营销软件，非法制作带有公民个人信息可用于社交活动的微信账号等社交媒体账号出售、提供给他人，情节严重的；二是未经公民本人同意，或未具备有法律授权等《个人信息保护法》规定的理由，通过购买、收受、交换等方式获取在一定范围内已公开的公民个人信息进行非法利用，改变了公民公开个人信息的范围、目的和用途，情节严重的 | 定罪指导解释法律 |
| 34 | 指导案例195号 | 罗文君、瞿小珍侵犯公民个人信息刑事附带民事公益诉讼案 | 侵犯公民个人信息罪 | 服务提供者专门发给特定手机号码的数字、字母等单独或者其组合构成的验证码具有独特性、隐秘性，能够单独或者与其他信息结合识别特定自然人身份或者反映特定自然人活动情况的，属于《刑法》规定的公民个人信息。行为人将提供服务过程中获得的验证码及对应手机号码出售给他人，情节严重的，依照侵犯公民个人信息罪定罪处罚 | 定罪指导解释法律 |
| 35 | 指导案例202号 | 武汉卓某江海贸易有限公司、向阳等12人污染环境刑事附带民事公益诉讼案 | 污染环境罪 | 1. 船舶偷排含油污水案件中，人民法院可以根据船舶航行轨迹、污染防治设施运行状况、污染物处置去向，结合被告人供述、证人证言、专家意见等证据对违法排放污染物的行为及其造成的损害作出认定。<br>2. 认定船舶偷排的含油污水是否属于有毒物质时，由于客观原因无法取样的，可以依据来源相同、性质稳定的舱底残留污水进行污染物性质鉴定 | 程序指导解释法律 |

续表

| 序号 | 案例编号 | 标题 | 所涉罪名 | 裁判要点 | 法律适用类型 |
|---|---|---|---|---|---|
| 36 | 指导案例203号 | 左勇、徐鹤污染环境刑事附带民事公益诉讼案 | 污染环境罪 | 对于必要、合理、适度的环境污染处置费用，人民法院应当认定为属于污染环境刑事附带民事公益诉讼案件中的公私财产损失及生态环境损害赔偿范围。对于明显超出必要合理范围的处置费用，不应当作为追究被告人刑事责任，以及附带民事公益诉讼被告承担生态环境损害赔偿责任的依据 | 定罪指导解释法律 |

（一）刑事指导性案例所涉罪名

从表1-1中可以看出，已经发布的刑事指导性案例涉及的刑法罪名有：受贿罪，故意杀人罪，贪污罪，非法买卖、储存危险物质罪，抢劫罪，盗窃罪，诈骗罪，拒不支付劳动报酬罪，危险驾驶罪，利用未公开信息交易罪，合同诈骗罪，生产、销售有毒、有害食品罪，拒不执行判决、裁定罪，假冒注册商标罪，故意伤害罪，非法经营罪，破坏计算机信息系统罪，非法控制计算机信息系统罪，开设赌场罪，故意损毁名胜古迹罪，滥伐林木罪，组织、领导、参加黑社会性质组织罪，侵犯公民个人信息罪，污染环境罪，总计24个刑法罪名。罪名在《刑法》分则领域具体分布为：危害公共安全类犯罪2个（非法买卖、储存危险物质罪和危险驾驶罪）；破坏社会主义市场经济秩序类犯罪5个（生产销售有毒、有害食品罪，利用未公开信息交易罪，合同诈骗罪，假冒注册商标罪，非法经营罪）；侵犯公民人身权利民主权利类犯罪3个（故意杀人罪、故意伤害罪、侵犯公民个人信息罪）；侵犯财产类犯罪4个（抢劫罪、盗窃罪、诈骗罪、拒不支付劳动报酬罪）；妨害社会管理秩序类犯罪8个（拒不执行判决、裁定罪，破坏计算机信息系统罪，非法控制计算机信息系统罪，开设赌场罪，故意毁损名胜古迹罪，滥伐林木罪，组织、领导、参加黑社会性质组织罪，污染环境罪）；贪污贿赂类犯罪2个（贪污罪和受贿罪）。36个已颁布的指导性案例共涉及《刑法》分则六大类犯罪，其中每一犯罪类别相关的指导案例数量分别为：危害公共安全罪2例，破坏社会主义市场经济秩序罪6例，侵犯公民人身权利民主权利罪12例，侵犯财产罪5例，妨害社会管理秩序罪 14 例，贪污贿赂罪 2 例。

从以上统计可知，已颁布的指导案例涉及《刑法》分则十大类犯罪中的六类犯罪，涉及罪名最多的是妨害社会管理秩序罪，共 8 个罪名，其次是破坏社会主义市场经济秩序犯罪 5 个，再就是侵犯财产类犯罪 4 个，这三类罪所涉罪名占有罪名总数达 2/3 之多。危害公共安全犯罪、侵犯公民人身权利民主权利和贪污贿赂犯罪共计 7 个罪名，占有份额不到 1/3。上述六类犯罪也是司法实践中刑事案件多发领域，基本契合刑事司法审判工作的客观实践，其余四类犯罪目前还没有相关指导性案例。特别值得一提的是，破坏计算机信息系统罪，开设赌场罪，侵犯公民个人信息罪，组织、领导、参加黑社会性质组织罪，污染环境罪 5 个罪相关的指导案例都在 2 个以上，一定程度上形成了指导性案例规模群，这样的指导性案例对司法实践的指导意义要远大于单一的指导性案例，建议最高人民法院之后发布指导性案例可依案例规模群的方式颁布，可把相关刑法罪名的适用问题更加全面准确地展示出来，更便于基层司法机关解决类似案件进行参照，由此方能更好地发挥案例指导制度的功能价值。

当然，客观评价刑事指导性案例的颁布情况，其所涉罪名总数不多，相较于现有《刑法》480 多个罪名而言，指导性案例所涉 24 个罪名数量微乎其微，远未涵摄《刑法》主要罪名，对于众多刑事司法适用法律难题实则是杯水车薪。即便从司法实践中常见罪名的维度考量，现有的指导性案例也难以满足指导法院审判工作的需要。当然指导性案例不可能也没有必要把所有《刑法》罪名都——解释，指导案例也不是越多越好，案例指导制度实效不是靠指导性案例数量取胜，但对一些侵犯财产犯罪、侵犯人身权利民主权利犯罪以及经济犯罪方面等多发且存在法律适用疑难的罪名，亟须指导性案例提供司法裁判规则。最高人民法院要尽快遴选出相关的指导性案例，一方面有助于对现有的刑事立法与司法解释进行明确的细化；另一方面也有助于为各级法院审判类似案件提供具体参照规则，进而才能真正实现指导性案例统一法律适用的预期功能。

（二）刑事指导性案例的问题点

司法的公正应当是实体公正与程序正义的完美结合，刑事指导案例对于司法实践的指导既应包括实体指导也应包括程序指导，高质量的指导性案例既可以是对实体刑法适用解释的典范，也可以是对刑事程序法合理合法运用的范例。一般情况而言，指导性案例均侧重于对刑事实体问题指引，鲜见涉及程序指引方面的指导案例。然而，从最高人民法院已颁布的 36 个刑事指导案例的裁判要点和相关法条可以发现，34 例都集中在对刑事实体法应用方面，难能可贵的是，有 2 例裁判要点涉及刑事程序法内容问题。指导案例 147 号张永明、毛伟明、张鹭故意损毁名胜古迹案的裁判要点 2 指出：对刑事案件中的专门性问题需要鉴定，但没有鉴定机构的，可以指派、聘请有专门知识的人就案件的专门性问题出具报告，相关报告在刑事诉讼中可以作为证据使用。指导案例 202 号武汉卓某江海贸易有限公司、向阳等 12 人污染环境刑事附带民事公益诉讼案的裁判要点指出：一是船舶偷排含油污水案件中，人民法院可以根据船舶航行轨迹、污染防治设施运行状况、污染物处置去向，结合被告人供述、证人证言、专家意见等证据对违法排放污染物的行为及其造成的损害做出认定；二是认定船舶偷排的含油污水是否属于有毒物质时，由于客观原因无法取样的，可以依据来源相同、性质稳定的舱底残留污水进行污染物性质鉴定。从两个指导案例的裁判要点可以判定，其都是关于在刑事诉讼过程中对专业问题进行鉴定、证据资格认定和证据证明等问题，为今后类似案件在刑事诉讼过程中有关鉴定和证据方面提供指导。

　　刑事实体指导主要集中于犯罪性质认定与刑罚裁量，即定罪与量刑。如表 1-1 所示：裁判要点强调定罪的有 25 个指导性案例，占刑事指导性案例总数的比例为 69%，裁判要点重在量刑指引的有 7 个指导性案例，占刑事指导案例总数的比例为 20%，另有 3 个案例是指引禁止令、强制医疗的适用和涉案财物属性的认定，占整个刑事指导性案例的 8%。可见刑事指导性案例的重心侧重于定罪指引。当然从广义上而言，禁止令、强制医疗措施以及涉案财物属性认定实质上也是一种其他处罚方法，可以把其归入量刑范畴，这样量刑指导方面的案例就是 10 个。影响犯罪性质认定与量刑的因素有很多，35 个指导性案例所呈现的内容各有特点。指引定罪的刑事指导性案例主要内容体现为：第一，指导案例 3 号对实践中一些新型受贿方式做出认定；第二，指导案例 11 号对贪污罪中"利用职务之便"做出解释，并把土地使用权纳入贪污罪对象"公共财物"的范畴；第三，指导案例 13 号进一步廓清非法买卖、储存危险物质罪中"毒害性"的内涵；第四，指导案例 27 号对利用网络侵犯财产犯罪中的盗窃罪与诈骗罪进行了界分；第五，指导案例 28 号指出拒不支付劳动报酬罪的犯罪主体包括没有用工主体资格的单位或个人；第六，指导案例 32 号对危险驾驶罪中的"追逐竞驶"和"情节严重"做出解释;第七,指导案例70号对生产、销售有毒、有害食品罪中的"有毒食品"进行界定;第八,指导案例71号对拒不执行裁定、判决罪的客观行为进行认定;第九,指导案例97号对非法经营罪入罪条件进行限定;第十,指导案例102、103、104号对何为计算机系统做出解释;第十一,指导案例105、106、146号对开设赌场罪的客观行为进行解释;第十二,指导案例144号对正当防卫中"行凶"和"防卫时间"的认定;第十三,指导案例145号对非法控制计算机系统罪和破环计算机系统罪进行界分;第十四,指导案例146号对故意损毁名胜古迹行为的认定;第十五,指导案例186号对黑社会组织行为特征进行界定;第十六,指导案例187号界分"犯罪集团"和"恶势力犯罪集团";第十七,指导案例192、93、194号解释侵犯公民个人信息罪的行为方式;第十八,指导案例203号区分污染环境罪与非罪。

量刑指引方面的刑事指导案例主要体现在以下几个方面:第一,指导案例4号和指导案例12号对发生在婚恋、邻里纠纷中的故意杀人行为如何适用死刑缓期执行并限制减刑确立了量刑指导;第二,指导案例14号提出"禁止令"适用情形;第三,指导案例61号对利用未公开信息交易罪援引他罪法定刑应包括"情节严重"和"情节特别严重"的全面法定刑做了指导;第四,指导案例62号对数额犯中既遂与未遂同时存在如何量刑做出指导说明;第五,指导案例63号对不适格犯罪主体的精神病人适用强制医疗规定做出了指导;第六,指导案例87号对假冒注册商标罪经营数额和违法所得数额做了认定;第七,指导案例93号对判定防卫过当应考量因素做出明确指导;第八,指导案例172号对滥伐林木罪从轻量刑进行认定;第九,指导案例188号对组织、领导、参加黑社会性质组织罪涉案财物属性认定做指导。

我国是成文法国家,由于法律规定的模糊性,加之各地各类情况的差异,导致法官在判决类似案件时出现"同案不同判"情况,案例指导制度的出台旨在化解这一司法难题。我国司法实践"同案不同判"主要体现为:一是同样案件犯罪性质判定不同,即"同案罪不同";二是同样案件犯罪性质判定相同,但量刑不同,即"同案刑不同"。刑事指导案例若能对个罪的定性与定量进行有效的指引,无疑有助于减少同案不同判的发生。然而,细致考察36个刑事指导案例对刑法定性与定量的指引内容,虽然其对之后类似刑事案件的审判有一定的示范作用，但对个罪的性质认定与量刑参照作用十分有限，问题点不够突出。指导性案例无论是对事关犯罪性质认定条文的解读还是对涉及量刑条款的阐释，深度与广度都不够，所做法律解释仅具有个案意义，缺乏对类似案件的规则指引，其远未涉及这些罪名定罪与量刑中存在的司法难题。例如从对定罪角度而言，指导案例 27 号臧进泉等盗窃、诈骗案的裁判要点中并未对盗窃罪与诈骗罪做深入分析，仅就行为人是否借助计算机与是否构成虚构交易对盗窃与诈骗作出形式认定，没有在案件事实的基础上提炼出类似案件的裁判规则，没有言明两罪的本质区别。然而由于司法实践中犯罪行为的复杂性与交叉性，这样的指导性案例指引作用就显得极为有限，不能指导法官在审判中有效界分盗窃与诈骗。如行为人通过偷换二维码的方式获得钱财究竟应当以盗窃还是诈骗论处，司法实践争议颇多。

  从量刑角度而言，已经颁布的指导性案例中最为突出的莫过于对于死刑裁量的指引。死刑是时下关注度极高的一个公共议题，加之一些"错杀"案件的出现，更是把死刑推向了风口浪尖。为什么同样的案件有的判处死刑立即执行，有的却适用死刑缓期执行，如何确立死刑的适用标准成为民众十分关切的问题。指导案例 4 号王志才故意杀人案与指导案例 12 号李飞故意杀人案都旨在阐释故意杀人罪判处死刑缓期执行且限制减刑的标准时强调婚恋与邻里纠纷矛盾引发，虽然被告人犯罪手段残忍，但其悔罪态度较好，又积极赔偿被害人损失，由此法院适用死刑立即执行要特别慎重。由于对指导案例的不当剪裁，很多学者质疑这两个指导性案例自身量刑的公正性与合理性。从裁判要点来看，难言对以后类似死刑案件审判有指导效果。虽然现有的指导性案例对 24 个罪名的个别问题具有一定的指导意义，也对现行法律规范进行了细致解读，但面对复杂多变的司法实践，其仍难以满足这些罪名在审判实践中的应用要求。何况针对刑事司法实践中大量罪名存在的诸多问题仍然没有相关指导性案例，更谈不上对这些罪名适用法律的指导。再者，刑法中每个犯罪的定性与定量问题显然不能寄希望于依凭一个指导性案例就能解决所有问题，常见罪名必须形成指导性案例规模群才有可能涵盖该罪的主要问题。已颁布的指导性案例数量有限，缺乏规模效益，对实践中存在的真正难题没有令人满意的答复。因此，如何有序增加刑事指导案例的数量与提升指导性案例质量就成为我们必须要尽快解决的问题。

(三) 刑事指导性案例的类型

最高人民法院《案例指导规定》开宗明义地指出：为总结审判经验、统一法律适用、提高审判质量、维护司法公正而制定本规定。显然，统一法律适用是案例指导制度欲发挥功能所在，承担这一功能的载体理所当然地落在了指导性案例的肩上。指导性案例的指导力就在于指导性案例指导法官统一法律适用的能力，但这一表述显然是在抽象意义上而言。若想发挥指导性案例的这一指导力，指导性案例的质量就是案例指导制度最为重要的一个环节。判断一个指导性案例指导力的标准应当主要看其是否解决了司法实践难题，从法律适用角度而言，是否对抽象的法律规范做出了清晰的解释，是否对同一类型案件确立了明确的标杆。仔细研读现已颁布的36个刑事指导案例可以发现，尚无任一案例能够真正满足以上标准。虽然36个刑事指导性案例均是最高人民法院从海量案例中精挑细选出来的，但每个指导性案例的指导力确实有限。依循指导性案例裁判要点与现行法律规范关系对照的标准可以把36个刑事指导性案例划分为以下几种类型：

第一，宣示法律型。该类型又可称为重申法律与司法解释型，[①] 具体是指指导性案例直接适用现行《刑法》或者司法解释的规定，并未对其做出新的解释。换言之，这种案件不存在法律适用的难题，在法律或司法解释中便可以明确找到相应的规范，不需要进一步解释法律。例如，指导案例3号潘玉梅、陈宁受贿案所总结的裁判要点都在相关司法解释中有明确规定，其内容表述也基本一致。指导案例11号杨延虎等贪污案对"利用职务上的便利"的解释也是对现有司法解释的简单援引。指导案例14号董某某等抢劫案对于"禁止令"也是《关于对判处管制、宣告缓刑的犯罪分子适用禁止令有关问题的规定》直接适用的结果。指导案例28号胡克金拒不支付劳动报酬案主要是对不具备用工主体资格的单位与个人可以作为犯罪主体的认定，这一规范明确规定在2013年最高人民法院《关于审理拒不支付劳动报酬刑事案件适用法律若干问题的解释》的第7条中。指导案例63号徐加富强制医疗案和指导案例71号毛建文拒不执行判决、裁定案也都是对法条规定的直接适用，并没有对法条做出新的解读。

---

[①] 参见周光权：《刑事案例指导制度：难题与前景》，载《中外法学》2013年第3期，第486页。

第二，解释法律型。该类型案例应当是刑事指导性案例研发的重点，通过指导性案例把模糊或者比较原则的法律及其司法解释进行活化与具体，拓展法律规范的内涵，对后案法官审判类似案件有极大的指导意义。在已经颁布的刑事指导性案例中，真正能够释法说理对之后类案起到参照作用的不多。究其原因，这些案例中裁判要点对成文法律仅仅是一种显而易见的法条解读，属于字面意义上的当然解释。一般情况下，法官审理此类案件不会存在法律适用难题，因此该类型的指导性案例指导力也不尽如人意。例如，指导案例 13 号王召成等非法买卖、储存危险物质案中把"氰化钠"纳入"毒害性"物质范畴与对"非法买卖"的解释都不是难题，甚至都不需要解释。指导案例 32 号危险驾驶案中对"追逐竞驶"与"情节恶劣"也进行了具体的解释，但解释的情形亦属于一般人可以理解的范畴，其指导力不强。指导案例 70 号生产、销售有毒、有害食品案对于"有毒有害的非食品原料"的理解在司法实践认定中也不存在困难。由此可以发现，在法律解释类型中也没有发现指导力很强的案例，其实质上仍然是对法律的直接适用，没有对现有的法律进行深挖。

第三，量刑指导型。指导案例 4 号王志才故意杀人案与指导案例 12 号李飞故意杀人案都是死刑适用的裁量活动，两个案例的裁判要点都强调是因婚恋或者邻里纠纷引发的杀人案件，且被告人悔罪表现和积极赔偿，从化解社会矛盾的角度可以判处死刑缓期两年执行并限制减刑。[①] 当然笔者对最高人民法院把这两个案例作为指导性案例深表赞同，单独把死刑适用作为一个问题提出来很有必要，死刑案件很少存在法律定性难题，而对于是否适用死刑立即执行往往存在量刑难题。加之我国目前实施严格限制适用死刑的刑事政策，最高人民法院颁布的这两个死刑方面的指导性案例，其意图显然就在于告知法院，如若实践中法院审判类似案件的，绝不能判处死刑立即执行。死刑案件量刑问题显然是司法实践中的一大难题，而且各地也存在适用死刑不统一的情形，无论是从司法公正角度还是从重视生命态度而言，法院都应当把涉及死刑案件的审判工作摆在最重要的位置。因此，深入研究和确立妥当的适用死刑的指导性案例具有很强的现实意义。

---

① 有学者对于判罚结果持有异议，认为："如果通盘考虑整个情节，这个案件原本就不应该判死刑。在此前提下，再说判死刑，宣告死缓后再限制减刑，就缺乏基础。"参见周光权：《刑事案例指导制度：难题与前景》，载《中外法学》2013 年第 3 期，第 485 页。

第四，回应社会型，又称为回应公共议题型①。具体是指导案例旨在通过现实案例回应社会公众关切的法律热点问题。指导案例 3 号潘玉梅、陈宁受贿案和 11 号杨延虎等贪污案就是回应社会关切的典型代表。腐败是严重的社会问题，我国已形成严厉反腐态势，民众亦十分关注国家对腐败分子的法律制裁结果。指导案例 3 号与 11 号虽然在一定意义上对新类型的受贿行为以及贪污罪的认定做出了较为细致的认定，对全国法院审判类似案件具有一定的指引作用。然而更重要的意义在于加大惩治新类型受贿犯罪力度，推进反腐败斗争工作深入开展。两个指导性案例所适用的法律就是现有司法解释的明确规定，不存在适用法律困难。故其重点在于通过指导性案例回应公众关切问题，宣传反腐政策，增强公众对法律的认同感。指导案例 4 号与 12 号除对死刑量刑提供一定指引外，还突出贯彻了落实宽严相济的刑事政策和死刑政策，依法严惩犯罪的同时，又严格限制死刑适用，最大限度地增加和谐因素，促进和谐社会建设。② 指导案例 93 号于欢故意伤害案，入选 2017 年人民法院十大刑事案件，于欢一审被判处无期徒刑引起轩然大波，判决的合理性被质疑，各类社会群体纷纷讨论正当防卫与防卫过当的界限，最终二审被改判为 5 年有期徒刑，毫不夸张地说这一案件可以说是中国法治建设的一个标志性事件，诚如《人民日报》报道，于欢案是一堂生动的法治课，③ 给人民群众进行了一次高质量的普法教育，是任何一次普法宣传无法比拟的，也维护了司法公平正义。以上几个指导性案例无疑都具有很强的回应社会功能，虑及我国司法公信力处于低谷的现实，指导性案例回应社会公众关切具有一定的合理性和必要性，能够对民众进行法治教育，对提高司法公信力具有重要意义，但不应当把回应社会功能作为指导性案例的主要功能，而只能将其作为辅助功能。

需要特别注意的是，在民事领域，指导性案例除能够解释抽象原则的法律

---

① 参见周光权：《刑事案例指导制度：难题与前景》，载《中外法学》2013 年第 3 期，第 482 页。
② 参见胡云腾主编：《最高人民法院指导性案例参照与适用》，人民法院出版社 2012 年版，第 46 页。
③ 报道指出，于欢案无疑是一堂生动的法治课。从一审判决引发的巨大争议，到二审判决微博直播，再一次提示：公开是最好的稳压器，也是最好的法治课。通过最大限度的司法公开，可以消弭误解、打消猜忌；通过恪守公正的司法纠偏，可以支持正义、驳斥谬误，让司法公信力回到正轨。其实，对于普通老百姓而言，司法正义乃至整个国家的公平正义，正是由我们关注的个案连缀支撑起来的。认定于欢行为属于防卫过当，构成故意伤害罪，既是严格司法的要求，也符合人民群众的公平正义观念。参见陆侠：《于欢案是一堂生动法治课》，载《人民日报》2017 年 6 月 26 日，第 5 版。

规范外，创造新的法律规范，弥补法律漏洞，解决新问题也是指导性案例的一项重要考察指标。但在刑事领域，"受制"于罪刑法定原则，出于保障人权的需要，法官不能在司法实践中随意创设法律规则，进而对被告人作出有罪判决。刑事指导性案例的功能重在解释法律，而不在于创造规则，即便是在判例法系国家，也同样十分注重对于被告人权利的保护，通过严格的程序限制法官随意创设罪名，防止侵犯他人权利的事情发生。因此刑事指导性案例不应该存在造法型的案例，不仅是现在，将来也不允许出现。这也是依法治国在刑事领域的基本要求，是刑事法治建设应当坚守的一条红线。

**五、本章小结**

刑事案例指导制度仅仅是一个制度名称而已，重要的还在于承载其制度功能的指导性案例，因此制度的效果如何就要看指导性案例的身份如何。通过对刑事案例指导制度发展历程的梳理可知，案例的发展脉络为：红头文件印发案例→公报案例→编纂案例→典型案例→指导性案例。由此可见，中国刑事案例指导制度的建立具有厚重的现实基础，案例指导司法实践就是我国自己的东西，而不是简单照搬其他国家的司法判例制度。新中国成立至今，我国经历了从法制建设到法治建设，从立法到司法的重心转变，作为司法实践的宝贵财富，案例一直发挥着重要的作用，其地位也日益提高。各级法院越来越重视案例的指导作用，中央也多次强调先例对类似案件审判的指导作用，并将案例指导制度作为重要项目纳入司法改革的范畴。经过司法界与学界多年的探索与努力，案例指导制度终于正式建立，法院参照指导性案例进行说理有了明确依据。指导性案例创制主体的权威性与严格的程序决定其不同于一般案例，法院在审理类似案件时应当参照指导性案例。相较于公报案例，指导性案例是典型中的典型，多数指导性案例就是从众多公报案例中进一步筛选出来的。"应当参照"相比之前的"比照、借鉴、参阅、可以参照"等具有了一定的约束力，这至少表明司法改革越来越重视已决案例对待决案件的指导作用。当然大量没有被选为指导性案例的其他非指导性案例对于司法实践同样不可或缺，其是指导性案例的基础和源泉，与指导性案例相辅相成。

最高人民检察院发布的检例虽都属于刑事案例，但检察机关的权力属性决定了检例不能也不应该指导法院审判工作。而最高人民法院发布的刑事指导案例仅有36个，过少数量的刑事指导案例，难与刑事司法实践巨大的案件数量相匹配，远不能满足司法实践的需要。加之已颁布刑事指导案例提供的司法规则不足，不能有效化解刑事司法实践的定性与定量难题。从短时间来看，刑事案例指导制度很难对刑事裁判活动产生实质影响力。虽然刑事案例指导制度在实践中运行已逾 10 年，但其优势、功能还远未发挥出来，刑事指导性案例作为刑事案例指导制度的核心与关键，其数量与质量关系到整个刑事案例指导制度在司法实践中的运行效果。因此提高指导性案件的数量与提升指导性案例的质量仍然是今后刑事案例指导制度考量的重要问题。当然，考虑到我国案例指导制度建立时间不长，最高人民法院发布指导案例与总结经验同步进行，指导性案例数量少、指导力不强也无可厚非。

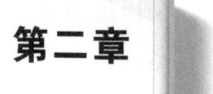

# 第二章 刑事案例指导制度的正当性基础：现实与法理

刑事案例指导制度对于我国刑事法治发展具有十分重要的现实意义，但作为一项司法改革制度，正当合法的基础是其能够顺利推进的必要前提，正所谓"名正才能言顺"。"两高"《案例指导规定》的出台标志着我国刑事案例指导制度的正式建立，不可否认，仅仅依靠最高司法机关自身颁布的规定赋予自己发布指导性案例的权力难以让人信服，刑事案例指导制度建立的正当性权力基础不够明确，使人感觉司法机关略有"自说自话"之意。全国人大常委会并未授权最高司法机关设立该项制度的权力，难免会遭受他人的质疑。实然上，抽象的成文法需要解释才能满足司法实践需求，司法解释路径未能完全化解这一难题，通过案例活化法律具有现实基础。从应然角度而言，刑事案例指导制度作为一种释法机制，并不是我国司法机关的任性创制，而是具有正当的权力渊源的，其正当渊源即司法解释权；从法律解释权角度考察，刑事指导性案例是司法解释权实践落实的重要表现，是符合法律解释学的一种法律解释行为。司法解释权具有丰富的内涵，不仅包括司法机关主体的解释权，也应包括个人司法主体的解释权，即法官应当是司法解释权的当然主体，而且在司法实践中实质上承担着重要的法律解释责任。

## 一、刑事案例指导制度产生的现实基础

### （一）成文法天然存在滞后性

法作为一种维持社会秩序的规范，稳定性是其优秀的品质。唯有如此，国民才能依照现有法律规范指引和预测自己的日常行为，如若允许法律朝令夕改，那国民在社会生活中将变得无所适从，经济秩序也将一片混乱，进而导致社会失序。法的安定性是规范社会各种行为的重要前提，因此，在成文法国家，制定并遵循法典就成为一种法定方式，不能轻易变更现有的法律规则。由

此人们在稳定法律规范的指引下安排自己的日常行为,也不会因为不知道自己的行为是否会受到刑罚制裁而不敢实施合法行为,从而导致行为萎缩的效果。①然而,任何事物都是"双刃剑",法律的稳定性有利于维护社会秩序的稳定,但由此带来滞后性的一面却很难适应社会发展与变化的需要。成文法自身的局限性,决定其不可能穷尽千变万化的生活事实。社会发展已经证明并将继续证明,包罗万象、有求必应、尽善尽美的法律只能是人们纯真而完美的幻想。②成文法的这些缺陷在我国同样不可避免,虽说中国不属于英美法系,也与大陆法系有别,但我国是典型的成文法国家却是不争的事实。改革开放之后,全国人大常委会的立法活动不断开展,各种成文法陆续出台,社会主义法律体系逐步形成,执法与司法逐渐摆脱了无法可依的局面。然而,由于社会经济的飞速发展,成文法律的滞后性不能满足社会实践需要的矛盾日益凸显,在刑事立法领域体现得更为明显。虽说学者一直强调立法要具有一定的前瞻性,但法律其实是人类现阶段客观实践的反映,立法者是人不是神,受制于现实社会实践,即便能够预见到一些将来的新情况,也不可能面面俱到。加之人类语言表达的有限性,不可能把无限的事物全部囊括进来。为了缓解这一问题,立法采取"宜粗不宜细"的指导思想,在刑法中充斥着大量原则性和概然性条款,法条内容抽象模糊,例如,"情节严重""数额较大""其他方式"等模糊性的语词比比皆是,由此貌似确定的法律又凸显出很大的不确定性。

众所周知,法律的生命在于司法应用,可以想象这些抽象的法律规定在面对活生生的案件事实时,如何妥当适用法律就成为一个必须要解决的问题。由于不同法院以及同一法院的不同法官对这些抽象法律规定的理解必然存在偏差,加之法官自由裁量权的发挥不当,导致各地法院适用法律尺度不一。同样案件判罚却不同,即"同案不同判"司法乱象屡见不鲜,严重损害司法公平与公正,司法公信力遭受严重打击。面对如此困境,选择一条解释法律的进路就成为一种必然,为了弥补成文法的不足,避免法律适用不当,司法解释呼之而出。

(二) 司法解释未能有效化解成文法的弊端

法律是对现有生活现象的高度概括与总结,因此,法院在面对现实中丰富

---

① 参见张明楷:《法治、罪刑法定与刑事判例法》,载《法学》2000年第6期,第33页。
② 刘作翔、徐景和:《案例指导制度的理论基础》,载《法学研究》2006年第3期,第18页。

多彩的案件之时，必须适时对法律作出妥当解释方能指导司法裁判。既然没有一部立法可预见并解决所有现实发生和可能发生的社会问题，刑法解释成为弥补法律漏洞、完善立法意图、活化刑法文本进而实现个案正义的最重要方式就成为必然。① 司法解释的使命恰恰就在于解释法律、弥补成文法之漏洞，从而辅助法官理解并适用法律。鉴于以上考虑，1981 年 6 月 10 日全国人民代表大会常委会通过了《关于加强法律解释工作的决议》，明确授予"两高"司法解释权，"两高"可以在审判工作和检察工作中对具体应用法律、法规问题进行司法解释。由此开始，"两高"进行了轰轰烈烈的释法活动，针对司法实践中法律难题以及各级司法机关请示的个案法律适用问题，以各种形式出台司法解释。司法解释是"两高"在总结过去司法实践中适用法律存在的问题，基于对成文法律内涵的解读，结合司法实践中出现的一些新型案件以及将来可能出现的一些问题，以妥当解释方法对现行刑法规范做出了相对明确的解释。这样既保持了法律的稳定性，又能确保法律的时代性。诚如学者所言："毋庸置疑，司法解释就是连接过去和未来的黏合剂，在尊重现有法秩序的前提下不断解释法律、创制规则，赋予成文法贴近社会生活之新内涵，克服成文法静止、保守、僵化之缺陷。"②《日本刑法典》之所以在经历一百多年之后仍然屹立于刑事司法实践之林，其根本原因在于不断地解释与发展，输入社会新鲜血液，保持成文法律与社会的紧密联系。当然，日本与我国采用解释刑法的方法不尽相同，但其精神是一致的。面对鲜活的社会生活，成文法律唯有在坚持立法基本原则的同时，通过司法解释的方式，吸收社会生活中的新生事物，扩展法律词语及规范内涵，延续与保持成文法律的生机与活力。换言之，司法解释缓和了成文法与社会生活之间的紧张关系，既贯彻了立法之基本意图，又为法律发展提供了缓冲空间。③ 不可否认，司法解释在一定程度上对成文法起到明确性的作用，对司法机关审判案件有一定的指导作用，对统一全国法律适用标准起到良好的规范效果。然而，随着司法解释的大量出台，由于司法解释形式与内容自身的局限性，问题随之产生，司法解释未能从根本上解决成文法抽象性的一面，其一般性解释条文不能给司法实践提供具体的参照规则，大多司法解释仍

---

① 参见李佳欣：《中国刑法解释功能论》，吉林大学 2015 年博士学位论文，第 33 页。
② 陈兴良主编：《中国案例指导制度研究》，北京大学出版社 2014 年版，第 149 页。
③ 同上。

须进一步解释。

司法解释对刑事法律的发展起到了很大的推动作用，为法官适用审判案件也提供了大量的法律规则。但司法解释未能真正解决成文法律所面临的问题，反而带来很多负面效果，为此付出很大代价。面对社会现实生活案件的千姿百态，尤其是我国各地经济发展不平衡的局面，想确立一个具体可行的操作规则也极不现实。这样促使司法机关在解释法律的时候有意向现有立法方式靠拢，即采用条款方式进行释法，法律解释语言也较为抽象，被很多学者称为"二次立法"或"副法体系"，既有僭越立法权之嫌，又难免会出现解释不当之处，未能担当活化立法、明确刑事立法规定的重任，这样在司法实践中也难以为审判实践有效地提供可操作性的法律规则，司法解释的实效也就大打折扣。实践表明，单纯的司法解释难以化解我国司法实践面临的诸多问题，更不能从根本上消除成文法存在的缺陷，脱离具体案例的解释决定了司法解释永远不可能给司法裁判提供十分具体的裁判方法与裁判规则。之所以选择推出刑事案例指导制度指导司法实践审判，主要原因就是因为司法解释存在致命的短板。"司法解释兼具解释法律、弥补成文法之不足的功能，必然要求其本身具有高度的兼容性，目的的多样化与适用法律的统一性之间难以自洽，因为力求不同地区、不同时间遵循统一标准的话，反而会加剧法律规范与时空维度的矛盾，统一法律适用甚至成为束缚法律发展之障碍。"①

再者，司法解释带来的另一个负面影响也显而易见，即大量司法解释的出台导致下级法院成为适用司法解释的机器，基层法官办案态度消极，缺乏积极主动解释法律的精神，致使法官的素质难以提高。如若法官审判遇到法律适用难题，不去自觉探寻立法的实质正义，而是习惯性地等待司法解释，由此既可以坐享其成，又不需承担任何责任，致使法官适用法律能力降低。长此以往，导致司法解释泛滥成灾，截至目前，《刑法》的立法解释有13篇，《刑法》的司法解释已将近500篇，而且很多司法解释里面又包含类似《刑法》规定的内容，甚至其总条款数已经大大超越《刑法》现有法条之规定。这种解释方法不但无法解决司法现实难题，还导致《刑法》规定与各种解释矛盾的局面产生。究其原因，司法解释本身的抽象性决定了其不是解决实践中鲜活事例的最佳路

---

① 陈兴良主编：《中国案例指导制度研究》，北京大学出版社2014年版，第149页。

径，其并没有突破《刑法》一般性的藩篱，对明确抽象法律规定没有尽到应有责任。在这种背景下刑事案例指导制度呼之欲出，通过以案释法，把已经生效的案例作为适用法律标杆，为之后同样或类似案件的司法裁判提供法律适用指导。换言之，刑事案例指导制度本质就是对成文法律的细化和直观形象的解释，对法律明确化具有十分重要的作用。"案例指导制度使得法律规范不仅有了骨架，而且是不断更新的血液流淌其中。抽象的法律规范通过案例反复不断地澄清，最终具体化、精致化。"① 指导性案例对法官在审判工作中能提供一种形象指导，有利于司法尺度统一，实现司法公平与公正。

**二、刑事案例指导制度建立的法理基础**

（一）司法机关享有法律解释权是法律运行的必然选择

美国学者德沃金认为："法律是一种阐释性的概念。"② 法律是普遍的一般规范，若想适用于现实生活，必然离不开对法律的解释。由于立法考虑的是社会生活中所有事物的共性，故成文法律不能也难以把所有的社会现象涵盖。实践证明，在概念法学理念的指导下，国家欲制定一部内容全面且规定具体的成文法典的理想图景不切实际，在复杂多样的现实生活面前，法律常常会疏漏不周。退一步讲，即便法律制定得完美无缺，法律适用者与法律的关系也不会像机器一样机械运转，不可避免地带有自己的"成见"。③ 因此，一般性的立法文本在面对各具特色的个案时，对其进行解释就是必不可少的一个环节，否则司法人员无法应用法律进行判决。同理，对于《刑法》而言，解释的存在或者说其必要性已经不容置疑。④ "对于成文法典而言，无论是基于法律适用者的主观因素的要求，还是基于对立法者立法意图的追问和探究，抑或两者兼而有之，法律适用过程中刑法解释行为都是不可避免的。"⑤

法律解释是沟通立法与司法的桥梁，但由谁来行使法律解释权一直存在争论。最初的法律解释权仅仅是附属于立法权，立法机关欲通过自己解释法律来维护自身的立法权威性与控制法律的统一性，并没有放权给司法机关，但立法

---

① 林维：《刑事案例指导制度：价值、困境与完善》，载《中外法学》2013年第3期，第501页。
② ［美］德沃金：《法律帝国》，李常青译，中国大百科全书出版社1996年版，第364页。
③ 参见张志铭：《法律解释学》，中国人民大学出版社2015年版，第1—2页。
④ 林维：《刑法解释的权力分析》，中国人民公安大学出版社2006年版，第42页。
⑤ 徐岱：《刑法解释学的独立品格》，载《法学研究》2009年第3期，第27页。

者更多考虑事物的共性，不可能太多顾及个案的特殊性，其做出的法律解释必然难以应对司法案件多样性的需求。因此，"立法机关必须理性对待自己两难的处境：一方面要解决那些来自各个法院如同潮水般的法律解释要求；另一方面不允许法院在无损分权原则下自己解释法律的局面已无法维持"①。最终，"基于实践的压力，法律解释权从立法中得到独立或剥离，这对于其本身而言有着极为重要的意义，唯有如此，解释权才真正地成为一种权力，而在附属于立法权的时候，解释行为仅仅是立法行为的一种，法律解释的独特功能不能予以完全发挥，尤其是法官的功能也无法完全正常地发挥"②。这样法律解释的重任落到司法机关身上就是顺理成章之事，司法解释权也由此诞生，即司法机关在适用法律过程中享有对立法文本的解释权。

由此可见，司法解释权是指司法机关在适用法律过程中享有对法律解释的权力。"法律如果没有法院来详细说明和解释其真正含义和作用，就是一纸空文。"③ 显然，司法机关享有法律解释权更加合理，法律的价值在于司法适用，刑法解释应具有价值判断的实践属性。④ 法律真正需要解释的原因都跟法律的应用有关，没有对法律的应用就不存在法律解释。⑤ 司法机关是法律的适用主体，也是法律的解释主体，其在适用法律过程中往往伴随着对法律的解释活动，二者是一体两面的关系，不可能单独分开。"试图将找到法律、解释法律、适用法律的职能分离开来也是徒劳无益的。"⑥ 而立法机关只是静态法律规范的制定者，不参与司法实践活动，难以获得有效的实践经验，其做出的法律解释自然很难与司法实践有效对接，也就不能有效应对个案多样性的需求。"即使立法机关在后来的补充性立法或者法律文件中对以前法律的缺陷做了解释，这些立法解释最后仍要被法律适用者去适用，因而还免不了被法律适用者解释的命运。"⑦

---

① 参见[美]约翰·亨利·梅利曼：《大陆法系》，顾培东、禄正平译，法律出版社2004年版，第40页。
② 林维：《刑法解释的权力分析》，中国人民公安大学出版社2006年版，第48页。
③ [美]汉密尔顿、杰伊、麦迪逊：《联邦党人文集》，程逢如等译，商务印书馆1980年版，第111—112页。
④ 参见徐岱：《刑法解释学的独立品格》，载《法学研究》2009年第3期，第31页。
⑤ 参见魏胜强：《法律解释权的配置研究》，北京大学出版社2013年版，第227页。
⑥ [美]罗斯科·庞德：《普通法的精神》，唐前宏等译，夏登峻审校，法律出版社2010年版，第105页。
⑦ 魏胜强：《法律解释权的配置研究》，北京大学出版社2013年版，第193页。

再者，法律解释应基于具体案件，不能无的放矢，其应当是一项有针对性的活动，而非脱离个案的主观解释，否则再多解释也是徒劳。从国外的法律解释权的现实来看，"无论是在英美法系还是在大陆法系，大多数的司法体制均将法律解释理解为在具体个案的司法裁判过程中与法律适用相连的一种活动，即都承认除了立法者以外，司法者当然享有法律解释权。"① 因此，法律解释权最终被赋予司法机关是尊重法律运行规律的必然选择，也是实现法律规范价值的重要保障。

（二）法官事实上承担着解释法律的重任

司法解释权的行使离不开一定的主体，那么究竟哪些主体有权力解释法律也是一个需要慎重考虑的问题。1981 年全国人大常委会《关于加强法律解释工作的决议》正式把司法解释权赋予了最高人民法院和最高人民检察院，两机关各自在自己工作职权范围之内对运用法律享有法律解释权，但对于法官是否享有解释权只字未提。换言之，法官解释法律的权力并没有得到制度的认可，在审判领域，决议的规定表明我国并没有赋予法官解释法律的权力，只有最高人民法院享有司法解释权，司法解释主体与具体案件的裁判者完全脱离，这种解释体制被学者认为是一种中国本土特色。② 众所周知，在英美法系国家，法官的权力很大，法官是适用法律的主体，具有制造法律规则的权力，英国学者把法官称赞为是英国法律的建筑师。③ 卡多佐法官说："植根于习惯法制度中的一条现存规则，如果被遮蔽了，那么法官所能做的，就是要揭掉其遮布并将其间的那座雕像展现在我们的眼前。"④ 可见英美法系法官是适用和解释法律的真正主体。在大陆法系国家，法律解释往往是因为要解决具体个案问题而产生的确认和适用解释问题，因而多表现为具体解释，即法官解释，而且形成一种常态。⑤

然而，司法解释权在我国的法律规定并不能抹杀法官事实上解释法律的权力，法官解释法律从未离开过审判活动。"法律解释是裁判活动的组成部分，法官是裁判活动的主导者，而审判与解释是密不可分的，其享有审判权便当然

---

① 林维：《刑法解释的权力分析》，中国人民公安大学出版社 2006 年版，第 47 页。
② 参见张志铭：《法律解释学》，中国人民大学出版社 2015 年版，第 155 页。
③ 参见［英］鲁伯特·克罗斯、J. W. 哈里斯：《英国法中的先例》，苗文龙译，北京大学出版社 2011 年版，第 16 页。
④ ［美］本杰明·卡多佐：《司法过程的性质》，苏力译，商务印书馆 2011 年版，第 124—125 页。
⑤ 参见徐岱：《刑法解释学基础理论建构》，法律出版社 2010 年，第 132 页。

享有解释权。"① 从适用法律审判案件的实际情况来看，法官无疑是真正的法律适用者，其直接面对鲜活的生活事实，作为案件的审判者，行使自己的审判权，不是对法律规定的生搬硬套，而是要基于案件的具体情况，经过自己对法律的理解并作出妥当的解释，再对案件作出合理判决。"这种制度与观念上的不被认可，并不意味着中国普通法官就没有刑法解释活动。相反，由于刑事审判活动的裁判性、判断性，在人类认识规律支配下，先理解刑法后适用刑法的逻辑思维过程事实上每天都在发生，它们就像一股奔涌在制度与传统观念之下的强大潜流，影响着具体刑事案件的实际结果。"② 从表面上看，法官仅仅是依照法律条文进行判决，但事实是法官将法律条文内化之后，方能形成最后的判决。法官要想行使自己的审判职能，解释法律的权力就很难放到其他地方。③ 法官的整个判决过程凝结了个人对法律理解与经验，这就是法官进行法律解释的过程，而且该解释对于个案具有法律效力。马克思曾言："法官的责任是当法律运用到个别场合时，根据他对法律的诚挚理解来解释法律。"④ 由此可见，法官在个案中进行法律解释是一个不争的事实。"在以德、法为代表的大陆法系主流国家，尽管依然没有以法定的形式授予法官法律解释权，但在现实的法律运作过程中，法官不但日常地行使着解释法律的事实性权力，甚至可以根据法律解释形成的判例发展出全新的法律规则。可以概括地说，法官拥有法律解释权在发达法治国家是一个基本的法律事实或制度性事实。"⑤ 事实上，我国推出刑事案例指导制度，就是响应法治国建立的目标，重视法官在司法实践中解释法律的事实，充分发挥法官释法的优势功能的表现。一个刑法条文规定的含义，总是首先通过法官的解释，才会（在）确定无疑的意义上被确定。⑥ 法律需要在被理解的基础上进行解释，而法官对法律的理解和阐释是刑法解释产生的充足源泉。⑦

---

① 胡云腾主编：《最高人民法院指导性案例参照与适用》，人民法院出版社 2012 年版，第 96 页。
② 唐稷尧：《中国法官刑法解释权刍议》，载《四川师范大学学报（社会科学版）》2015 年第 4 期，第 47 页。
③ 参见［美］本杰明·卡多佐：《司法过程的性质》，苏力译，商务印书馆 2011 年版，第 82 页。
④ 《马克思恩格斯全集》（第一卷），人民出版社 1956 年版，第 76 页。
⑤ 魏治勋：《法律解释体制与法官的法律解释权》，载《东方法学》2013 年第 3 期，第 80 页。
⑥ 参见［德］克劳斯·罗克辛：《德国刑法总论（第一卷）》，王世洲译，法律出版社 2005 年版，第 85 页。
⑦ 徐岱：《刑法解释学基础理论建构》，法律出版社 2010 年版，第 191 页。

当然，国家未赋予法官解释法律的权力，也是基于对法律解释活动的一种控制观念，防止法官借解释法律之名行立法之实，以免造成司法专断。"把权力集中在法官手中，使定罪更容易了，但是因此也增加了错误定罪的风险。"①尤其是在刑事领域，法官突破罪刑法定原则，极易侵犯他人的合法权益，进而降低司法机关在刑事司法体制中的权威性，破坏刑事法制的统一性。"但是，如果对法官解释权采取一种漠视其至否定的态度，法官队伍整体的主观能动性急剧降低，而且由于解释能力本身在审判、裁决中具有重要意义，最终将导致法官在刑事案件审理中整体能力的降低，反过来也影响到法院解释权运用过程中的质量，加重机构性解释的负担。个体的司法主体在解释过程中并非无所作为，法官在法律适用过程中将不得不运用一定程度的自由裁量权，对事实和法律的争议片段作出取舍，这是一个客观事实。"② 因此，不承认法官法律解释权的存在并没有阻止他们对法律的解释、续造甚至创造，法官的自由裁量权依然存在，与其不承认法官解释法律的权力，毋宁从制度上加以规范更具有合理性。③

**三、刑事案例指导制度是法官释法的有益尝试**

(一) 传统解释体制下法官释法功能未得到有效发挥

传统成文法国家强调立法与司法完全分离，司法裁判必须严格遵循成文法律，限制法官解释法律权力，法官只能机械执法，由此导致真正参与审判的法官没有任何话语权。当然，如此权力划分的初衷也是基于统一司法标准、实现法律的公平与公正之考量。然而，前文已述，即便再完美的立法也不可能对社会生活包揽无遗，滞后的法律必然难以满足司法实践要求，由此解释法律就成为弥补立法不足的必然选择。最高人民法院制定的司法解释虽然在一定程度上起到了明确与发展法律的作用，但并未从根本上解决立法滞后与抽象之缺点。尽管司法解释也往往是针对法律实施中的具体问题，或者与个案事实相关联，或者因个案问题所引起，但是，司法解释在目的上与个案解释有别，它对具体

---

① ［美］乔治·P·弗莱彻:《刑法的基本概念》，王世洲等译，中国政法大学出版社 2004 年版，第 268 页。
② 林维:《刑法解释的权力分析》，中国人民公安大学出版社 2006 年版，第 49 页。
③ 参见魏胜强:《法律解释权的配置研究》，北京大学出版社 2013 年版，序言。

事实或问题只能是"类型化"的解释，难以避免立法的性质。① 现有的司法解释体制只提倡司法机关的法定解释，而扼杀了真正的法律适用者——法官的法律解释权，其注定不能满足司法实际对大量法律具体规则的需要。法律解释权的分配必须遵循司法规律和尊重客观事实，当现有的司法解释体制与司法裁判实践矛盾冲突达到一定程度，必然就需要反思现有解释体制合理性。案例指导制度的建立就是在反思现有司法体制的情形下，推出的一项司法改革措施，显然这项制度是尊重司法规律的体现，对法官积极行使解释法律权是一个巨大的推动，必然能有效化解司法实践难题。

(二) 案例制度促使法官解释法律权回归

实质意义上而言，司法解释其实是一种法院的整体解释，对于法官能动性的调动仍然有待提高。我国现有司法体制不利于法官在个案审理中行使解释权，不能充分发挥法官个案解释的优点。"法官在个案中的解释具有很强的针对性，能够在很大程度上实现个案的正义，但他的解释对其他案件不具有约束力，他通过解释对法律所作的贡献随着个案裁判的终结而终结，难以为其他法官所借鉴和吸收。同样的案件再次发生时，审案法官在法律适用过程中的解释又必须重新开始，既浪费了司法资源，又不利于法律自身的完善。"② 为此，在法院解释法律的基础上，我国又推出了法官解释，即肯定和重视指导性案例的个案指导价值。因此，"案例指导制度的确立，与其说是司法实践的客观要求，毋宁说是法官司法裁判权的理性回归。法官解释法律，不仅是法官行使司法权的应然表现，更是实现个案裁判公正的必然途径。"③ 由此一来，刑事案例指导制度必将促使法官积极主动地去解释法律，主动检索相似案例适用法律规则的方法，鼓励法官在类似案件中参照指导性案例探寻法律的真正含义，提高案件的审判质量，提高司法治理水平。诚如学者所言："案例指导制度的目标不应只是通过指导性案例来确立司法政策或解释法律，并让法官参照之作出裁判以求得司法统一；而要从提高法官司法能力的高度出发，使之成为疑难案件判决书说理的典范和样板，并鼓励法官遵从、模仿、学习之，以提高司法判决的理

---

① 参见张志铭：《法律解释学》，人民大学出版社 2015 年版，第 14 页。
② 魏胜强：《法律解释权的配置研究》，北京大学出版社 2013 年版，第 234 页。
③ 李佳欣：《刑法解释功能论》，吉林大学 2015 年博士学位论文，第 108 页。

性化程度，提升司法公信力，提高我国的司法治理能力。"① 案例指导制度的最终目的是要实现司法裁判尺度统一，提高司法治理能力，提升司法公信力，但这一目标的实现有赖于全体法院法官司法能力的提升，把法律规定和案例指导制度要求落实到每一个具体案件之中，由此方能逐步达致预设目标。

毋庸置疑，中国特色刑事案例指导制度的建立体现其重视法官在实践审判案例的个人经验与智慧，标志着法官地位的进一步提高。鉴于我国刚刚推出刑事案例指导制度，最高人民法院仍然对法官解释法律存有些许疑虑，加之不同的人从不同角度可能对指导性案例解读出不同的法律规则，为此，最高人民法院在遴选案例的基础上，在裁判文书中增设裁判要点，对指导性案例的指导范围进行了适当的限制。换言之，指导性案例的解释是在法官解释法律的基础上，法院又做了进一步的完善与限缩，以便保证指导案例解释法律的质量，进而更好地统一司法适用标准。可以说，以现有的刑事案例指导制度解释法律是一种法院解释与法官解释的有效结合，其释法性质显露无遗，与立法无涉。诚如学者所言："刑事判例和刑事司法解释分属于刑法适用解释的两个层面：前者是法官在审理案件过程中，就本案事实以及本案与先例的比较所作的解释，具有个案针对性；后者针对法律规范的解释，具有类的普适性。"② 指导性案例是法官做出的个案解释，相对比较具体，最高人民法院做出的司法解释，相对比较抽象，二者各有所长。但对于我国刑事法治实践现状而言，抽象的法律不缺，而具体的法律规则却鲜少，刑事案例指导制度的出台有望化解这一司法难题。刑事案例指导制度是对法官释法的正面回应，刑事指导性案例是倡导法官解释法律的有益尝试，鼓励与规范好法官解释法律的权力是我国法治建设必不可少的要素。

刑事案例指导制度的建立，既肯定了法官解释法律的权力，充分发挥指导性案例释法的优势功能，又从制度上规范了法官的自由裁量权，在审判类似案件时法官应当参照指导性案例中的裁判要点，避免了法官滥用权力的可能。把法官解释与法院解释有机结合起来，才能共同推动刑事法律解释的完善和司法公正的实现。时下，法治建设的中心已经从立法转到司法，如何落实法律，实现司法个案公正成为法治的追求目标，也是民众对法治应有期盼。法官作为法

---

① 李红海：《案例指导制度的未来与司法治理能力》，载《中外法学》2018 年第 2 期，第 494 页。
② 周少华：《法典化制度下刑事判例的制度功能》，载《环球法律评论》2010 年第 6 期，第 120 页。

律的适用者与解释者，在整个司法过程中扮演着十分重要的角色，如何充分发挥法官的作用是我国应当考量的重要内容。当前，响应党的十八届四中全会"全面依法治国"的要求，最高人民法院推进"以审判为中心"的刑事诉讼程序改革，把法庭作为司法过程的中心环节，切实发挥法庭审判应有的终局裁断功能。法庭中心环节的体现离不开法院审判职能的发挥，而法院审判职能的发挥又与法官解释法律密不可分。因此，这次刑事诉讼程序的改革间接提升了法官的地位，也对法官审判案件的质量提出了更高的要求，为刑事案例指导制度的运行提供了有效的外部环境与程序保障。刑事案例指导制度正好借助"审判为中心"司法改革之东风，调动法官解释法律的积极性，进一步提升指导性案例的影响力，充分发挥指导性案例解释法律的优势功能，辅助成文法为司法实践提供有效的法律规则，统一法律尺度，维护司法公正。当然，这条释法道路任重而道远，仍然是摆在学界与司法实践的一项重要课题，需要我们不懈努力，探索一条符合中国司法实践的案例指导之路。

**四、本章小结**

刑事案例指导制度并非新生事物，是在我国司法实践中逐渐成长起来的一项司法制度，有坚实的实践基础和正当的法理基础，是对我国现行释法机制的有益补充。与英美法系的判例法制度有根本区别，我国的案例指导制度重在通过案例解释法律，弥补立法和司法解释的不足，为法官在裁判类案时提供指导。案例指导制度的出台是司法规律使然，是尝试推动法官解释法律的有益尝试，为发挥案例法治财富提供了一个平台，有助于激发法官的能动创造性思维，鼓励法官在司法裁判中结合具体案件进行释法活动，为法官审判类似案件提供裁判方法和裁判规则，化解司法实践中同案不同判的困境。毋庸置疑，案例是法治建设永不枯竭的司法财富。没有良好的案例法治土壤，法治建设就不可能取得成功，我国的司法制度改革必须以我国的实际情况为依据，尊重司法规律，不断完善我国司法制度，把案例制度作为一项重要工作长期推行下去。相信经过一代代司法人的努力，最终会开花结果。当然，刑事案例指导制度有其自身的特殊性，刑法作为公法，属于控权法，要把司法权力装到法律的牢笼之中，不能滥用权力，指导性案例的参照不能突破罪刑法定原则，所有的释法和适法都必须在法律制度的框架之内，否则就极易侵犯公民的合法权益。因而厘清刑事案例制度与罪刑法定原则的关系就显得尤为重要。

# 第三章 刑事案例指导制度的法律本质：立法与司法

——立足于与罪刑法定原则的关系

中国是典型的成文法国家，刑事审判必须遵照成文法律法规，刑事案例指导制度强调案例对司法审判的指导作用，因此，刑事案例指导制度与罪刑法定原则是否相符，是否有悖于刑事法治精神，都是需要认真研究的课题。刑事案例指导制度承载着法官个体对法律的解释，刑事指导性案例的有效运转离不开法官能动地解释法律。论及案例指导制度，极易使人联想到英美判例法中的判例，而"法官造法"又是判例的核心内容，这样势必使人产生刑事指导性案例会违背罪刑法定原则的担忧，产生是否冲击罪刑法定原则的疑问。[①] 罪刑法定原则是刑事法治的灵魂与精髓，法官判案必须严格依照制定法的规定，绝对不能超越刑法规定进行裁量活动，否则保障人权将沦为空谈，法治便无法实现。因此厘清刑事案例指导制度与罪刑法定原则的关系，明确罪刑法定原则下中国特色案例指导制度的功能及其限度，澄清刑事指导性案例违背罪刑法定原则的误解，消除学者对刑事案例指导制度的顾虑，在遵循罪刑法定原则的前提下，继续推进刑事案例指导制度的实践运行，由此方能促进刑事案例指导工作的顺利进行。

## 一、刑事案例指导制度与罪刑法定原则相契合

（一）罪刑法定原则的价值内涵

自贝卡利亚时代以来，罪刑法定就一直被认为是现代刑法的基石。罪刑法定原则的引入，无疑增强了刑事法律的稳定性和可预测性，限制国家随意发动

---

① 参见周光权：《刑事案例指导制度的发展方向》，载《中国法律评论》2014年第3期，第141页。

刑罚权，国民可以更好地预测与安排自己的行为。① 基于法治国的要求，世界各国纷纷吸收罪刑法定作为刑事法治的指导思想，以防止国家滥用刑罚权。顺应刑事法治思想的潮流，我国 1997 年修订《刑法》时也明确把罪刑法定作为一项基本原则纳入刑法典，此举是刑事法治的一大进步，也是我国整个法治建设进步的最好表征。与此同时，类推制度也被废除，法官审判案件不能再对《刑法》进行类推解释，防止法外入罪，避免被告人的权利受到不当侵扰。从罪刑法定规定模式观之，其他国家都是通过消极的方式对罪刑法定原则内容进行阐释，即"法律没有规定的不构罪，法律没有规定的不处刑"。与他国不同，我国采用了积极与消极的双重模式确立罪刑法定原则，即《刑法》第 3 条规定："法律明文规定为犯罪行为的，依照法律定罪处刑；法律没有明文规定为犯罪行为的，不得定罪处刑。"此规定饱受学界批评，罪刑法定原则的旨趣在于去罪化，即便行为人行为的社会危害性再严重，若《刑法》没有规定的，也不能对其定罪处罚，其核心宗旨应为保障公民的权利与自由。而我国的罪刑法定规定的内容可简称为"有《刑法》就处刑，无刑法不入刑"，体现为保障社会与保障人权机能并重。如此一来，罪刑法定原则功能就演变为惩罚犯罪与保障权利，表面上看不存在问题，惩罚犯罪与保护权利本来就是统一的。然而，罪刑法定原则旨在保障犯罪嫌疑人与被告人的权利，若增加保护法益机能，必将会影响罪刑法定保障人权功能的发挥。"法益保护、秩序维持作为刑法这一法律文本与生俱来、不言而喻的原始机能，不应该也不可能成为罪刑法定的内容与追求。相反地，罪刑法定恰恰是通过对国家刑罚权的限制以及公民人权的保障机能的张扬，使刑法典对法益保护、秩序维持的机能的追求受到人权保障的机能的有效制约，使法益保护与人权保障的双重机能在博弈互动的过程中达致平衡。从而实现社会正义。"② 因此，基于限权思想的罪刑法定不应该包含保护法益功能，否则罪刑法定将失去应有价值。

罪刑法定的本质在于限制国家公权力，在刑事领域这一原则十分重要。尤其在现代社会中，弱小的个体面对强大的国家公权力，除自己享有法律赋予的正当权利外，还要限制国家滥用刑罚权，由此才能保障自身权益不受国家公权

---

① 参见劳东燕：《罪刑法定本土化的法治叙事》，北京大学出版社 2010 年版，第 224 页。
② 梁根林：《罪刑法定视域中的刑法适用解释》，载《中国法学》2004 年第 3 期，第 123 页。

力的随意侵犯。这也是我国推进全面依法治国的题中应有之义，不能损害个人权益而维护整个社会秩序的稳定，那样只能是强权专制，而不是法治。如果权力没有边界，就容易被滥用。罪刑法定入刑显然就是为了更好地限制国家权力，防止国家随意越权侵犯他人合法权益。因此，我国《刑法》中罪刑法定原则的内涵仍应当界定为：限制国家刑罚权，保障公民个人的自由与权利。也可以说罪刑法定是我国刑事立法与司法的一项监督机制，保证刑事法治的良性运行。为了实现罪刑法定之良好愿景，必须对刑法典的形式与实质两方面均提出严格的要求。禁止类推、禁止溯及既往与禁止习惯法等是罪刑法定形式上的要求，以此来保证刑事法律的稳定性，法的稳定性是罪刑法定的基本前提。如若允许法律朝令夕改，罪刑法定绝无可能实现。另外从实质层面而言，刑法典的内容必须明确具体且内容合理，即应当是一部良法，否则罪刑法定原则的目的亦不能实现。当然相比立法上的罪刑法定，罪刑法定的司法实现更具有现实意义，这也是学者与实务者一直追求的法治梦想。

  罪刑法定包含"罪之法定"与"刑之法定"，罪刑法定要求《刑法》没有规定的不入罪，入罪的人同等情况得到同样的刑罚待遇也应是罪刑法定的基本要求。然而在司法实践中，"同案不同判"的现象比比皆是，这无疑是对罪刑法定原则的严重违反。"因为罪刑法定原则不仅是立法原则，也是司法原则，罪刑法定作为刑法的基本原则，覆盖立法与司法，若在司法中未能反映或未能全面反映罪刑法定原则的要求，也很难说罪刑法定原则在中国得到了实现。"[①] 可见罪刑法定的司法实现离不开对刑事法律的妥当解释，在司法解释难以应对这种司法现状的情形下，探索新的刑法解释路径成为当务之急。刑事案例指导制度通过活生生的案例展示法律适用活动，是对抽象法律规定的形象解释，能为司法实践提供具体的标准，正好能够弥补其不足。立基于现行《刑法》的内容，罪刑法定原则司法实践过程中必须要重视法官个人在司法裁判中积极性的发挥，充分发挥刑事指导性案例的指导作用，使类似案件得到类似的待遇，保证个案实现司法公正。这才是罪刑法定原则在司法实现的最高境界，也是整个刑事法治的题中应有之义。

---

[①] 李洁：《日本刑事判例的地位及其对我国的借鉴》，载《国家检察官学院学报》2009 年第 1 期，第 113 页。

(二) 刑事案例指导制度应坚守罪刑法定原则

案例指导制度是我国司法改革推出的一项重要的法律适用机制，旨在总结审判经验、正确解释和适用法律、统一法律适用标准、弥补制定法的漏洞与不足。中国特色的案例指导制度是全方位的指导，既包括公法类的案例指导，也包括私法类的案例指导。案例指导在每个司法领域都十分重要，而不限于某一司法领域。学界对于案例指导制度的研究，大多是从案例指导一般性角度展开论证，很少有人对不同法律领域的案例指导作比较研究。那么对于不同法律领域的案例指导，是否应该区别对待，各自功能与属性是否完全相同，值得我们认真探究，且该研究对于推进刑事案例指导制度健康运行具有现实意义。作为案例指导制度的一个分支，刑事案例指导制度无疑具有案例指导制度的共性，其要求指导性案例问题点突出、释法效果明显，裁判说理透彻，具有良好的法律效果与社会效果。然而刑法自身的法律性质及其罪刑法定原则的刚性要求，决定了刑事案例指导制度具有特殊性，指导性案例的选择必然与私法领域有别，不可等同视之。现以民事案例指导制度为参照系，对二者进行比较研究，阐明刑事案例指导制度的功能及其限度，以便进一步明确刑事指导性案例的指导作用，从而可以清晰地判定刑事案例指导制度与罪刑法定原则的关系。

民法调整的是平等主体之间的人身关系与财产关系，主要关切私人之间的日常生活行为。民法是生活中的法，涉及人们生活的方方面面，面对常变常新的社会生活，民法讲究灵活与开放，以适应与满足社会生活需要为依归。因此，民法规定了很多基本原则以便应对社会中发生的各种新鲜事件，而这些基本原则成为解决民事纠纷不可或缺的法律依据。"由于民法基本原则所用的许多概念之内涵具有'空框结构'的特征，而立法者未以权威的方式确定其法律意义上的理解，对之加以解释就自然地成为法官的工作。通过这种并非明示的方式，立法者就把根据新的时代精神的需要补充和发展法律的任务交给了法官，后者将把社会发展产生的新要求以解释的形式充实于那些抽象的'空框结构'之中，完成使法律追随时代发展的使命。"[①] 可见民事案件中法官的自由裁量权较大，法官解释法律与填补法律空白适应社会发展是其重要使命。然而刑

---

[①] 徐国栋：《民法基本原则的解释——成文法局限性之克服》，中国政法大学出版社1991年版，第29—30页。

法是调整国家与个人之间因犯罪行为而引发国家发动刑罚、犯罪人承担刑事责任的刑事法律关系。主体双方是不平等的关系，处于一种支配与被支配地位，是一种强制性法律关系。加之刑事法律后果的严重性，刑事处罚动辄涉及公民的财产、自由乃至生命，如若法律适用不当，极有可能造成冤假错案。由于调整对象的特殊性以及惩罚后果的严重性，刑法更加强调法的稳定性与安全性。虽然刑事审判中同样存在解释法律的需求，但该解释要受到严格的限制，绝对不能超出刑法条文本身的内涵。在没有法律明文规定的情况下，法官绝对不能做出不利于被告人的类推解释，更不能依所谓的判例追究行为人的刑事责任。因此民法与刑法调整对象的不同决定了民事指导性案例与刑事指导性案例在适用法律方面限制程度不同，民事指导性案例释法的自由度要远远大于刑事指导性案例。

民法属于私法领域，调整个人之间的民事行为，强调意思自治，只要法不禁止的事情，公民都可以去做，最大限度保护个人自由。而刑法属于公法领域，旨在通过打击犯罪维护社会秩序。刑法具有强制性，用之不当极有可能侵犯他人权利。因此在刑法领域强调限制公权力，法律没有明文规定即禁止。所以在司法适用层面上，必须通过一定的原则和程序加以限制。罪刑法定原则就是刑法适用的一道闸门，防止司法实践借保护国家利益之名而行侵犯他人合法权益之实。"刑法是公法体系中最具有强制性的一个法律部门，刑罚权也是和平时期最具有暴力性的国家公权力。刑法的适用不仅关系到法益的保护、秩序的维持，而且必须投入巨大的刑罚资源，运用不当，则必然加剧社会对抗，伤及国家和社会。"[①] 因此，由于民法与刑法法律属性的不同，决定了对刑事指导性案例与民事指导性案例的要求有别。发布刑事指导性案例要遵循罪刑法定原则，体现刑法谦抑性的一面，尤其对新型案件发布刑事指导性案例一定要慎重，坚决不能突破刑法明文规定的底线。

民法领域的基本原则都是对法官的授权，而不是限制法官解释法律。例如，诚实信用原则的存在一定意义上相当于授予法官宽广的自由裁量权，承认司法活动的能动性和创造性，特别是使法官造法合法化的扩张机能。[②] 在民事

---

① 梁根林：《罪刑法定视域中的刑法适用解释》，载《中国法学》2004 年第 3 期，第 122 页。
② 同上。

案件的司法裁判过程中，法官裁量原则上依照法律规定，即便没有法律明文规定，出现法律空白的时候，法官也不能拒绝断案，而是要根据民事法律原则进行裁决，甚至还可以依照法律精神创制法律规则解决民事纠纷，只要不违背民法公序良俗的基本精神。其规则适用不受任何限制，国家公权力也不会干涉。由此可见，民事指导性案例完全可以创制民法中没有规定的规则进行裁判，其弥补法律漏洞的功能显露无遗。刑事立法也规定了基本原则条款，但主要目的在于限制滥用刑罚权，而不是授权法官随意解释法律。法官在审判案件中对抽象刑事法律进行解释一定不能突破现有法律规定的范畴，允许合理的扩大解释，但不允许类推解释，至于"法官造法"更是绝无可能。然而面对刑法的一般性规定，法官在进行刑事裁量活动时不可能像机器一样，一边输入法律与案件事实，另一边随即输出法律判决。因此，法官享有自由裁量权是客观事实，也是客观需要。自由裁量权是一把"双刃剑"，用之得当，则受其利；用之失当，反受其害。历史已经证明权力必须进行适当约束，如果不加以限制，司法机关极有可能对法无明文规定的行为，进行法外定罪与量刑，如此下去的后果是十分危险的，人人岌岌可危，致使民众常为自己的行为是否要受到刑事处罚而担忧，限缩了个人正当行为的空间。因此，罪刑法定是刑法的帝王原则，是限制国家滥用刑罚权的一面盾牌，是保障公民生活安宁的一个重要原则。刑事指导性案例产生于刑事司法实践，其必然也要受到刑事立法与司法的限制，不可能脱离刑事立法与司法而独立存在。因此刑事案例指导制度为了统一适用刑事法律，亦是尽力通过已生效的指导性案例给司法实践提供具体的裁判规则，然而这些规则一定是法官基于特定案件从成文法中通过详尽的解释提炼出来的，即是"法官释法"的结果，而绝非脱离成文法的"法外施法"，与民事案例指导制度可创制规则不同，刑事指导性案例必须严格遵循罪刑法定原则，只能对法律条文中用语歧义、模糊、笼统等情况做出妥当解释。

  民法中没有"罪刑法定原则"，其自身也不需要该原则的限制，民法规定的原则都是开放性法律规范依据，而不是限制司法的红线。民法中诚实信用等原则与刑法中的罪刑法定原则有着本质区别，由此对于案例指导制度本身功能的要求也就截然不同。虽然两种案例指导制度都有解释法律的功能，但在"造法"功能方面有着本质的区别。换言之，民事案例指导制度同判例法可以没有本质区别，在民事领域广泛借鉴判例法的经验具有可行性，然而刑事案例指导制度必须坚守罪刑法定底线,刑事指导性案例没有"造法"功能,在刑事领域只能借鉴判例的释法功能,而不能全盘接受。

(三) 刑事案例指导制度并无法官造法

刑事案例指导制度是我国在司法改革过程中推出的一项刑事法律适用机制,其重在总结审判工作经验,提炼司法智慧结晶,以便指导与促进刑事审判工作的顺利进行。提及案例指导总会使人想到英美法系国家的判例,在理解案例指导制度时总是难以脱离英美法系国家判例法的思维窠臼,极易把案例指导与法官造法画等号。由此刑事指导性案例就难逃违背罪刑法定之嫌疑,这也是学者的担忧所在。1997 年我国《刑法》确立罪刑法定原则,由此再实行刑事判例法,无疑是一种倒退。① 学者所言显然是指在以刑法典为刑事法律体系根基的我国,不宜再实行判例法,因为实行判例法就等于认可"法官造法",判例的造法属性与罪刑法定原则的基本精神相违背。事实上,我国建立的刑事案例指导制度是司法领域的一项改革措施,其与立法没有直接关系。案例是成文立法在司法实践中的具体展示,使纸面上的法律变成了活的标本,其对法官理解与应用法律具有直观的指导作用。刑事案例指导制度的建立实则是国家对案例价值认知的一种理性回归,其欲通过制度规范案例发挥作用的方式,使之能够发挥更大功效。不可否认在建立刑事案例指导制度过程中,我们也从判例法系国家借鉴了很多有益经验,但不等于全套照搬,从我国刑事案例指导制度的规范文件以及已经颁布的刑事指导性案例可以断定,刑事指导性案例与判例存在本质区别。判例在判例法系国家是法律渊源,是英美国家法律体系重要的组成部分,且具有法律效力。我国的指导性案例是对刑事立法的一种司法确证,是对现有《刑法》规定的进一步解释,属于法律解释范畴,其对之后类似案件的审判只具有参照力,没有任何法律效力可言。而且从最高人民法院已颁布的 36 个刑事指导性案例可以发现,每个指导性案例文本中都有具体《刑法》条文为支撑。换言之,刑事指导性案例本质上是法官在案件事实的基础上对现有《刑法》条文的具体应用,充其量就是一种"法官释法"现象,根本不存在"法官造法",且是法官在罪刑法定框架内合理、充分地解释刑法。② 关于指导

---

① 参见张明楷:《刑法格言的展开》,法律出版社 1999 年版,第 33 页。
② 周光权:《刑事案例指导制度的发展方向》,载《中国法律评论》2014 年第 3 期,第 134 页。

性案例的属性从记者对胡云腾大法官的访谈中可以得到进一步印证。在访谈中，时任最高人民法院研究室主任胡云腾指出："人民法院的指导性案例，从其性质上看是解释法律的一种形式，更准确地说，是解释宪法性法律以外的国家法律的一种形式，如有关刑法、刑事诉讼法方面的指导案例，实际上起到了解释、明确、细化相关法律的作用。需要明确说明的是，指导性案例所具有的明确、具体和弥补法律条文原则、模糊性乃至疏漏方面的作用，不是造法而是释法的作用。因此，指导性案例是法官释法而不是法官造法，是总结法律经验法则而不是创造法律经验法则。"①

刑事案例指导制度不可能也不会与罪刑法定原则相冲突，罪刑法定的限权思想是刑事领域的一项重要原则，也是成文法国家的一项重要法治成果，不可能为了推行一项法律适用机制而丢掉我国刑法的根基。诚如学者所言："我国的判例解释机制应是立法的具体化和成文法的补充，并未突破中国现有的司法制度框架，下级法院在适用判例解释时仍然适用原有的法律技术和推理。因此，中国的判例解释机制是在不逾越中国现有司法制度框架之内进一步完善和发展最高人民法院的司法解释权，使最高人民法院的司法解释更加具体。"② 事实上，德、日等大陆法系国家在司法实践中也十分重视判例的作用，判例对司法裁量活动起着重要的作用，但他们从来没有承认本国有判例制度，学者也没有轻易地主张在成文刑法之外承认判例的法源性。③ 究其原因，"大陆法系否定判例作为法源，否定的正是判例创立规则的功能，而不是判例解释法律的功能。正因为如此，他们才一面继续坚守法律是刑法唯一法源的原则，另一面对判例事实上所发挥的影响保持着宽容。"④ 特别需要注意的是，我们一般认为只有成文法国家的刑法才有罪刑法定原则，其实这是一个很大的误解。罪刑法定不是成文法国家的专利，在判例法系国家的刑事领域也有严格的罪刑法定指导思想，法官在判例中亦不能随便创制罪名与刑罚，要受到先例原则的约束。例

---

① 参见蒋安杰：《最高人民法院研究室主任胡云腾——人民法院案例指导制度的构建》，载《法制日报》2011年1月5日，第11版。
② 董皞主编：《中国判例解释构建之路》，中国政法大学出版社2009年版，第88页。
③ 参见张明楷：《法治、罪刑法定与刑事判例法》，载《法学》2000年第6期，第33页。
④ 周少华：《法典化制度下刑事判例的制度功能》，载《环球法律评论》2010年第6期，第126页。

如，英国法院从 1972 年便没有了创制新罪名的权力。① "在 1972 年的'克努勒股份有限公司诉检察长'一案中，上议院一致否决了法院创制新罪名的残留权力，也否决了法院扩大现有的罪名以致把那些迄今为止还不受处罚的行为规定为应受处罚的犯罪行为方面所残留的权力。"② 在美国，由于刑事制定法的不断出台，普通法犯罪已全部化的州和地区的法官也不能创制新的罪名。③ 由此可见，不论是在成文法系国家还是在判例法系国家，罪刑法定原则在刑事法治领域都具有十分重要的意义，不允许法官随意创制罪名和刑罚已成法治国家的通识性要求。

我国的刑事案例指导制度是一种有"创新"的制度，但不是一种"创法"制度，而是以成文法为主，案例指导为辅，在不影响成文法作为主要法律渊源的前提下的中国特色案例制度。虽然我们借鉴了判例法中很多科学的司法经验，但绝对不允许法官在刑事法律中随意创设法律规则，或者突破罪刑法定界限对刑法做出不利于被告人的类推解释。虽然在民事案例指导制度中法官享有很大的裁判权，可以根据实践需要创设民事裁判规则，但由于刑事法律的特殊性，不能随意赋予法官同样的自由裁量权力。如若法官享有在成文刑法之外创立罪名和创设刑罚的权力，这不仅使刑法典中"罪刑法定"原则成为空话，司法权滥用在所难免，刑事法律溯及既往严重损伤刑法的确定性与可预测性、直接危及公民自由，公然进行"法官造法"违背国家立法权力划分体制，而且即便在英美国家也是典型的开历史倒车的行为。④

刑事指导性案例通过裁判要点确立的司法规则指导法院审判活动，裁判要点是最高人民法院从指导性案例解释和适用法律中提炼出的法律规则，虽然该法律规则是个案适用的结果，但同时也具有一般性，可为之后类似案件的审判提供规范指导。实质上，裁判要点包含的法律规则都属于成文法体系的内涵表现，而不是脱离现有成文法律规则体系的独创。指导性案例中的裁判要点所体现的是法官对刑法规范的阐释，只能是对既有规则的进一步明确化，而不能创

---

① 参见张明楷：《法制、罪刑法定与刑事判例法》，载《法学》2000 年第 6 期，第 35 页。
② [英] 鲁珀特·克罗斯、菲利普·A. 琼斯：《英国刑法导论》，赵秉志等译，中国人民大学出版社 1991 年版，第 11—12 页。
③ 参见杨磊：《成文法制度下罪刑法定原则的确证与强化——刑事案例指导制度与中国刑事法治建设》，载陈兴良主编：《刑事法评论》（第 21 卷），北京大学出版社 2007 年版，第 247 页。
④ 同上书，第 248 页。

制根本无法为现行规范所涵盖的全新规则。① 虽然刑事案例指导制度的建立旨在弥补成文法与司法解释规则的匮乏，但主要原因还是在于成文法与司法解释因抽象性而不能及时地给法官提供相对明确的法律规则，绝不是我国刑事立法缺少司法规则。我国刑事案例指导制度是在成文法的基础上建立起来的，与英美判例法系的所有判例汇集成法律有根本区别。指导性案例是在现有法律框架之下的司法产品，且指导性案例本身没有任何法律效力。最高人民法院赋予指导性案例应当参照的效力，根本原因在于其法律适用准确，判决说理透彻，具有典型性，裁判规则与裁判思路值得法官在审判类似案件中参照。当然法官参照指导性案例审判后案也是参照指导性案例中所适用的法律规则，而并不是指导性案例本身，指导性案例不能作为定罪量刑的依据。指导性案例中的案件事实以及裁判理由等组成部分都是为了更好地解释法律规则适用的原因，都是服务于裁判要点，因而也不存在法官再从判决中提取新的法律规则的可能。而且依照最高人民法院《实施细则》的规定，裁判要点只能在后案判决说理中援引，不能直接作为判决的依据。因此，刑事案例指导制度不可能存在法官造法，其根本目的仍然在于通过指导性案例探寻刑事立法的真意，进而把刑法典内容更好地贯彻到司法实践中去，这一点与罪刑法定的司法实现是一致的。再者，从逻辑上来讲，刑事指导性案例是从众多刑事案例中遴选出来的，这些案例也是依循现有法律规定作出的判决，是法律规定与现实案件有效结合的成果体现。如此合法合理的判决被确定为指导性案例，为之后类似案件的审判提供了明确的标杆，法官参照这个指导性案例作出相应的判决，实则是对之前成文法律规定遵守的一种延续，显然谈不上违背罪刑法定原则。

罪刑法定是相对的罪刑法定，灵活解释法律不仅是延续法律生命的重要方式，更是罪刑法定司法实现的必然要求。法官在刑事司法实践中，适用刑法首先要采用文义解释，解释刑法绝对不能脱离刑法文本，否则无异于造法。"故文义解释在解释上有其不可磨灭的一面，苟无视于法文之文义，非仅失去法治安定而已，驯至将使法律成为有名无实，所谓'法治'云云，亦必将崩溃无遗。"② 然而，解释刑法条文也不能仅仅局限于法条字面的文义解释，如若严格

---

① 参见陈兴良主编：《中国案例指导制度研究》，北京大学出版社2014年版，第120页。
② 杨仁寿：《法学方法论》，中国政法大学出版社2013年版，第130页。

依照法条文本字面之义进行解释，有时会得出十分荒谬之结论，也违背了刑法立法的真实含义。如此罪刑法定原则将成为刑事司法的真正枷锁，使刑法难以适应社会发展需要，更难以保证个案的司法公正，良法不存，善治也难以实现。例如，《刑法》第25条规定：二人以上共同犯罪的为共犯。对此条文中"二人"的理解就不能仅仅从文义角度解释，而是要根据法条的真正内涵，对其进行适当的限缩，使其符合刑法条文的真实意思表达，即其只能是具有刑事责任能力的二人，可见在文义解释之外论理解释也是十分重要的方式。至于选择哪种解释方式，需要根据立法规定的内容，结合司法实践，在遵循形式解释立场的前提下，通过文义解释不能实现司法公正时，再适用论理解释的方法。基于立法内涵的射程范围之内，灵活解读法律规定，要么进行限制解释，要么进行扩大解释，探寻刑法的内在精神，以便更好地适应社会实践的需要，也是罪刑法定之司法实现的真实图景。

总而言之，"在罪刑法定主义之下，成文法国家的判例是具体化了的刑法，成文的刑法是抽象了的判例，忽视判例主观上是视野不完全，客观上是委弃了刑法的一部分。"① 刑事案例指导制度是刑事立法与司法解释的一项辅助制度，其能够很好地弥补成文法律的诸多不足，化解法律适用难题，优化司法裁量效果。当然这些功能的发挥必须要有高质量的刑事指导性案例不断出台，因此鼓励法官在适用法律过程中大胆发挥解释刑法的能力也就成为必然。换言之，优秀法官作出的优秀判决是刑事案例指导制度成功运行的有效保障，刑事案例指导制度的出台也意味着国家对于法官智慧与经验的认可。当然，法官解释法律不是任意为之，必须立基于现行所有的刑事立法及其司法解释，在罪刑法定原则的框架之内，解释与延展抽象立法规定的内涵，活化与延续立法的生命，但不能改变立法材料自身。正如英国大法官丹宁勋爵曾说："如果立法者自己偶然遇到法律织物上的这种褶皱，他们会怎样把它弄平呢？很简单，法官必须像立法者那样去做。一个法官绝不可以改变法律织物的编织材料，但是他可以，也应该把褶皱熨平。"② 因此，法官在适用法律过程中遇到疑难问题，可以对法律作出灵活解释，但不能改变立法编织材料。刑事指导性案例是法官的优秀裁

---

① 蔡枢衡：《刑法学》，独立出版社1947年版，第124页。
② [英]丹宁勋爵：《法律的训诫》，杨百揆、刘庸安、丁健译，群众出版社1985年版，第11页。

判产品，是法官对法律的精当解释和应用，不仅不会违背罪刑法定原则，而且还有利于罪刑法定原则的实现。

## 二、刑事案例指导制度对罪刑法定原则的确证与强化

刑事指导性案例功能的发挥在于其能为之后类似案件的审判提供规则指导，法官如果遇到类似案件可以直接参照相关案例的判决对正在审理的案件作出裁决。从形式上而言，后案依照先前的案例进行判决貌似违背罪刑法定精神，其实不然，刑事案例指导制度的实施是在成文法的框架之内，指导性案例适用的法律规则亦是从现有成文法规中提炼出来，为之后审判类似案例提供适用法律的参照标杆，使成文法付诸实践，确保司法公正。"刑事案例指导制度与罪刑法定原则之间应当设置防火带，但它确实不会阻碍罪刑法定原则，反而在罪刑法定原则的发展和塑造中扮演着特殊角色。"[①] 在司法实践中，刑事案例指导制度功能的有效发挥，能够使法律规范明确化，促使法官的自由裁量权规范化，促进罪刑法定原则司法化。由此可见，刑事案例指导制度的建立不仅不会破坏罪刑法定原则，相反，是罪刑法定精神的应有体现，契合罪刑法定指导思想，而且刑事指导性案例功能的发挥可以进一步确证与强化罪刑法定。

### （一）促进刑法规范的明确化

刑事法律的明确性是罪刑法定的实质要求，只有法律规定明确，才能更好地判定"法无明文规定不为罪"之中的"明文"范围，反之法律规定比较模糊不利于罪刑法定原则的贯彻与落实，因此刑事法律的明确性是实现罪刑法定原则的基本前提。为了保持法律的稳定性与社会适应性，成文法中有很多概括性和兜底性的规定，这也是成文法的局限性所在。同理，为了使刑法能适应社会发展需要，我国现行刑事立法也采用大量的模糊抽象概念，由此导致法律人都难以明确界定刑事条文规定的真实含义，呈现出多元化的解读。抽象法律规定对于普通人而言想要理解更是难上加难，这样何谈民众知法与守法。而罪刑法定原则的实质侧面要求法律规定必须明确具体，由此模糊抽象的刑事立法与罪刑法定明确性要求之间必然形成紧张关系。如若不能有效化解这一司法困境，刑事法律不能成功运作，罪刑法定也难以实现。重新立法既不可能也不可

---

[①] 孙万怀、张雯：《刑事案例指导制度本土价值、立场选择与证成》，载《清华法学》2023年第5期，第204页。

行，解决问题的进路只能是解释法律，而且解释法律也是法律适用过程中的常见现象，没有可以不经解释直接适用的法律。因此如何把抽象、概括的立法规定解释为相对明确清晰的规则是值得我们深思的课题。刑事案例指导制度出台之前，承担释法功能的主要是"两高"的司法解释。然而事与愿违的是司法解释并没有很好地担起这份责任，更多的是把法律从"一般"到"一般"解读，没有起到明晰法律的作用，很多时候还需要法官对司法解释进一步解释。而刑事案例指导制度的优点就在于能使比较原则的法律趋于明确化和具体化，弥补立法与司法解释的不足。刑事案例具有释法性质是被选为指导案例的前提条件，尤其解决适用法律不明或有争议的案例。如果刑事案例只是就明确清晰的法律直接适用，其也不可能上升为指导性案例。刑事指导性案例是法官在现实案例的基础上适用我国现行刑事立法的典范，结合案件事实对于抽象法律规范做出的具体解读，其以形象直观的方式告诉人们刑法的真实含义，能够为公民预测和进行日常生活行为提供指引。当然指导性案例是在遵循罪刑法定原则之下对法律的解释活动，本质上是对现有法律规定的一种细则化，而不存在法官法外施法行为。刑事案例指导制度的作用机理就是把一些适用法律较为典型的案例确立为指导性案例，力图为法官适用法律和民众了解法律都提供一个很好的平台。指导性案例立基于真实的生活案例事实，把抽象的法律经过合理的解读运用到具体案例，进而作出符合法律规定精神的判决。

指导性案例中的裁判要点是对已经适用法律规则的概括与总结，其裁判理由是对整个案件法律适用的具体阐释，通过说理使抽象的刑法规定逐步清晰与明确。从实际情况来看，指导性案例大多是在法律仅有原则性规定或者用语含糊不清的情况下，法官依据法律的基本精神、立法目的以及价值预设等对相关法律规范的含义所作的一种能动解释，以便为缺乏法律明确指引的疑难案件提供一种解决方案。[①] 换言之，指导性案例不存在"法官造法"现象，而是法官遵循罪刑法定原则精心妥当解释法律的过程。而这一过程把静态模糊的法律规定变得更加明确，使民众通过活生生的案件更容易了解法律。例如，刑事指导案例3号潘玉梅、陈宁受贿案对受贿罪的新形式、新手段在案件中进行了形象

---

① 张建军：《案例指导制度对实现刑法明确性的作用》，载《法学杂志》2013年第9期，第119页。

地展示，虽说这些内容在司法解释中已有规定，但司法解释对新型受贿罪认定解释的明确性上难以和指导案例的释法效果相比较，由此民众对受贿罪的认定更加明确与深刻。刑事指导性案例在明确刑事立法方面具有司法解释难以比拟的优势，其不仅化解了司法机关适用法律的难题，也使民众能更好地理解抽象法律规定的真正意蕴，也为其预测自身行为的法律结果提供了有效的途径，并有效发挥了刑法的指引作用。只有刑法越来越明确犯罪圈才会愈加清晰，罪刑法定原则的限权功能方能得以更好地发挥。因此可以肯定地说，刑事指导案例使模糊刑法逐步明确，这不仅不违背罪刑法定而且有利于实现罪刑法定对刑法的明确化要求。法律规定与司法判例结合起来才能满足罪刑法定主义的实质要求，判例对于罪刑法定不可或缺。刑事指导性案例通过对刑法规范进行精当灵活的解释来弥补立法不足的部分，同时对新的社会变化采取着积极应对的态度。当然这一作用的实现不是仅仅依靠某个刑事指导性案例所能达到的，而是需要规模化的刑事指导性案例不断理清各类抽象刑法规范的内涵，才能使刑法规范整体明确化变成现实，罪刑法定的实质要求也才能实现。

(二) 促进法官自由裁量权的规范化

刑事案例指导制度的建立旨在发挥刑事指导性案例的指导功能，但这项功能的发挥也意味着对法官自由裁量权正当性的认可。刑事案例指导制度功能的发挥只有在鼓励法官合理行使自由裁量权的基础上才能起到预期效果。高质量指导性案例的产出离不开法官在其裁判过程中对法律的精当解读以及妥当适用，指导性案例指导之后案件的判罚同样离不开后案法官对于前后两案事实的比对以及所适用法律规则的认识。正如有学者所言："在个案公正越来越受重视的今天，以牺牲个案公正为代价而拒绝赋予法官强势意义上的自由裁量权已然不可能。"[1] 立法不可能像做算术题一样每个问题都有一个标准答案，因此自由裁量权是法官在司法适用过程中必不可少的内容，也是对人类理性和智慧的灵活利用。倘若法官没有一定的自由裁量余地，不仅法律本身无法容纳各种各样、具体的案件情况，司法活动也会沦为"自动售货机"式的机械作业，难以实现其功能。[2] 因此，赋予法官一定的自由裁量权也是司法公正的必然要求，

---

[1] 劳东燕：《罪刑法定的明确性困境及其出路》，载梁根林主编：《刑法方法论》，北京大学出版社2006年版，第199页。

[2] 孙谦：《建立刑事司法案例指导制度的探讨》，载《中国法学》2010年第5期，第78页。

也是模糊法律规定使然。但一如我们所知,一切有权力的人都容易滥用权力,这是万古不易的一条经验。有权力的人使用权力一直到遇有界限的地方才休止。① 如何合理地规范法官的自由裁量权也是刑事司法实践中的一大难题,仅仅依靠实体法和程序规制其效果并不理想,同案不同判的现象时有发生就是对法官自由裁量权的最大挑战。

司法制度的设定必须从体系上进行考量,指导性案例在肯定法官自由裁量权的基础上又是对法官自由裁量权的有效限制。"因为指导性案例具有指导意义的部分是非常明确具体的,留给法官自由裁量的空间也是极为有限的。因此从司法实践的角度来看,案例指导制度可以更有效地规范法官个体的自由裁量权,可以更为有效地防止法官个人的成见、情感等因素左右法官的判决。"② 刑事指导性案例颁布之后在实质上就是为之后类似案件的判罚提供一个标杆,没有正当理由后案法官应当遵循指导性案例所适用的法律规则。"先例原则对于那种容易产生偏袒和偏见的既软弱而又动摇不定的法官来讲,可以起到后盾的作用。通过迫使他遵循(作为一种规则)业已确立的先例,减少使他做出带有偏袒和偏见色彩的判决的诱惑。"③ 在我国虽然指导性案例不具有法律效力,也没有英美法中强制遵循先例的原则规定,但最高人民法院显然已经赋予指导性案例"参照效力",以彰显出指导性案例不同于一般案例。刑事案例指导制度运行之初指导性案例的援引效果虽不理想,但已经是迈出了司法实践的第一步。相信随着刑事案例指导制度进一步的完善,尤其随着指导性案例自身的说理能力的不断增强的态势下,其能为之后类似案件提供有效的裁判思路与裁判规则,由此必然会为各地法院的法官积极参照。历史证明并将继续证明法律制度的运行效果在于其自身的合理性,如若法律内容不合理,再有强制效力的法律也难以长远运行。这点可以从"许霆案"之后掀起的翻案风得到印证,由于案件适用法律受到民众的广泛认可,即便该案并没有被遴选为指导性案例,其对之后法官审判类似案件也有无形的约束力,事实上,已然起到了很强的引领

---

① 参见〔法〕孟德斯鸠:《论法的精神》(上册),张雁深译,商务印书馆1982年版,第154页。
② 江勇、马良骥、夏祖银:《案例指导制度的理论与实践探索》,中国法制出版社2013年版,第276—277页。
③ 〔美〕E. 博登海默:《法理学:法律哲学与法律方法》,邓正来译,中国政法大学出版社2004年版,第564页。

效果。

再者，指导性案例的颁布有助于提升民众对法官裁量权的监督欲望。要想充分发挥民众对法官裁量案件的监督作用，只有在民众关注和了解法律之后，才有可能发挥最佳效果。指导性案例颁布激发了民众的法律热情，尤其是一些回应社会热点问题的指导性案例更使民众对于现行立法有了清晰的认识。一旦之后有类似案件的裁量活动，民众对案件便有了既定的裁量标准，由此在民众目光聚焦的地方法官就不敢滥用自由裁量权。而且《实施细则》第 11 条第 2 款明确提出：公诉机关、案件当事人及其辩护人、诉讼代理人引述指导性案例作为控（诉）辩理由的，案件承办人员应当在裁判理由中回应是否参照了该指导性案例并说明理由。根据该规定精神不难发现办案人员对于指导性案例的适用不可完全按照自己的主观意愿来选择，要受到案件参与人的监督。"通过指导性案例当事人及其他社会公众获得质疑判决公正性的知识与技术，从而形成一种对司法的强而有力的外部监督，提示法官不得不正视指导性案例对待决案件的示范性、规范性和引导性。"① 因为指导性案例本身是公开的，当事人以及社会民众可以利用它对照当下待决案件，从而对案件的处理过程与结果产生合理预期，这种预期无疑也是对法官自由裁量权的有效制约。因此，刑事案例指导制度自身及其在民众心中的影响力对法官的自由裁量权有事实上的约束力，由此法官在处理类似案件时就不会也不敢轻率判决，在同类案件中必须遵循先决指导案例的精神，作出符合司法尺度的公正判决。

罪刑法定是立法原则，更是司法原则。依照罪刑法定精神，法官在司法实践中应当严格适用法律。模糊刑事立法的存在赋予了法官自由裁量权更大的空间，由此如何有效限制法官自由裁量权的发挥就成为罪刑法定司法实现的重中之重。罪刑法定为限制法官的自由裁量权提供了基本前提和正当性依据，法官自由裁量权的有效限制有助于罪刑法定的实现。刑事案例指导制度的实施显然是对法官实际存在自由裁量权的正视与有效利用。同时为了防止法官滥用手中的裁量权，最高人民法院在指导案例中增设了裁判要点，法官在参照指导性案例时只限于裁判要点内容，不能随意选择指导性案例的其他内容，加之指导性案例引发的民众对法官自由裁量权的监督热情，因此，刑事案例指导制度不仅

---

① 左卫民、陈明国主编：《中国特色案例指导制度研究》，北京大学出版社 2014 年版，第 144 页。

不会破坏罪刑法定原则，而且还可以有效限制法官自由裁量权，进而促进罪刑法定原则的司法实现。

（三）促进罪刑法定原则的司法化

法律制度与法律原则的生命在于落实，唯有落实才能实现其真正价值。罪刑法定不仅要在刑事立法中加以体现，更重要的是要把罪刑法定思想付诸司法实践，否则再完美体现罪刑法定的刑事立法也没有任何实际意义。罪刑法定的立法化并不当然代表罪刑法定的司法化，中国特色的刑事案例指导制度的出发点与罪刑法定精神相吻合，有利于罪刑法定的司法实现。刑事案例指导制度的初衷就是为了能更好地贯彻刑事立法内容与精神，最高人民法院在各级法院已经审结的众多案例中遴选出优秀案例，总结与提炼出裁判规则，再回馈司法实践指导审判工作，使立法与司法形成良性互动关系，最终达致刑事司法判决的公平与公正。由此可见，刑事指导性案例功能发挥的路线应当为：抽象法律→司法实践→指导案例→具体规则→司法实践。其体现的完全是辩证唯物主义的规律，认识到实践到再认识再到实践的过程。刑事案例指导制度的载体——刑事指导性案例本身就是遵循罪刑法定的典型案例，依循指导性案例从抽象成文法中提炼出的法律规则对之后类似案件进行审判，实则是罪刑法定原则在司法实践中的普遍实现。只有个案体现罪刑法定不是真正的罪刑法定，所有案件对罪刑法定的实现才是罪刑法定司法实现的最高境界。司法是国家与社会之间不可或缺的媒介，而其中的指导性案例则构成了将一般性的立法与日常处理具体案件的司法实践连接在一起的制度。① 罪刑法定是成文法的灵魂，任何有违其精神的做法都不可取，尤其是对公法性极强的刑法，否则面临国家任意践踏个人权利的风险，也与法治精神格格不入。

纸面上的法律只有经过司法实践应用才有生命力，否则只能是一纸空文。我国刑事法治所面临的困难就在于如何能把抽象的法律规定转化为具体的司法规则，司法解释没有很好地化解这一司法难题，导致刑事立法在司法实践中运行不畅，由此罪刑法定的司法实现也变得日益艰难。而刑事案例指导制度为成文法律规定和司法实践搭建了一条桥梁，能够使立法与司法之间进行有效沟通，促使司法机关相互交流与借鉴，进而使各地法院统一司法尺

---

① 周光权：《刑事案例指导制度：难题与前景》，载《中外法学》2013年第3期，第482页。

度，避免同案不同判，确保司法的公平与公正。同案同判也是罪刑法定在司法实践中的必然要求，罪刑法定旨在限制国家滥用刑罚权，滥用刑罚权的主要表现是把没有刑法规定的行为进行刑事处罚，而同样的事情不同的对待显然也是一种滥用刑罚权的现象，其本质上是一种刑罚擅断行为，恰恰是刑之法定的对立面。而刑事案例指导制度出台的直接动因是"同案不同罚"现象的严重泛滥，虽然化解"同案不同罚"的司法乱象不是刑事指导性案例完全能够承担的，但可以明确的是刑事指导性案例的不断颁布为司法实践判例提供了明确的司法标杆，能够在一定程度上缓解这种现象。例如，许霆案就为之后类似案件的审判确立了一个明确的判罚标准，许霆案被广泛报道之后，各地掀起翻案风，一定程度上助推了各地法院纠正判罚不统一的问题。由此可见，指导性案例对抽象法律的解释弥补了立法与司法解释的不足，促使刑事法律的真实含义在司法实践得以落实。而且指导性案例的量刑结论也对之后类似案件的判罚提供了明确的标准，能够在一定程度上达致同案同判。以上两方面都是刑事指导性案例促进罪刑法定司法实现的正面作用，换言之，罪刑法定原则的司法实现离不开刑事指导性案例功能的发挥。因此，唯有加强刑事案例指导制度的建设，不断提升刑事指性导案例的质量，才能更好地促进罪刑法定原则的司法实现。

**三、本章小结**

我国欲在刑事领域推进案例指导制度，绕不开一个问题就是要厘清其与罪刑法定原则的关系。罪刑法定原则是刑法的精髓所在，而且也是学界与司法界多年努力才得以在刑法中确立的重要成果，绝不允许任何违背罪刑法定原则的制度在司法实践运行。由于英美法中的判例在本质上就是一种法官造法，因此我国推行刑事案例指导制度，难免会有法官造法之嫌。但探寻我国刑事案例指导制度的真正内涵，其显然与英美判例法系中的判例有着本质区别，它只是在现有法律框架之内对抽象法律规范的一种个案解释，旨在弥补立法与司法解释的不足，因此刑事案例指导制度就是一种释法机制，不存在创制法律规则的空间。前文的论述使我们对刑事案例指导制度的认识更加清晰，其不仅与罪刑法定精神不违背，而且很多方面还与罪刑法定精神相契合。立法规范与刑事案例的有效结合才是真正的罪刑法定，刑事案例是罪刑法定原则的动态体现，刑事案例指导制度的实践运行，能更好地促进罪刑法定的司法实现。由此我们可以完全消除对刑事指导案例违背罪刑法定原则的担忧，进一步推动刑事案例指导制度司法应用。

当然，对于刑事案例指导制度也不能完全高枕无忧，毕竟刑事指导性案例的运行以强调法官自由裁量权为前提条件，法官裁量权的发挥有可能出现任意解释法律的现象。在一个以成文法为根基的国家，要对法官解释法律的行为慎重对待，否则极有可能法外施法。日本学者井田良先生曾言："在强调案例作用的同时，一定不能忘记我国法律是以制定法为基调，如若任由法官进行解释，甚或法官造法，对于普通民众而言，法律就会成为不可视的东西，法律行为规范的性格就越薄弱。这样势必会使法律作为面向法官的解决案件的规范的侧面走在前面。"① 应当说日本学者对其的担忧不无道理，法律术语的专业性很强，法官如若在刑事案例中解释得比较专业，专业之外的民众就难以理解其具体内容，长此以往，法律就会成为"不可视"的东西，进而就削弱了法律的规范品格，由此罪刑法定原则在刑法中将被架空与虚置。因此，适时地对刑事案例进行规范与梳理，及时把一些案例指导规则上升为立法规定就显得尤为必要。保持成文法的完整性，罪刑法定原则才能得以实现。

随着指导性案例对司法规则的不断提供，司法实践的法律适用难题将会逐步缓解，司法规则匮乏的困境也会得以解决。如若此举形成习惯，立法机关必然会对案例提供司法规则形成依赖，致使自己怠于完善刑事立法，不及时把案例提供的规则上升为成文法律，这就很容易与在赋予国家机关很大裁量性判断余地之后再期待其作出适正判断的"官僚主义"倾向相适应，由此往往就会怠于以制定法手段将法律规则予以可视化。面向 21 世纪，我们应当以脱离这样的倾向为目标，从"官僚的裁量型规制"转化为"高度可视化的规则型规制"也是时代的要求。② 唯有如此才能保证刑法规范的明确性，增强法律规则的透明度，防止法官随意适用法律而违背罪刑法定，保证司法的公平与公正。另外，刑事案例指导制度运行过程中某些环节可能会违背罪刑法定，需要引起我们注意。例如，发挥指导性案例指导作用的前提条件就是如何界定"相同或类似"案例，显然难以通过成文规范确立一个明确的判断标准，或者说永远也不

---

① ［日］井田良：《刑法判例的阅读方法：刑法与判例、学说》，载《法学教室》第 222 期，第 16—23 页。
② 同上。

可能建立一个客观的标准。由此就对法官识别案例的能力提出严格要求，要依赖法官自由裁量权的充分发挥。然而从我国司法现状来看，法官整体法律素养不高，识别同类案件的技术更是欠缺。由此在深入推进司法改革，推进刑事案例指导实践运行的过程中提高法官的综合素质与司法推理技能至关重要。此举虽不能起到立竿见影之效，但要具有发展的眼光，一边提高法官法律素养，一边提升指导性案例的质量，使法官司法水平与刑事指导案例形成良性互动，刑事案例指导制度的前景才值得期许。

# 第四章 刑事案例指导制度的价值追求：定位与功能

我国是典型的成文法国家，立法与司法解释是现有法律体系的主要组成部分。刑事案例指导制度出台之后，由此形成了立法、司法解释与指导性案例并存的法律体制局面。因此，如何准确定位刑事案例指导制度在现有法律体制中的地位就显得十分重要，这关系到刑事案例指导制度功能的发挥，甚至关涉其生存与发展的重大问题。根据最高人民法院《案例指导规定》可以确定，刑事案例指导制度与英美法系国家的判例法制度不同，其旨在适用法律，是一项法律适用机制，其强调对法院裁判活动的指导，力图达到统一法律适用的效果。指导性案例自身没有法律效力，其只是适用成文法之典范，对类似案件的审判具有指导作用。作为一种法律解释方式，刑事案例指导制度是立法实现的一种辅助方式，立法与指导性案例是一种"主"与"辅"的关系。同时刑事案例指导制度与司法解释有别，它是司法解释的有益补充。刑事案例指导制度对成文法具有诸多补足功能，其灵活、直观、具体的释法优点能够有效弥补立法以及司法解释的不足，对指导司法裁判、指导规范量刑、活化与发展立法、指引与预测以及回应社会公众关切具有补足功能。充分发挥刑事案例指导制度的补足功能应当是我们坚守的立场，也是我国继续推进刑事案例指导工作的动力与目标。

## 一、刑事案例指导制度的定位

### （一）学说争鸣

中国特色的刑事案例指导制度的建立，对法院理解法律、适用法律具有重要的指导意义，但制度属性如何，指导性案例和其他国家的判例有无区别，这也是我们必须首要澄清的问题，以免造成不必要的误解，进而影响到刑事案例指导制度的发展前景。换言之，如何给予我国刑事案例指导制度准确的定位是需要我们重点考量的问题，其关系到案例指导制的存亡以及指导性案例在实践中发挥作用的方式。就如何定位案例指导制度在我国法律体系中的地位，学界和实务界一直存在不同看法，主要分歧在于案例指导制度是适用法律还是创造法律，据此形成两种类型的观点。一种观点认为案例指导制度是法律适用机制，如张志铭教授认为："指导性案例制度最基本的功能属性或价值定位应该是适用法律，而非创制法律。"① 多数学者赞同该观点，如有学者认为，案例指导制度是中国特色社会主义司法制度的重要体现，是一种法律解释机制，指导性案例没有法律效力，对后案所起作用是裁判理由的说明，而不是后案判决的直接依据。② 还有学者认为，案例指导制度定位为指导，即对法院如何适用法律规范提供了适用法律比较成功的范例。③ 尽管他们对案例指导制度的定位的提法不同，但本质上都认为案例指导制度主要在于法律适用，即通过指导性案例指导法院进行司法活动，为司法裁判提供具体化了的成文法律规则，而不存在创造法律一说。

与上述观点迥然不同的是有学者主张案例指导制度既是法律解释工作机制，也是司法造法机制。④ 陈兴良教授也持有类似观点，认为案例指导制度主要功能在于创制规则。⑤ 对此观点值得我们深思，也要慎重对待案例指导制度的创制法律一说。"法律解释"不难理解，这是我国司法实践亟须解决的问题，也是我国建立案例指导制度一个重要理由。但"创法"功能意欲何为？创法旨在弥补法律漏洞应当是该功能正解。何为法律漏洞？从广义上讲，其一理解应为：法律对该类行为完全没有规定，即法律空白；其二理解应为：法律对该事项有规定，但是较为抽象模糊，难以在司法实践中直接适用。因此，刑事指导性案例如有弥补法律漏洞之功能，也只限于弥补漏洞的第二种情形，把模糊的

---

① 张志铭：《我国法院案例指导制度的全新定位》，载《光明日报》2011 年 6 月 29 日，第 14 版。
② 参见康为民：《中国特色社会主义司法制度的自我完善——案例指导制度的定位、价值与功能》，载《法律适用》2011 年第 8 期，第 2 页；刘作翔：《中国案例指导制度的最新进展及其问题》，载《东方法学》2015 年第 3 期，第 44 页。
③ 张娟：《论案例指导制度》，载《东北大学学报（社会科学版）》2011 年第 2 期，第 154 页。
④ 参见刘克毅：《法律解释抑或司法造法？——论案例指导制度的法律定位》，载《法律科学（西北政法大学学报）》2016 年第 5 期，第 196 页。舒洪水老师对案例指导制度也持类似观点，并认为案例制度中的指导性案例具有解释法律与创法功能已是不能回避的问题。参见舒洪水：《建立我国案例指导制度的困境和出路》，载《法学杂志》2012 年第 1 期，第 125 页。
⑤ 参见陈兴良：《案例指导制度的规范考察》，载《法学评论》2012 年第 3 期，第 119 页。

法律规范清晰化，绝对不允许它脱离成文法律，进行第一种无法律根据的弥补。在民事领域指导性案例无此限制，弥补法律漏洞是其当然功能，也是民事法律属性使然。然而在刑事领域，受制于罪刑法定原则的约束，弥补法律漏洞功能实质上仍然只能是一种解释法律的功能，而不是一种没有任何法律根基的"造法"行为。当然，如若这项法律漏洞必须要求刑法进行规制的时候也只能通过立法解决，而不是让法官借释法之名，行立法之实。"要对宪法作真正的根本性的变更，必须通过对它的修正而不能通过对它的解释来达到这个目的。"① 虽说刑法地位不比宪法，但其法理是相通的，创制一个在刑事法律没有的法律规范，就相当于对刑事立法作出根本性的变更，欲通过解释法律弥补法律空白就不再是理想的方式。林山田先生也曾明确指出："对于刑法上的法律漏洞，唯有以立法方式弥补，刑法只能探究法律规范之规定，以从事解释，却不得类推而创立新法，这是罪刑法定原则之重要含义。"② 赞同该观点就意味着刑事指导性案例可以直接为司法提供法律规则，而这些法律规则在成文法并没有明确规定，这就严重违反了罪刑法定原则，也与刑事法治精神相悖，因此，刑事案例指导制度的重点仍在于法律适用，而不是法律创制。

(二) 刑事案例指导制度旨在法律适用

学者关于刑事案例指导制度的定位形成了理论交锋，观点的碰撞也有利于我们进一步认清刑事案例指导制度的内涵，笔者也赞同第一种观点，我国的刑事案例指导制度只能被定位为法律适用机制，不存在"创制法律"一说。当然，不同观点的争论也提醒我们要对刑事案例指导制度保持理性的态度，防止司法人员创制法律行为的发生。我国刑事案例指导制度的建构借鉴了国外很多先进的司法做法，顺应英美判例法系与大陆法系呈现逐渐融合之势，学习其他国家先进的司法经验是十分必要的，其也对我国司法改革顺利推进颇有助益。司法技术不存在国别之分，只要适合我国司法实践的需要，我们就要勇于借鉴，不能故步自封。然而有些学者与法官理解我国刑事案例指导制度的属性，总会陷入英美判例法制度的思维窠臼，一提到案例指导，马上就想到判例法，

---

① [美] E. 博登海默：《法理学：法律哲学与法律方法》，邓正来译，中国政法大学出版社2004年版，第542页。
② 参见林山田：《刑法特论》，三民书局股份有限公司1980年版，第15页。

甚至不自觉地给二者画等号。① 若依此逻辑判断刑事案例指导制度的属性，必然会得出刑事案例指导就是一种创法机制，涉及刑事立法内容，进而质疑刑事案例指导制度建立的正当性。事实上，从承载案例指导制度的指导性案例本质而言，"指导性案例裁判也是在真实司法场合运用法律规范对具体案件事实进行裁判的体现，并没有改变依法裁判的场景和法律适用的固有语境。案例指导制度以指导性案例为抓手致力于统一司法裁判尺度，正是发挥了指导性案例作为真实法律适用先例的优势，是利用司法判例的一种新形式。"② 虽然指导性案例对法院审判类似待决案件具有指导作用与判例具有共同性，但从实质上考察，我国的刑事案例指导制度与判例法有本质区别。判例在英美法系就是法律的体现，即判例就是法。而创制判例的主体是法官，即"法官造法"是判例法系国家的突出特点。我国的指导性案例也是法官判决且已经生效的案例，但其是法官依循现有法律规定并灵活适用法律的产物，其价值功能在于适用法律，而非创制法律。由此可见，"我国案例指导制度的作用在于正确解释和适用法律，它在本质上仍是一种法律适用的活动，而指导性案例主要是以明确制定法规范含义的解释型案例，并非普通法法系中具有创新法律规范功能的创造型判例。最高人民法院颁布指导性案例的活动实质上就是它行使解释权的活动，或者说颁布指导性案例是具体应用法律的解释的一种形式。"③ 另外，从效力角度而言，指导性案例不是我国的法律渊源，也没有法律效力，不能直接作为法官判案的依据，只为类似案件的审判提供参照标准，充其量只具有事实上的约束力，法官援引指导性案例是为了增强判决的说理能力，维护司法公正，增强司法判决的权威性与公信力。

再者，通过解读最高人民法院《案例指导规定》与《实施细则》可知，中国特色的案例指导制度旨在维护司法统一，指导审判与执行工作，重在总结司法智慧与经验。案例来源不受审级限制，各级人民法院与社会各界人士均可推荐已经生效的案例，指导性案例重在释法质量，而不考虑案例出自哪一级法

---

① 参见胡云腾主编：《最高人民法院指导性案例参照与适用》，人民法院出版社2012年版，第110页。
② 杨知文：《指导性案例裁判要点的法理及编撰方法》，载《政法论坛》2020年第3期，第37页。
③ 雷磊：《指导性案例法源地位再反思》，载《中国法学》2015年第1期，第282页。

院审判。可以说这是我国案例指导制度的特色，与其他国家判例受到审级限制完全不同。刑事案例指导重在指导，最高人民法院基于原案例判决文书提炼与总结出裁判要点，确立明确的法律适用规则，指导各级人民法院的司法裁判工作。我国的案例指导制度本质上就是一种法律解释机制，重在指导法官如何适用法律，化解司法适用法律难题，而不存在"创制法律"一说。法官对法律的适用是在理解法律或解释法律的基础上践行的，所依据的是刑事立法、刑法立法解释和刑法司法解释。① 刑事案例指导制度事实上是对法官解释法律的重视，指导性案例所承载的规则就是原审法官在审判案件中对法律作出的妥当解释，因此，指导性案例的形成与应用不属于立法范畴。刑事案例指导制度实质上仍然是欲通过指导性案例对抽象法律进行明确性解释，进而统一法律适用标准，达致同案同判之目的，故其本质上是一种法律适用活动，而非创造法律活动，它的运作是以现有立法规范为前提，不存在超越立法的造法行为。即便在十分注重判例作用的大陆法系国家，判例也仅仅是作为对成文刑法的解释例而适用的，而不是刑法的渊源，任何法院都不能仅仅根据法院以往的判决定罪量刑。②

（三）刑事案例指导制度是立法实现的辅助方式

我国是一个典型的成文法国家，即使大力倡导"刑事案例指导制度"，也仍然以制定法为主，案例指导为辅。③ 刑事案例指导制度作为一项法律适用机制，并不存在任何立法行为，其只是对制定法的具体解释，是一种个案的法律解释方法。刑事立法与刑事指导性案例是一种"主"与"辅"的关系，"辅"是辅助、辅佐的意思，即指导性案例弥补制定法抽象性的不足，辅助成文法付诸司法实践。④ 制定法是我国法律制度的基石，也是我国法律体制的核心，经过立法机关多年的立法活动，如今社会主义法律体系已基本形成。社会生活中的各种主体行为都必须受到成文立法的规范与约束，这是我们在建设法治国家过程中必须始终坚持的基本立场。中国特色案例指导制度与判例法系判例不

---

① 参见徐岱：《刑法解释学基础理论建构》，法律出版社2010年版，第47页。
② 参见张明楷：《法治、罪刑法定与刑事判例法》，载《法学》2000年第6期，第33页。
③ 参见贾宇、舒洪水：《案例指导制度的思考和选择——以刑事案例为例》，载《全国法院纪念改革开放30周年理论研讨会暨中国法学会审判理论研究会论文集》，2008年11月6日，济南，第117页。
④ 参见刘作翔：《案例指导制度的定位及相关问题》，载《苏州大学学报》2011年第4期，第55页。

同，判例生成的是裁判规则，成文法国家判例制度的目的并非取代立法，而恰恰是对制定法的解释适用，更好地弥合抽象的法律规范和具体个案。[①] 指导性案例是抽象法律规范与案件事实结合的典范，通过现实案件对抽象模糊的法律作出直观具体的解释，化解法律适用不统一的司法乱象。由于立法是对现实多样性的一般概括，其抽象性不可避免。指导性案例则是社会多样性在适用法律中的具体体现，这一优势可以弥补立法诸多不足之处，使纸面上的法律得以发挥最大实效。但即便如此，指导性案例在整个法律体系中也只能处于辅助地位，是刑事立法重要而有益的补充，对活化与发展立法有独特的优势和功能。总之，不论刑事案例指导制度发展到何种程度，我国必须始终要坚持以制定法为主、案例指导制度为辅的原则。换言之，刑事案例指导制度主要价值在于辅助成文法付诸司法实践，统一法律适用标准，与立法无涉，它不仅是现在没有僭越立法权，而且在将来任何时候也不允许超越立法权，不会冲击我国以立法为中心的成文法律制度底线。

（四）刑事案例指导制度是司法解释的有益补充

刑事案例指导制度的释法优点就在于依托现实案例形象、直观地解释现有法律，不仅为类似案件审判提供了法律方法与法律规则，还为成文法注入了崭新的内容和鲜活的生命力，对弥补成文法律不足有举足轻重的作用。因此，同样具有释法功能的指导性案例必然与司法解释存在千丝万缕的联系，妥当认定与处理指导性案例与司法解释的关系就是我们不可回避的问题，也关涉刑事案例指导制度生存与发展前景。显然在现有立法既定的情形下，法律解释空间的分配与协调是十分重要的问题。如果司法解释与指导性案例的关系处理得当，可以相得益彰，很好地弥补成文不足，形成立法与司法的良性互动，实现司法公正。反之则会限制二者功能的发挥，不仅有碍于化解司法实践存在的适用法律难题，而且统一司法尺度也难以实现。

1. 理论争议

学界和实务界对司法解释与指导性案例的关系存在很大争议，主要分歧在于指导性案例是否属于司法解释的一种形式，目前仍然没有形成共识，其中主

---

[①] 徐媛媛：《案例指导制度中的理性建构偏好——基于审判指导性案例的展开》，载《国家检察官学院学报》2019 年第 5 期，第 60 页。

要有两种观点，一是肯定说，又称作相同说，即指导性案例是司法解释的一种类型。该观点主张指导性案例是司法解释的一种特殊形式。① 相比抽象的司法解释，指导性案例是以案例作为依托对法律作出的一种相对明确的解释，可把其看作个案解释。张明楷教授认为："我国的案例指导制度，只不过是当前盛行的司法解释的另一种表述。"② 还有学者主张，应当将指导性案例作为司法解释的主要形式，以化解当前司法解释所受到的质疑。③ 而李贵方主任律师提出，可将指导性案例上升为司法解释，使其成为司法解释的一种，具有法律效力。④ 二是否定说，又称为相异说，即指导性案例是独立于司法解释的一种新的释法方式，异于我国现行的抽象司法解释，具有自己独立的品格。该观点的拥趸认为，指导性案例与司法解释不论在形式上还是在效力上都不同，不能把指导性案例划入司法解释范畴。⑤

事实上，应当说两种观点不存在对错之分，都有一定的合理性，关键在于哪种观点更适合我国案例指导制度自身特点。肯定说的合理性在于：第一，指导性案例与司法解释有诸多相似之处。指导性案例与司法解释具有同质性，都属于我国解释法律的一种方法。而且二者的目的具有一致性，都是为了弥补成文法抽象与滞后性不足，为司法实践适用法律提供法律规则，统一法律适用标准。从颁布主体角度而言，指导性案例也是经过最高人民法院审判委员会讨论决定之后发布的，与最高人民法院颁布司法解释类似。从内容上考量，指导性案例中裁判要点的表述方式与现行司法解释形式相似。第二，以案例形式发布司法解释有历史先例。我国过去的确曾经以案例的形式颁布过司法解释，如1985 年最高人民法院以文件形式下发《关于破坏军人婚姻罪的四个案例》，要求下级法院参照办理，具有法定的约束力，可以纳入司法解释范畴。第三，现

---

① 参见张骐：《试论指导性案例的"指导性"》，载《法制与社会发展》2007 年第 6 期，第 43 页。
② 张明楷：《明确性原则在刑事司法中的贯彻》，载《吉林大学社会科学学报》2015 年第 4 期，第 34 页。
③ 参见干朝端：《建立以判例为主要形式的司法解释体制》，载《法学评论》2001 年第 3 期，第 142 页。
④ 李贵方：《可将指导性案例上升为司法解释》，载《检察日报》2015 年 1 月 13 日第 3 版。
⑤ 参见陈兴良：《案例指导制度的规范考察》，载《法学评论》2012 年第 3 期，第 122 页。持有相同观点的还有胡云腾法官和孙谦检察官。参见胡云腾、于同志：《案例指导制度若干疑难争议问题研究》，载《法学研究》2008 年第 6 期，第 9 页；孙谦：《建立刑事司法案例指导制度的探讨》，载《中国法学》2010 年第 5 期，第 84 页。

实原因。指导性案例在司法实践运行效果不好，学者把原因归咎于指导性案例没有法律效力，因而法官不会重视更不会主动援引指导性案例。基于历史与现实原因，把指导性案例划入司法解释范畴的确有合理之处。然而一旦把指导性案例划入司法解释，也即意味着指导性案例具有了法律效力，关涉案例指导制度在我国司法体系中的定位，这是需要慎重考量的问题。而指导性案例与司法解释的形式与效力有根本的不同，难以把二者等同视之。根据《最高人民法院关于司法解释工作的规定》得知，司法解释的形式有"解释""规定""规则""批复"和"决定"五种。由此可见，司法解释的形式有法律明文规定，指导性案例不属于其中任何一类，不能强行并入司法解释。最高人民法院之所以推行案例指导制度，是因为司法解释没能有效弥补成文法律的缺陷，显然指导性案例有司法解释无法比拟的优点，如若简单把指导性案例划入司法解释无疑会限制指导性案例的灵活性，进而抹杀指导性案例的优势功能。学者急于给指导性案例穿上司法解释"外套"，根本目的是赋予其法律效力，增强指导性案例的运行效果。出发点是值得肯定的，但由此反而会限制指导性案例的灵活性，僵化的法律约束力反而不利于刑事案例指导作用的发挥，实践证明有效力未必是制度运行成功的必要条件。

当然也有学者认为最高人民法院的个案批复与指导性案例十分相似，可把个案批复发展为指导性案例，作为司法解释的一种形式。表面观之，二者都有案例作为支撑，但实质上却有很大不同。"相对于判例而言，个案批复的差异甚或局限在于这种解释并非司法性质的解释，因为批复中既没有当事人对事实构成的描述和争议对抗，也没有法院对事实的认定，从而使其法律结论脱离了个案的具体事实，也使未来裁判者无从识别该批复所针对的事项是否与本案事项相同或相似。"[①] 指导性案例的内容不仅是司法规则，而且有基本案件事实、裁判理由与裁判结论等主要组成部分，法院在参照指导性案例的时候，在解读裁判要点时必然离不开前后两个案件事实的比对，对裁判理由的研读也是指导性案例发挥制度功能的特点所在。而这些都是个案批复所不具备的，个案批复下发之后，除一般的法律规则外，案例的基本事实和当事人的意见都已不复存在，其难以与指导性案例相媲美。因此，简单地把指导性案例划入司法解释

---

① 陈兴良主编：《中国案例指导制度研究》，北京大学出版社2014年版，第254页。

的范畴是不可取的，案例指导制度的出台就是为了应对司法解释功能不足的局面，否则只能是新制度走旧路，换汤不换药，不能有效化解目前司法实践存在的诸多困境。总而言之，主张指导性案例是司法解释的更多是从应然角度考虑，欲变相赋予指导性案例的法律效力，强化指导性案例的参照力度，愿景是美好的，但不能脱离我国的实际情况，尤其是不能无视指导性案例与司法解释显而易见的区别。

2. 刑事指导性案例与司法解释的区别

第一，在有无法律授权方面不同。司法解释是全国人大常委会授权最高人民法院对法律不明确的地方作出的解释结论，而刑事案例指导制度是基于审判工作的需要进行的一项司法改革，虽有自己的规范性文件《案例指导规定》作为支撑，但缺乏明确的法律依据。换言之，司法解释是依法解释，指导性案例是一种指导审判活动的司法措施，无法可据。

第二，法律效力不同。从法律效力角度而言，司法解释具有法源地位，效力是法定的。司法解释与成文法规范一样具有法律效力，人民法院司法裁量活动可以直接援引司法解释进行判决，而且司法解释已在各级人民法院的裁量活动中产生很大影响。而案例指导制度旨在指导，主要是为了规范与统一司法审判活动，指导性案例在于对审判活动的指导性与参考性，其自身没有法律效力，不能直接作为裁判的依据，只能作为案件裁判理由引述的说理依据。最高人民法院在《案例指导规定》赋予了指导性案例的"应当参照"效力，重在指导司法实践同类案件的审判活动，只具有事实上的约束力，而没有法律效力。

第三，释法方式与特点不同。刑事案例指导制度是一种与司法解释完全不同的解释方法，指导性案例是通过裁判文书的方式对法律进行解释，是在现实案例的基础上对法律具体适用的一种动态解释。"一般到具体"是指导性案例的释法模式，决定了其能为司法实践提供具体的法律规则，其直观、形象、具体的释法是司法解释无法比拟的优点。而司法解释是一种规范的法律解释，为了满足法律规范的普遍适用性，采用条文式的规范文件方式。从"一般"到"一般"是司法解释的特点，司法解释虽然也是在司法审判实践经验的基础上制定的，但出台之后就脱离了活生生的案例，也没有保留司法解释出台的背景与相关理解。与法条规定明确性方面虽有所进步，但其解释规则仍以抽象居多相比，大多司法解释仍需进一步解释，才能适用于司法裁判实践。指导性案例的优点恰恰能够弥补司法解释的不足，个案充分的裁判理由可以为裁判要点提供充分的支撑，法官通过刑事指导性案例的裁判理由，容易理解裁判要点的规则内容，能够直接指导后案法官在类似案件中准确适用法律。

第四，发布程序不同。司法解释是一种规范解释，与所解释的法律一样具有法律效力。因此，最高人民法院在发布司法解释之前，要经过反复调研，询问下级司法机关的意见，征求法律专家的意见，经过反复论证，对社会现实问题总结出一般原则，最高人民法院起草形成条文规范进行发放。内容的重要性决定了程序的严格性。指导性案例虽然也是经最高人民法院发布，但它是经过法院层级推荐，案例指导办公室审查、报审，最后经最高人民法院审判委员会讨论决定的。虽然整个过程也是层层把关，但相比司法解释的发布显然要宽松很多。而且指导性案例的原型审判都是各级人民法院已经生效的判决，下级人民法院也间接参与了指导性案例的制定。

3. 合理分配二者的释法空间

指导性案例与司法解释的区别显而易见，指导性案例是独立于司法解释的一种新的释法路径，如何妥当安置二者的位置十分重要。有学者主张以指导性案例完全取代司法解释。① 基于我国法治实践的现实考量，虽说司法解释有很多不足之处，但目前仍然是不可缺少的一种法律解释方式，而且在我国有深厚的现实基础。新生的案例释法机制虽能弥补司法解释的不足，但仍处于幼年时期，尚未健全，难以承担全部释法重担，加之指导性案例亦有自身的缺陷，暂时也不存在以刑事案例指导制度取代司法解释的时机。"指导性案例不是司法解释的一种形式，而是与司法解释相并列的一种规则提供方式。并且司法解释制度与案例指导制度是并行的两种制度，不存在以案例指导制度取代司法解释制度的问题。"② 因此，理性审视两种法律解释机制，保持两种释法方式并存的局面是较为现实妥当的选择。

司法解释与案例指导制度并存的释法机制应当说是一种中国特色社会主义

---

① 宋晓认为，案例指导制度天然是司法解释制度的最佳掘墓人，中国案例指导制度成熟之日，便应是中国司法解释制度寿终之时。参见宋晓：《裁判摘要的性质追问》，载《法学》2010年第2期，第96页。

② 陈兴良：《我国案例指导制度功能之考察》，载《法商研究》2012年第2期，第16页。

法治的体现，在其他国家少见二者并存的局面。正确处理好二者的关系才能更好地发挥各自的优点，明确成文法的各项规定，保持其稳定性的同时又不失法律的时代性。司法解释与案例指导制度并不存在根本矛盾，二者在本质目标上具有一致性，只是其各自发挥功能的进路有所不同。"从成文法到司法解释再到指导性案例的发展过程，体现出立法者和司法官员集思广益推动法律准确、统一实施的探索和努力。"① 立法和司法实践证明，成文法典出台之后每次的司法改革及其制度的建立，都是为了进一步完善与健全立法和司法体制。其并不是简单的一个制度替代另一个制度，而是在相互弥补中不断完善各自的功能。通过对案件的解释，一个具体化了的"行为构成"从法律中产生，通过对法律的建构，一个类型化了的"事实行为"从单个的案件中形成。② 随着最高人民法院刑事指导性案例的大量出台，在为类似案件提供指导的同时，活生生的指导性案例也必将为司法解释提供生动的材料，有的放矢的司法解释必然能保持法律的稳定性与连续性。大量的、零散的指导性案例如果不能经过及时地整合，也不利于其指导功能的发挥。唯有经过严格的程序，通过司法解释把指导性案例的规则成果上升为具体法律规定，才能更好地发挥指导性案例的实效，推动法律的实践生长。我国毕竟是成文法国家，不可能也没有必要实行判例法，因此坚持成文法是我国司法改革的根本出发点，指导性案例只是为了更好地适用法律而出台的一项法律适用机制，其在实践中结合真实案例根据法律所创制的具体规则，只有上升为成文法律才是我国法律体制的根本，对法律的生长更加具有现实意义。"最高人民法院适时将诸多指导性案例确立的规则归纳为具有正式法律效力之司法解释，不仅总结各级人民法院日常审判工作之成熟经验，更有利于促进弥补法律漏洞、统一法律实施。这种从个别到一般的规则创制方式与抽象的司法解释权相比，填补了抽象司法解释发布前的法律空白状况，提供了明确具体的操作指引，也增强了法律的可预测性和法秩序的稳定性。"③

指导性案例是法律实践适用的成果表现，唯有把这些成果总结之后，其规则才能具有普适性，才能更好地发挥指导性案例的预期功能，实现法律发展的

---

① 陈兴良主编：《中国案例指导制度研究》，北京大学出版社 2014 年版，第 169 页。
② 参见［德］阿图尔·考夫曼、温弗里德·哈斯默尔主编：《当代法哲学和法律理论导论》，郑永流译，法律出版社 2002 年版，第 186 页。
③ 陈兴良主编：《中国案例指导制度研究》，北京大学出版社 2014 年版，第 168 页。

一次质的飞跃。孙谦老师对此有十分精辟的论述:"要正确处理指导性案例与司法解释的关系,应当在继续加强司法解释工作的同时,充分发挥指导性案例的参考、指导作用,为在司法工作中统一法律适用提供生动、准确、具体的指导。要将指导性案例作为司法解释的重要来源,注意从指导性案例中发现执法中的普遍性或者倾向性问题,及时总结、提炼,条件成熟时上升为司法解释,形成规范意义上的法律适用规则。对下级司法机关请示的案件,认为具有典型意义但制发司法解释条件不成熟,也不宜直接作出答复的,可以对案件的继续办理进行具体指导后,将其作为指导性案例予以发布。因此,案例指导制度不应当取代司法解释,只能是司法解释的有益补充,最高司法机关在建立案例指导制度的同时仍然应当积极开展司法解释工作,不断提高司法解释的质量,增强司法解释工作的针对性、及时性和科学性。"[①] 可见刑事司法解释与刑事指导性案例在我国的法制体系中是相辅相成的关系,二者联系十分紧密,充分发挥二者优点,限制缺点,扬长避短,方能给司法实践源源不断地输送具体裁判规则,促进司法裁判的公平公正。诚如王泽鉴老师所言:"法律解释是一个以法律意旨为主导的思维过程;每一种解释方法各具功能,但亦受有限制,并非绝对;每一种解释方法的分量,虽有不同,但需相互补足,共同协力,始能获致合理结果,而在个案中妥当调和当事人利益,贯彻正义理念。"[②] 司法解释与刑事指导案例都可以看作解释刑法的有效方法,都是为了保持成文法律的稳定性与时代性,最终保证妥当处理实践中发生的每个具体个案,贯彻正义理念,保证个案公正。

当然,二者长期并存,并不代表二者在释法空间中各占 50%,而是各自应当有所侧重。从目前来看,司法解释在我国已经存在 30 多年,已然占用了大量的释法空间,但其明确刑法条文效果十分有限。刑事案例指导制出台之后,司法解释一定要进行适当限缩,不能针对任何刑事立法的适用都出台司法解释加以应对,司法解释应当给指导性案例提供解释空间。"一旦有司法解释法官就会直接根据司法解释作出判决,而无须进一步解释判决理由。在几乎所有的法官看来最高人民法院司法解释就是理由,毫无必要再向被告人、辩护人详尽

---

[①] 孙谦:《建立刑事司法案例指导制度的探讨》,载《中国法学》2010 年第 5 期,第 84 页。
[②] 王泽鉴:《法律思维与民法实例》,中国政法大学出版社 2001 年版,第 240 页。

解释判决理由。而最高人民法院在做出司法解释时也不需要公布其理由的，有的解释可能是武断的，最终结局可能就是对于疑难案件的处理很多时候是在不需要说明理由的情境下进行的。因此如欲大力推行案例指导制度，就不宜提倡由最高人民法院再行大规模、大范围地制定抽象的司法解释。"① 因此，唯有适当限缩司法解释的空间，才能推动刑事案例指导制度的发展，在大量指导性案例的基础上把分散的指导性案例整合成系统的司法解释，不仅提高司法解释的质量而且以成文的形式保留了指导性案例的实践成果。司法解释和刑事指导案例都是促进法律发展的积极因素，法律规则的生长离不开这两个阶段的探索与努力。② 因此妥当处理二者释法份额，相互补足，才能发挥各自解释法律的优点，方能化解目前我国司法实践存在的难题。当然随着案例工作的不断发展，希望在未来，在司法解释与指导性案例之间进行轻重选择，应当逐渐减少条文化司法解释的运用，提高指导性案例的地位和效力并完善其形式，向单一的指导性案例承担刑法解释全部任务的模式过渡。③

**二、刑事案例指导制度的补足功能**

成文法律条文面对千变万化的社会现实唯一的生存进路就是要解释，否则当人们不能忍受削足适履的生活时，死板的法律只能被社会所淘汰。解释法律的方式有多种模式，之前我国选择抽象式的司法解释来活化刑事法律条文，但"抽象到抽象"的解释模式注定不能满足司法实践的需求。当然，司法解释的初衷是想遵照"抽象到具体"的释法进路，然而囿于其属性，司法解释似乎只能重走条文式旧路，没能很好地完成明确成文法律规定的重任。另外司法者不见得就比立法者聪明，立法者未能完成的任务司法者也很难实现，可见，还是释法模式的问题，而不在于解释主体。刑事指导性案例是一种个案判决式的释法模式，法律条文只有经过现实案件的适用才具有生命力，实践是法律的主战场，法律条文也只有经过反复适用才能使人明白其中的真正内涵，也只有经过丰富多彩的司法实践才能充实法律条文的精神和灵魂。由此可见，刑事指导性案例通过适用法律使抽象法律具体化，不仅使人明确了法律规定的实质内容，

---

① 周光权：《刑事案例指导制度：难题与前景》，载《中外法学》2013年第3期，第495页。
② 参见陈兴良主编：《中国案例指导制度研究》，北京大学出版社2014年版，第169页。
③ 参见夏勇、沈振甫：《论刑事指导性案例与条文化司法解释的关系》，载《广西大学学报（哲学社会科学版）》2021年第2期，第122页。

而且为之后类似案件的审理提供了有效的法律规则，刑事指导性案例的意涵也就在于此。指导性案例作为解释与适用法律的典范，为类似案件裁判提供法律适用模板；根据指导性案例与待决案件的事实类比所确立的一般性规则，表明了待决案件事实可被归于指导性案例所依据的法律规范调整的意义；指导性案例的裁判要点，则直接发挥了一般性规则的作用。① 这也正是刑事指导性案例功能所在，即对成文法条与司法解释的补足，为法官审判类案提供法律规则。大量刑事指导性案例的发布必将使整个刑事立法及其司法解释更加明确具体，便于人们更加清晰地认识刑事立法规定的真谛，能更好地指引人们的日常生活行为方式。当然，更重要的意义在于能为司法裁判提供具体可操作性规则，化解法律适用难题，促使法律适用统一，减少各地各级法院同案不同判现象的发生。

（一）指导司法裁判功能

1. 案件裁判规则的补足

众所周知，案例指导制度出台的直接动因是因为"同案不同判"司法乱象的频繁出现，虽然导致"同案不同判"的原因是多元的，但其中重要的原因就是各地各级法院在对同一法律适用过程中产生了不同的理解抑或偏离了既有的规则。换言之，法院在同样的案件适用了不同的裁判规则，其结论也就必然存在差异。由此可见，具体清晰的裁判规则在审判活动中就显得至关重要。法典法与司法解释本质上就是给司法实践提供裁判规则，法官在认定案件事实的基础上，选择适当的法律规则进行判决。换言之，在三段论的裁判思路中，选择大前提是非常重要的，即确立案件所要适用的法律规则。然而，事与愿违的是司法裁判中很多案件不能从抽象的立法与司法解释中直接找到妥当的法律规则，因此疑难案件就产生了。"各类疑难案件之所以成为难题，关键在于无确定的法律作为大前提，而形式逻辑本身不能指令某法条或原则直接作为案件的法律依据（即理论大前提），故疑难案件仅靠简单的三段论不能解惑，而需要借助法律解释方法。"② 带有立法影子的司法解释虽然在一定程度上弥补了立法供给规则的不足，但由于自身的模糊性其仍没有缓解司法具体裁判规则匮乏的

---

① 杨知文：《类案适用的司法论证》，载《法学研究》2022 年第 5 期，第 68 页。
② 董皞主编：《中国判例解释构建之路》，中国政法大学出版社 2009 年版，第 78 页。

局面,由此从大量已经生效的刑事判决中寻找规则也就成为必然选择。指导性案例是适用法律的典范,在认定现实生活案件的基础上,指导性案例使成文法的法律规定从抽象走向具体,产出大量直观的具体法律规则,可为之后类似案件的审判直接提供明确的规则,大大化解了法院无法确定法律大前提的困境。"判例有助于将事实与规范之间的涵摄这一难题,转化为先例中的事实与待判案件中的事实的比对,从而有效避免事实与规范之间的鸿沟;较之于法律推理的结论而言,判例有助于将笼统的法律后果变得更加明确具体。"① 诚然,我国的指导性案例还没有达到判例的真实水准,但在真实案件基础上裁判规则的适用无疑使得法官在裁判活动中选择裁判规则变得简便容易了。因此,刑事指导性案例能够为当前的刑事司法实践提供直观具体的裁判规则显然是最为迫切的任务,"同案不同判"问题的化解也离不开指导性案例在同类案件中提供高质量的同一裁判规则。没有具体化的裁判规则,指导性案例也就没有存在的必要。指导性案例通过供给司法裁判规则发挥其指导审判的功能,以弥补立法与司法解释这项功能的不足。

从实然角度而言,最高人民法院已经发布的刑事指导性案例中也不乏提供裁判规则的案例,但其所提供的规则创造性不足,多是法律与司法解释的直接搬用,对弥补裁判规则不足没有起到实效。例如,指导案例3号潘玉梅、陈宁受贿案提出了4个司法规则,对于司法实践正确处理新型的受贿案件具有一定的参考价值。而且这些司法规则通过具体的案例直观形象地体现出来,为之后类似案件的审判提供了标杆,展现了指导性案例的价值。然而不得不说这些规则的确立尚缺乏原创性,② 只是对已有司法解释的重申。已经颁布的36个刑事指导性案例,在提供司法规则方面,让人耳目一新的指导案例还没有被发现。作为一项法律适用机制,刑事案例指导制度贵在为司法裁量活动提供大量可行的法律规则,化解疑难案件在适用法律方面的难题。因此,案例指导制度还需不断完善,争取遴选出大量的有创造性的指导案例,充分发挥补足立法与司法解释供给司法规则不足的功能,实现案例指导制度的价值,化解"同案不同判"的顽症,达致司法的公平与公正。

---

① 陈兴良:《中国案例指导制度》,北京大学出版社2015年版,第315页。
② 陈兴良、张军、胡云腾主编:《人民法院刑事指导案例裁判要旨通纂》,北京大学出版社2013年版,前言第17页。

## 2. 案件裁判方法的补足

一般而言，指导性案例主要功能在于为之后类似案件的审判提供相应的规则指导。然而很多情况下，指导案例解决问题的思路对后案的指导意义也不可小觑，或言指导案例法官所采用的裁判方法亦能对后案裁量有颇多有益启示。授人以鱼不如授人以渔，教会司法人员如何裁判比提供规则更为重要。司法实践中疑难案件有些时候并不是法律规则不明，而是找不到解决问题的思路，作为审判案件的法官不能只是为了结案而随意适用法律规范，要考虑法律适用的社会效果。在司法实践中，法官经常提及律师的辩护意见千篇一律，没有提出使他们眼前一亮的解决问题的方法，因此，大多所谓的辩护意见很少被采纳。其实法官谈到的这个问题就是案件的一个切入点或解决问题的思路，或言准确合理适用法律规定的方法是裁量案件中十分重要的问题，也是法官在裁量案件中重点考虑的问题。刑事立法及其司法解释往往仅就法律是什么作出规定，但具体如何适用没有做出说明，案例指导却能为法官提供正确的司法方法。案例指导制度中的指导性案例是已经生效的适用法律具有典型效果的案例，在案例中不仅言明所适用的法律规则，更重要的是通过与现实案例的高度结合，法官已然把静态的法律动态化了，即指明了在该类案件中如何适用法律、如何进行说理、裁判结论应当如何确定等一系列问题，这些优点恰恰是立法和司法解释所不具备的。由此可见指导案例在为案件提供司法方法方面又是对立法与司法解释补足功能的一大亮点。正如有论者所说："案例指导不仅为法官解决同类或相似案件提供具体指导，而且可以为法官办案提供思维方式、法条援引、法律推理、法律解释、法律论证和价值衡量等方面的指引。通过发挥案例在裁判方法上的示范功能，可引导法官正确运用法律规定解决问题，从而建立起解决同类或相似问题的正确思维模式，提高法律适用水平。"①

当然，指导案例功能的发挥不是仅依靠个别案例就可以实现，即便是类似案件，每个案件也都有自己的特殊性，因此一定数量规模的指导案例对于法官在裁判方法上更具有指导意义。例如，我国《刑法》第236条规定了强奸罪，强奸罪的主体限于已满14周岁男性，但对于丈夫是否可以作为强奸罪主体存

---

① 江勇、马良骥、夏祖银：《案例指导制度的理论与实践探索》，中国法制出版社2013年版，第248—249页。

在很大争议，即是否承认婚内强奸，这一问题曾给司法实践造成很大困惑。夫妻之间有相互同居的义务，其深深地植根于人们的伦理观念之中，丈夫可以成为强奸罪主体显然与传统观念相悖。然而，现实生活中也的确存在丈夫强行与妻子发生性关系且造成很大伤害的情况，尤其是有些夫妻在已经是诉诸法律离婚的阶段发生的强奸行为，如果不予规制也极不妥当。《刑事审判参考》总第7辑第51号王卫明强奸案与《刑事审判参考》总第3辑第20号白俊峰强奸案的发布为之后婚内强奸案的审判提供了明确的裁判思路与方法，合理合法地解决了这一司法难题。王卫明强奸案中，丈夫王卫明在法院已经作出离婚判决但尚未发生法律效力的情况下，违背妻子的意愿，采用暴力手段强行与妻子发生性关系，虽然在法律上婚姻关系还没有解除，然而双方已不具备正常的婚姻关系，因此法院认定丈夫王卫明构成强奸罪。白俊峰强奸案中，夫妻双方感情不和，妻子向丈夫提出了离婚，但没有进入法律程序，双方因为彩礼问题也一直没有协商妥当，在此期间白俊峰强行与妻子发生性关系，法院鉴于夫妻婚姻关系尚在存续期间，认定不构成强奸罪。① 这两组案例都属于婚内强奸，法院根据案件的实际情况，采用不同的办案思路，根据法律规定作出灵活解读，既维护了当事人的合法权益，又维护了司法权威，为之后类似案件的处理提供可行的裁判方法与规则。陈兴良教授还在自己的著作中就这两个案例总结出一条司法规则：在婚姻关系正常存续期间，丈夫不能成为强奸罪的主体；在婚姻关系非正常期间，丈夫可以成为强奸罪的主体。②

(二) 指导规范量刑功能

定罪与量刑是刑事司法裁量中两大重要问题，二者都与被告人合法权益密切相关，应当慎重对待。传统意义上受"重定罪轻量刑"思想的影响，司法人员对刑罚裁量不重视。从被告人角度而言，犯罪性质固然重要，但量刑却关系到被告人刑罚量的问题，即自己自由被剥夺的长短乃至生命是否被剥夺。因此，刑罚裁量万分重要，稍有不慎就可能侵犯被告人的合法权益，司法机关千万不能草率从事。然而，由于刑法立法规定刑种的多样性以及较为宽泛的量刑幅度，法官刑罚裁量权较大，致使司法实践中出现大量"同案异罚"的现象，

---

① 参见陈兴良、张军、胡云腾主编：《人民法院刑事指导案例裁判要旨通纂》，北京大学出版社2013年版，第487—489页。

② 陈兴良：《判例刑法学》（下卷），中国人民大学出版社2009年版，第194页。

不仅难以让当事人心服口服，而且致使公众也对刑罚的公正性产生了质疑，严重影响了司法公信力。鉴于以上司法乱象，国家从 21 世纪初开始探索量刑规范化问题，并把它作为重要改革项目在司法实践中推进。2010 年 9 月 13 日，最高人民法院发布《人民法院量刑指导意见（试行）》（以下简称《量刑指导意见》），决定从 10 月 1 日在全国试行量刑规范，同时发布《关于规范量刑程序若干问题的意见（试行）》辅佐实体量刑活动。《量刑指导意见》针对 15 种常见罪名的有期徒刑和拘役，结合常见的量刑情节进行量刑规范指导，并要求各高级人民法院制定相应实施细则。量刑方法由过去"估堆式"转变为"定性与定量"相结合的方式，在犯罪性质认定的基础上，充分考量案件中的各种量刑情节，在起刑点基础上确立基准刑之后，不断地修正宣告刑，直至罪刑均衡。最高人民法院决定于 2014 年 1 月 1 日起在全国正式实施量刑规范化工作，使量刑规范由试行转为正式的司法活动。迄今为止，《量刑指导意见》中常见罪名也增至 23 个，这些罪名的量刑规范无疑对各级人民法院刑罚裁量起到了重要的指导作用。量刑规范化的推进使刑罚裁量更加透明，量刑更加公正，降低了同案异罚现象，维护了司法公正。规范量刑已经成为刑事法官的一种自觉与常态，且不断延伸到其他犯罪的量刑活动中。

在推动规范化量刑活动的同时，刑事案例指导制度的制定工作也在持续推进。建立案例制度的直接动因是源于"同法不同解"与"同案不同判"的现象。"同案不同判"既包括同案犯罪性质认定不一致，也包括同案刑罚量轻重有别。应当说刑事指导案例既能对类似案件在犯罪性质认定上进行规范指导，也能对类似案件在量刑结果上提供参照标准。《量刑指导意见》在全国广泛推广之后量刑不均衡的局面大有改观。由此有一个问题必须厘清，在法院实施量刑规范化之后，刑事指导案例对刑罚裁量工作的指导是否不再需要？如若需要，《量刑指导意见》与刑事指导案例的关系如何，是否存在矛盾？这些问题都是需要我们认真思考的。答案是肯定的，刑罚裁量是我国刑事司法实践中十分重要的问题，刑罚裁量的合理性与公正性关系到我国的司法权威与公信力的问题，其重要性不言而喻。量刑规范化工作在实践中开展为法官在常见罪名的量刑活动提供了相对明确的量刑标准，使法官在刑罚裁量中考虑量刑情节更加全面与细致，大大降低了"同案异罚"的不公判决。而且制度的推进也改变了法官"重定罪轻量型"的观念，量刑活动已然成为整个法庭审判的重要组成部分,法官主动参照量刑规范已经成为一种常态。然而,我们不能因此而就《量刑指导意见》的缺陷视而不见,《量刑指导意见》是在最高人民法院大量已判案件的基础上,经过多次调研、试行而最终确立下来的量刑规范。由此量刑规范就相当于成文立法抑或司法解释,为了能够具有普适性,必然是在众多个案基础上形成的一般性规范。但是随着司法实践的推进其滞后性与抽象性的缺陷就愈加明显,难以满足司法实践案例以及各种情节多样性的局面。"犹如成文刑法无法对每一种犯罪行为给出一个精确的、可直接适用的量刑标准一样,仅仅依靠制定量刑规则,仍然无法应对动态的、复杂的犯罪现象。司法活动之所以具有独立于成文法之外的独特价值,正是由于通过司法活动,在动态的、复杂的社会现象中,实现刑罚的相对公正。从这个角度而言,即便是最高人民法院制定出了统一的量刑规则后,案例指导制度的独特价值不会、也不应当受到影响。"①

《量刑指导意见》必须吸收实践中的新鲜血液,不断充实自己才能发挥出指导量刑的作用。而这股新鲜血液就是刑事指导性案例,刑事指导性案例具有形象、灵活、直观的优点,永远走在司法实践最前沿,能够永葆青春。而这些恰恰是《量刑指导意见》的短板,刑事指导性案例能够很好地弥补其不足,发挥自身的优势,为量刑规范提供鲜活的材料,使量刑规范能够适应社会发展需要。"《量刑指导意见》的制定必须建立在经验、统计、分析以及合法与合理的充分论证基础上,如果脱离具体案件情形制定普通性规定,也会引起人们对它考虑问题的周延性和公正性的疑虑。同时即便是在对大量实际案例深入调研的基础上形成的量刑指导规则。因为它最终是要脱离具体案件形成具有一般性的规范,所以像其他抽象司法解释一样,仍不可避免地会产生不周延、僵化的可能性。所以最高人民法院进一步推进量刑规范化工作,制定全国性的量刑指导意见,也不意味着在刑事裁量领域案例指导制度会因此失去存在的必要性。它可以作为量刑指导意见的重要辅助,并与之相辅相成。在量刑指导意见的具体指导下可以形成一组或者一系列刑罚裁量相对一致的指导性案例,同时指导性案例是对量刑意见的应用,由于量刑指导意见的细化和全面化,会带来其应变

---

① 梁景辰、程计山:《案例指导制度在实现统一量刑标准中的作用》,载《人民法院报》2008年1月2日,第5版。

能力的退化，这也就需要以指导性案例为实证统计分析的基础，进行必要、及时的自我完善。"① 正如刑事指导案例可以为立法提供大量鲜活素材，使立法不断完善且保持旺盛的生命力，刑事指导性案例对于量刑规范也是不可或缺的，能够辅助法官依照量刑规则规范量刑，保证普遍正义的同时又能顾及个案的刑罚公正。相比较静态的量刑规范，指导性案例可以展现法官对于每个具体量刑情节的适用与理由，是一种活生生的量刑规范，无疑给法官在类似案件考量相同量刑情节做出了很好的示范作用。量刑规范相对于刑事立法较为明确，但其仍然是一般性规范指导，要想限制"同案异罚"必须由指导性案例的辅助，否则难以达致量刑规范的预期目的。

另外，从量刑规则形成角度而言，最高人民法院的《量刑指导意见》是司法机关内部规范文件，量刑规范主要是基于司法机关内部人员的司法经验与智慧集结而成，没有听取其他社会主体的建议，是单一主体制定的规范。而刑事指导性案例则不同，控辩审三方共同参与审判活动，法官是在控辩双方充分辩论的基础上，充分考虑双方量刑意见之后得出的量刑结论，相较于法院单独制定的量刑规则更为客观公允。因此，刑事指导案例是量刑规范的有益补充，在指导刑罚裁量中能弥补其不足。当然单独个案的量刑指导又不具有普遍性，指导范围狭窄而使其功能有限。唯有把二者结合起来，发挥各自的优点，方可使刑罚裁量工作逐步规范，量刑结果逐步公正。

在已经发布的刑事指导案例中，体现刑罚裁量指导比较突出的是指导案例4号王志才故意杀人案和指导案例12号李飞故意杀人案。这两个案例都是关于是否适用死刑的典型案例，皆是因婚恋等民间矛盾引发的杀人案件，虽然被告人手段残忍，论罪应当判处死刑，但考虑到被告人悔罪态度较好，并积极赔偿等从轻情节，从化解社会矛盾的角度，判处死刑缓期两年执行并限制减刑。量刑规范目前还没有涉及死刑的量刑规范化，虽然学者一直在呼吁尽快出台死刑适用的量刑规范，以尽快化解死刑司法适用不统一的局面。这两个刑事指导案例显然为死刑在司法实践的适用提供一个参照标准，如果有类似案件且量刑情节类似的，就可以依照这两个刑事指导案例判处死刑缓期执行。这也进一步凸

---

① 于同志：《刑法案例指导理论·制度·实践》，中国人民公安大学出版社2011年版，第254—255页。

显出刑事指导案例对于《量刑指导意见》的补足功能。《刑法》中480多个罪名，每个罪名都确立量刑规范难度很大也不现实，而且对于刑罚体系中所有主刑和附加刑都做出量刑规范也存在很大困难，例如死刑的量刑规范一直难产。由此可见，刑事指导案例就可以在没有量刑规范的罪名以及刑种中发挥指导刑罚裁量的功能，以弥补量刑规范的不足。

（三）活化与发展法律功能

相比较现实案件的活跃性，法律条文显得那样的安静，为了涵盖现实生活的方方面面，明智的立法者必须正视社会现象的复杂性，主动采用各种抽象包含式的不确定语词进行法条表述以应对丰富多彩、变化多端的社会生活。然而，如此立法的结果就导致法律如一潭死水，法典的条款项框架基本齐备，虽然达致"疏而不漏"，但难以使人掌控刑事法律规定的具体内容，远未达到法律的明确性要求。虽然司法解释使抽象的法律条文趋于具体化，具有了一定的活力，但面对不断发生的鲜活案件，其又是抽象的，法官在进行裁判活动时，仍然需要对司法解释再次进行阐释，不能直接适用。"成文法为提供稳定的法秩序而略显静止和僵化，司法解释在促进成文法融入不断发展之社会生活的同时，也会受解释主体、解释目的和规范实施环境等因素的影响，而具有鲜明的时代烙印。"[1] 而指导性案例这种"细则化的刑法"是案件与法律的结合体，能够以案释法，使法律更加直观逼真。已颁布的刑事指导性案例都是通过对典型案例的提炼，总结出特定的裁判要点，虽然裁判要点仍然带有立法条文的影子，但在指导性案例中还包括基本案情、裁判理由与裁判结论等必备要件。由此指导性案例就是基本案情、裁判规则、裁判理由与裁判结论的结合体，不再是立法与司法解释的单一条文式规定，如此看来，指导性案例的生动解释与活化立法作用便是不言而喻。"法律源于生活又规范生活，但生活却是常变常新。生活是判例的底片，判例是生活的映像，是司法因应新问题或新情况的产物。因此，判例解释永远是鲜活生动的。"[2] 应当说每条法律及其司法解释在被适用于现实案例之前充其量只是一种纸上的规定，即便法条规定得再具体，也难以与通过案例适用认识法律规则的清晰度相媲美。原则上讲，任何一个已经生效

---

[1] 陈兴良主编：《中国案例指导制度研究》，北京大学出版社2014年版，第161页。
[2] 董皞主编：《中国判例解释构建之路》，中国政法大学出版社2009年版，第80页。

的案例都是一个活化法律规则过程的文本展示，但由于我国绝大多数司法判决文书一贯只提适用法律，而不作具体解释，活化法律的效果不佳，因此，最高人民法院通过从各级人民法院中遴选出说理充分、案件典型的已决案例作为指导性案例，其意义之一就在于通过案例明确《刑法》规定的具体内涵，使纸上的法律真正变成人们心中的法律。具体从以下两个角度阐释：

第一，活化立法条文词语规定较为模糊的内涵。这种情形在《刑法》规定中比比皆是，例如"数额较大""情节严重"与"其他手段"以及各类兜底条款等。这些语词都需要在司法实践中进一步明确，否则法律适用便很难统一。例如《刑法》第236条规定：以暴力、胁迫或者其他手段强奸妇女的，处3年以上10年以下有期徒刑。其中"其他手段"就是一个比较模糊的规定，司法实践中如何认定这一手段是需要认真考量的。《刑事审判参考》总第36辑第281号唐胜海等强奸案就对此作出了明确的解读，本案中被告人唐胜海、杨勇与被害妇女王某在一起饮酒，明知王某已醉倒无知觉（无意思表达能力不知抗拒或无法抗拒）将其带到其他场所乘机将其奸淫，南京市下关区人民法院对《刑法》第263条的"其他手段"作出合理解释，认定二被告人构成强奸罪。学者还将该案例提炼出裁判要旨，具体内容为：强奸罪中暴力、胁迫以外的其他手段通常包括以下情形：（1）采用药物麻醉、酒精等类似手段，使被害妇女不知抗拒或无法抗拒后，再予以奸淫的；（2）利用被害妇女自身处于醉酒、昏迷、熟睡、患重病等不知抗拒或无法抗拒状态，乘机予以奸淫的；（3）利用被害妇女愚昧无知，采用假冒治病或以邪教组织、迷信等方法骗奸该妇女的；（4）采用其他类似手段的。① 事实上，《刑法》中如此模糊规定占有的比重极高。实践表明司法解释一直没能很好地化解这一立法难题，尤其是大量的"笼统数额"条款以及"情节严重"一直是司法界和学界关注的焦点问题。时至今日该问题依然没能得到理想解决，亟须指导性案例把这些抽象之规定结合现实案例阐释清楚，活化立法条文规定之内容。

第二，发展法条词语的内涵。立法中有很多词语表达通常是比较清楚的，但在实践中由于新的事实的不断出现就会产生法律适用难题。这些词语必须根

---

① 参见陈兴良、张军、胡云腾主编：《人民法院刑事指导案例裁判要旨通纂》，北京大学出版社2013年版，第479页。

据时代的发展，在外延范围之内不断扩展内涵，方能使法规适应社会发展需要，例如"卖淫""毁坏"等刑法中的关键词语都需要赋予其新的含义。《刑法》第 358 条规定组织他人卖淫的要受到刑事处罚。从法条规定内容来看似乎不存在任何问题，然而一个现实案例的出现打破了这一局面。2003 年李某组织男性从事同性性交易，被江苏南京秦淮区检察院以组织卖淫罪提起公诉，辩护人提出，卖淫是指妇女出卖肉体的行为，《刑法》及相关解释对同性之间的性交易是否构成卖淫未作明确规定，李某组织男性从事同性卖淫行为不属于组织"卖淫"，其行为不构成犯罪。但控方和法院则认为：组织他人卖淫中的"他人"，主要指女性，也包括男性。被告人李某以营利为目的，组织"公关人员"从事金钱与性的交易互动，虽然该交易在同性之间进行但该行为亦为卖淫行为。被告人不服一审判决，提出上诉，南京市中院维持原判，驳回上诉。显然该案的争议焦点在于组织同性卖淫是否属于卖淫行为？传统意义上卖淫是指女性为了营利与不特定男性之间的性交易行为。然而随着社会的发展，生活中出现大量同性与同性之间的性交易行为以及女性通过其他方式给男性进行性服务而没有涉及性器官接触等行为，这些行为是否也可以当作卖淫行为来论处是值得我们仔细斟酌的问题。从司法实践已经判决的案例来看，"卖淫"的实践内涵已经远远大于传统意义上的认识。笔者也赞同法院对"卖淫"行为新的解读，社会生活远比立法丰富得多，随着时代的变迁，大量新型的有伤社会风化的实质卖淫行为层出不穷，这就需要立法顺应时代发展，适时扩大"卖淫"的内涵，赋予其新的含义，保持法律的社会适应性。"卖淫"一词最初仅指女性向男性提供有偿的性服务，随后扩张到异性之间的有偿性服务，直至现在包括同性之间的有偿性服务。[①] 应当说法院针对目前新型的卖淫行为的刑事判决就是对"卖淫"立法条款的活化与发展，保持了刑事法律的及时性。"法官在适用法律时，并不是机械地照搬法律的条文进行判决，而是在对法律进行创造性的理解和解释，不断赋予法律新时代内涵，并在其所判案件中体现出来。可以说是法官不断地通过法律解释使法律具有新的生命力。"[②] 案例比法律总是先走一步，总能适应变化了的生活，弥补法律的滞后性。而且这样的解释亦不违背

---

① 参见陈兴良主编：《中国案例指导制度研究》，北京大学出版社 2014 年版，第 275 页。
② 魏胜强：《法律解释权的配置研究》，北京大学出版社 2013 年版，第 231 页。

刑法基本原理与罪刑法定原则,与时俱进是罪刑法定的当然要求。如此解释也没有超出"卖淫"语词本身外延射程范围,实则是司法对立法补充新鲜血液。因此,除理性立法活动外,指导性案例也是促使法律不断生长的另外一条路径。一种是理性建构主义,另一种是自然生长主义,法律的发展只有依靠"两条腿走路"才能更加稳当。

针对刑事立法以及司法解释中的各类抽象规定,刑事指导性案例通过把真实案例与法律有效结合起来,不仅活化静态的法律条文,而且适时赋予法律条文时代意义,保持成文立法的生命力,这些都体现了指导性案例活化与发展立法的优势,弥补了立法与司法解释的不足。"把社会生活的变化发展新状况反映到法律调整中的最直接、最有效的方法不外(乎)判例法这一重要途径。"[1]当然,以上所列举的两个案例不在刑事指导性案例的范围之内,但不影响论证说明指导性案例对活化与发展立法功能的补足,相比非指导性案例而言,指导性案例更应当具有活化立法功能。从最高人民法院已经颁布的14个刑事指导性案例观之,其在活化立法功能方面发挥得远远不够,多数案例并没有承担起对模糊规定明确解释以及法律续造的效果。指导案例13号王召成等非法买卖、储存危险物质案的裁判要点之一,虽对《刑法》第125条第2款规定的"毒害性"物质进行了解释,把国家严格管制的氰化钠纳入其中。但解释问题在司法实践并不存在理解障碍,故该指导性案例对立法的活化作用十分有限。因此指导性案例的活化立法补足功能仍然需要发布者努力在已经生效的案例中不断探寻,颁布一定数量的指导性案例,真正实现活化立法的应然功效。再者,指导性案例还能为立法修正提供准确指南。刑事指导性案例"还有助于在刑法体系形成内在的制度演进机制或革新机制,为以后的立法修正提供系统的司法信息。在一个日益多元化和复杂化的现代社会里,任何立法的出台或修正都需要建立在相对应实践拥有良好信息的基础之上。司法实践中所积累的一系列判例,恰恰可以充当使立法者得以避免盲人摸象式的立法的准确指南"[2]。我国的法律体系的根基是成文法,因此指导性案例弥补成文法不足的同时,立法要适时把已经颁布的指导性案例对刑法解释的成果上升为刑事立法,以便更好地服

---

[1] 陈兴良主编:《中国案例指导制度研究》,北京大学出版社2014年版,第46—47页。
[2] 劳东燕:《罪刑法定本土化的法治叙事》,北京大学出版社2010年版,第279页。

务司法实践的需要。

(四) 指引与预测功能

法治国的一项重要指标就是国民一切依法行事,所有人都遵循法律规范的指导,依照法律规定安排自己的日常行为,知法守法,达致社会秩序的稳定与和谐。然而这一目标的达致必须以人们对法律的真正了解为前提,否则再好的法律也只能成为一纸空文。从我国司法实践的现状观之,我国显然还没有形成一个良好的法治环境,多数民众对于现行的刑事法典不熟知甚或没有任何认识,除非涉及与己有关的真实案例,才有可能在法典试图找到有利于自己的条文规定。可见相比成文法典的规定,民众了解法律更多的还是通过现实案例且更加直观易懂。诚如学者所言:"成文法律有一个极其重要的作用是预测,即人们可以根据法律规范的规定可事先估计到当事人双方将如何行为及行为的法律后果。事实上,若非身临法律纠纷之中,少有民众关注法律条文本身,而他们更多的是从个案裁判中体验法律、评判法律,并通过对相同或相似案件的裁判预测自己的纠纷解决或自己承担的责任。所以如果说成文法的指导和预测作用更多的是作用于法律人,指导案例的指导和预测以及教育作用更多是作用于普通的民众。"[①] 法律只有被民众认知才能谈及其适用效果。虽说不知法不是免责的理由,但法律的规范效果不是仅仅依靠惩罚所能达到,要想真正达至依法治国,民众对于法律的了解与认可是基本前提,否则依法治国将沦为空谈。为此,全国人大常委会还授权"两高"进行司法解释,欲通过司法解释使民众认识法律。然而对于公众来讲,司法解释远不如案例直接、形象、具体。试想民众对本国的刑事立法尚没有基本的了解,更何谈去指引和规范自己的日常行为。以"许霆案"为例,该案之所以引起轩然大波,是因为民众根本不知道我国《刑法》对此行为进行了严厉的刑罚处罚,甚至都不知道这一行为可以构成犯罪。可见,国家对民众的法治教育任重而道远。当然也因为"许霆案"的广泛传播给全国民众上了一堂生动的法律课,使民众对于借ATM机出错之机而取钱行为的不法性有了深刻的认识,无疑对民众在之后遇到类似情况应当如何选择自己的行为起到了良好的规范与指引效果。退一步讲,即便有少数民众对法律有基本的认知,但也无从知晓从抽象的一般性规范到具体的个案结论之间

---

[①] 苏泽林主编:《中国案例指导制度的构建和应用》,法律出版社2012年版,第181页。

的过程，也无法运用刑法规范论证自身诉求的合理性。①

既然成文法以及司法解释对民众的规范与指引效果不佳，我们就必须寻找新的帮手。"公民对以成文刑法为依据的活生生的判决的解读，比单纯对成文刑法的解读更具有效性；经过司法判决确证后的法律，比没有经过司法确证的法律具有更高的权威性；法律经过司法判决的确证后，才会使公民更加确信法律，从而取得实质的预测可能性。"② 刑事指导性案例通过活生生的案例告诉人们什么不能做，做什么行为要受到刑事处罚，远比立法说得清楚明白。指导性案例是法律规范与具体事实的结合体，是对公众进行法治教育的"活教材"，可以给人以启示和教育，使法律更容易为公众理解与接受，能使公众从案例中直观地领悟法律的原则和精神，自觉学法、知法、守法、用法。司法实践中有大量的刑事判决，通过刑事案例指导制度的推动，在刑事指导性案例的引领下，使民众对刑法条文有清晰的认识，方能起到规范与引导民众的日常行为。再者，通过指导性案例教育民众以及当事人，真正达到以理服人，对重树司法权威颇有助益。正如学者所言："通过对案例宣传和弘扬法治，还有助于引导和规范公众的行为，教育当事人和公众自觉服从、认同和支持生效裁判，同时案例本身及其指导下产生的新案例也成为司法公正的生动证明和形象代言，增强人民群众对司法公平与正义的认同感和信任感，从而维护和提升司法权威性，促进公正高效权威社会主义司法制度建设，推进依法治国方略实施。"③ 党的十八届四中全会明确提出"推进全面依法治国"为主题的法治梦想，凸显国家对法治建设的重视程度，这一梦想的实现关键在于民众的法治知识以及法治观念的树立。刑事案例指导制度作为司法改革的一项重要内容，必须承担应有的责任，以其直观形象的优势教育民众，进而规范与指引他们。"案例指导制度就是在经验的基础上指引人们认知法律、体验法律、信仰法律，进而促进法治的进步，建立中国自身的法治文明。"④ 只有建立我国自身的法治文明，案例指导制度的功能才能有效发挥，依法治国的战略思想才能实现。

---

① 参见林维：《刑事案例指导制度：价值、困境与完善》，载《中外法学》2013年第3期，第501页。
② 张明楷：《法治、罪刑法定与刑事判例法》，载《法学》2000年第6期，第38页。
③ 陈兴良、张军、胡云腾主编：《人民法院刑事指导案例裁判要旨通纂》，北京大学出版社2013年版，序言第2页。
④ 苏泽林主编：《中国案例指导制度的构建和应用》，法律出版社2012年版，第181页。

### (五) 回应社会公众关切功能

近几年随着媒体对一些社会热点案件的报道，这些热点案件引起了人们的广泛关注。当然，热点案件既可能是案件本身涉及的问题重要，也可能是因为案件的当事人的特殊身份经媒体渲染而成为热点问题。因此社会公众关切的热点案件自身并不必然与适用法律疑难相关联。而指导性案例的重点在于为各级法院提供适用法律指导，并不关切是否回应社会公共议题。从应然角度而言，回应社会公共议题不应当是指导性案例的应有功能。然而从最高人民法院颁布的前6个刑事指导性案例观之，虽说对审判工作也有一定的指导意义，但回应公众关注社会热点问题显然更加明显，6个案例涉及的内容便可很好地佐证这一判断。6个案例中两个是关于贪污和受贿的反腐案件，两个是关于死刑适用的问题，这4个案例都是人们十分关注的反腐与适用死刑热点的集中体现，另外两个指导案例93号和97号因案件判罚结果而引起社会公众高度关注。对于指导案例是否具有回应社会公众关切的功能，有学者持不同看法。周光权教授认为："指导性案例的功能只能定位于对下级法院办案的指导。缺乏这种功能，或者指导性明显不足的案例，不应该被选为'指导性案例'。"[①] 显然周教授对于指导性案例回应社会关切的功能持否定态度，指导下级法院办案应当是其唯一功能。

以上论述应当说合理合法，但不符合我国司法实践真相。任何制度的建立都必须立基于我国的现实情况，同样案例指导制度的建立必须与我国司法实践相吻合。案例指导制度的设立固然是为了法律自洽与统一适用法律，然而为了提升民众对司法的满意度显然也是一个重要的考量，甚至可以说是当前司法要解决的主要问题。由于诸多原因，我国司法的现实公信力在下降，司法权威在民众心目中较为薄弱，如此司法环境迫切需要改变。针对社会公众关注度较高的热点刑事案件，如若刑事指导性案例能及时给予有效的回应，无疑有助于增强人民群众对司法的理解与信任，有助于提升司法裁判的社会认同感和司法公信力。刑事指导性案例是判决已生效的典型案例，通过真实的案件故事回应社会，讲好中国法治故事，把社会主义核心价值观融入其中，在法治宣传教育和法治意识的培养方面更容易让人有直观的感悟与体认，更容易达致法律效果与

---

① 周光权：《刑事案例指导制度的发展方向》，载《中国法律评论》2014年第3期，第132页。

社会效果的有机统一。立法与司法解释虽然自身也有回应社会公众关切的功能，显然因抽象而不能展示法律规范的形成过程，难以和形象生动的指导性案例相媲美。诚如有学者所言："案例是人民司法的生动实践，是沟通司法与社会，沟通法律与现实，充分发挥司法社会功能的重要方式，也是群众理解法治、信任法治必不可少的途径。抽象的司法解释和指导性文件一般都是在缺乏具体事实背景下以命令形式发布的，因而不能像普通法中的个案解释那样比较详细地说明理由。"① 当然也有学者提出："最高人民法院完全可以通过指导性案例之外的其他途径如《公报》、新闻发布会集中公布典型案例的形式发布。"② 然而不得不说其他典型案例难以与指导性案例的影响力以及受关注程度相比，而且《公报》发布案例的30年实践已经证明并没有起到足够回应社会关切的功能。因此指导性案例回应社会关切完全是司法现实使然，且已然成为一项必不可少的社会功能。

原则上每个案件的审判既是对当事人权益的有效保护，也是给公众一个交代。然而，并非生活中所有的案件都能吸引公众的眼光，对于少数引起公众关注的热点案件，司法绝对不能放过对公众进行法律教育的绝佳机会，备受关注的刑事指导性案例适当承担回应社会公共议题的功能无可非议，而且还会起到意想不到的效果。法官在进行法律解释时，应当重点考虑或者预测解释结论产生的社会效果，力图使判决结论获得社会的广泛认可与接受，同时推动社会主义核心价值观的传播，提升社会公众对于社会主义核心价值观的认同与践行。③ 客观上讲，最高人民法院通过指导性案例回应社会热点问题，其意并不在于回应社会热点问题本身，而在于回应问题之后所取得的法律效果与社会效果，这无疑对于提升司法公信力颇有助益。再者，"两高"的《案例指导规定》对指导性案例条件的要求中亦都有回应社会关切功能的影子。最高人民法院《案例指导规定》指导性案例的条件有"社会广泛关注的"一项，最高人民检察院《案例指导规定》指导性案例的条件包含"群众反映强烈、社会关注的热点案

---

① 江勇、马良骥、夏祖银：《案例指导制度的理论与实践探索》，中国法制出版社2013年版，第250页。
② 周光权：《刑事案例指导制度的发展方向》，载《中国法律评论》2014年第3期，第133页。
③ 孙光宁：《裁判文书援引指导性案例的效果及其完善——以弘扬社会主义核心价值观为目标》，载《苏州大学学报（法学版）》2022年第1期，第44页。

件"内容。"两高"在设定案例指导制度之初,显然已把回应社会热点问题作为指导性案例的功能隐含在规范文件之中。因此实然意义上而言,指导性案例必须也已经具有回应社会公众关切功能,但不应当把这一功能看作指导性案例的主要功能,否则有碍案例指导制度主要功能的发挥。黄京平认为:"旨在统一法律适用标准、规范自由裁量权的案例指导制度,应当兼顾对公共议题的回应,是刑事指导案例承担的功能之一。但这种功能,只能附属于刑事指导案例的基本功能的附带功能。"① 笔者赞同这一看法,对刑事指导性案例回应社会的功能应做出比较中肯的评价。将来随着司法改革的深入,司法与立法逐步进入良性的循环状态,重塑司法权威与司法公信力,使民众信仰法律,信任司法。至此之后,刑事指导性案例的主要功能就应当是指导法院的审判工作,而无须刻意追求指导案例是否回应社会公众问题。

通过上述论证我们可以清晰地发现,刑事指导性案例在活化与发展立法,指引与预测、指导司法裁判,指导规范量刑以及回应社会功能方面都具有强大的补强作用,而且这些功能恰恰都是立法与司法解释的短板,客观上也需要指导性案例发挥这些补足功能。当然在众多补足功能中,指导司法裁判应当是指导性案例的主要功能所在,是案例指导制度的主要功能,在分析案例指导制度功能的过程中一定要分清主次,不能本末倒置,最高人民法院遴选指导性案例的标准一定以是否能够指导法院裁判活动为标准,而不应该过多顾及其他方面。当然,案例指导制度功能的发挥要受到诸多主客观因素的影响,比如刑事案例指导制度自身设计、刑事指导性案例的数量与质量以及外部环境等,这些都会影响到刑事案例指导制度的运行效果。因此,刑事案例指导制度运行的效果还有待于实践的考验,也需要我们及时发现问题,适时改进刑事案例指导制度的不足。

### 三、本章小结

事实而言,先前生效的案例在我国司法实践中一直默默地发挥作用,法官在司法裁判过程中也会有意无意地参照先前的案例。因为"任何司法判例作为法律适用的现行实践或故事,皆有其自然而然的故事上的地位和作用"②。这也

---

① 黄京平:《刑事指导性案例中的公共议题刍议》,载《国家检察官学院学报》2012年第1期,第36页。
② 张志铭:《法律解释学》,中国人民大学出版社2015年版,第220页。

是人类社会在所有行业的自然规律，模仿是人类解决问题的一种本能，司法领域也不另外。但在自然状态下案例的优势功能在我国远未发挥出来，而且各地法院应用案例也较为混乱。基于案例作用发挥的最大化以及规范案例作用的考量，国家建立案例指导制度。相较于西方国家判例制度的自然推进，我国选择了理性建构，欲通过制度使案例指导审判工作运行更加规范。因此，刑事案例指导制度根本不存在法官立法的问题，并没有突破我国以立法为中心的法律制度，其与英美判例法的法官造法有本质区别。刑事案例指导制度的建立主要立足于法律适用领域，它只是一种法律解释方式，并未僭越立法权，其本质上是为了推进立法在司法实践中更好地实现。从法律解释的权力角度而言，刑事案例指导制度具有正当的权力基础，是司法主体发挥司法解释权的具体体现，是对法官解释法律的一种理性认可，与司法实践的真实情况相契合。刑事指导性案例作为一种具体的法律解释，对于成文立法具有诸多补足功能，相比最高人民法院的司法解释有自身独特的优势。两种类型的司法解释在我国法律体制中都不可或缺，正确处理好二者的关系，充分发挥各自的长处，相互辅助，方可共同推动法律解释的进步与司法公正的实现。总之，刑事案例指导制度的地位及其功能决定了制度本身的正当性与有益性，全力推进其健康运行是我国法治建设的必然选择。

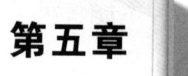# 第五章 刑事案例指导制度的实践困境：认知与运行

刑事案例指导制度是司法机关多年理论研究和实践探索的一项重要成果，也是学者多年来孜孜以求的梦想。世界各国司法实践已经证明判例是司法的宝贵财富，正确开发判例这笔财富对提高司法裁判的质量与效率颇有助益。在推进法治国家建设过程中，中国选择案例指导制度来指导司法审判活动无疑是正确之举，这既是对我国历史司法经验的理性承继，又是对国外先进司法理念的有益借鉴，更是立法与司法良性互动的必然要求。迄今为止，刑事案例指导制度在司法实践中运行已逾 10 年之久，其是否已然发挥了指导司法裁判的应然功效，是否在司法实践中已经形成一定程度的影响力已成为理论界和实务界共同关注的热点。影响刑事案例指导制度运行效果的重要因素有二：一是司法人员对刑事案例指导制度的认知情况；二是法院审理案件对指导性案例的援引情况。因此下文立足于这两个维度，通过实证研究的方法探究刑事案例指导制度的认知现状，考察刑事指导性案例的司法运用效果，全面掌控刑事案例指导制度的现实处遇，进而深入反思刑事案例指导制度运行不畅的症结，明确今后制度改革与完善的方向，进一步推动刑事案例指导制度的健康运行。

## 一、刑事案例指导制度的认知现状

刑事案例指导制度旨在为司法裁判提供法律适用方法与裁判规则。若想把指导性案例的裁判方法与规则贯彻到司法实践之中，诉讼参与人对指导性案例的认知与引述就是重要保障。在众多诉讼主体中，基于最终裁决权的考量，法官对刑事案例指导制度的态度无疑是至关重要的。如若法官很少主动参照指导性案例，对其他主体引述指导性案例又不作积极回应，指导性案例的预期功能就难以实现。

（一）司法人员对刑事案例指导制度的熟悉度不高

2010 年"两高"《案例指导规定》的出台以及之后指导性案例的相继发布

使得案例指导工作走上了一个新台阶,如果说以前是司法机关在幕后默默推动案例指导工作发展的话,那这次就是明确把案例指导工作推向司法改革前台,力求最大限度地发挥案例财富的优点。"两高"规范性文件出台的用意十分明确,即加大司法实践对指导性案例的参照力度,规范与统一法律适用标准。"两高"的这一举动引来众多学者的围观,学界关于案例指导制度的研究一度形成十分繁荣的局面。然而要想把制度落到实处,法律共同体组成人员对案例指导制度的认知与理解以及对指导性案例的态度就显得至为关键。据学者的实证考察得知:在681份调查问卷中,不了解"两高"发布《案例指导规定》的被调查人员所占比例为48%,这就意味着将近一半法律职业人员对案例指导制度的具体内容不甚了解。此外,在知道案例指导制度建立的调查人员中仅有7%表示非常了解案例指导制度,65%表示比较了解,其余均为不了解。如果加上前面不知道案例指导制度出台的人数,整体上不了解案例指导制度的被调查人员占比居然高达63%。[①]虽说调查受制于地方以及样本的限制,但至少可以说明法律职业人员对于案例指导制度的熟悉度还较低,更谈不上对其深入了解,这一点亦可从四川省高级人民法院与四川大学课题组的实证研究中得到佐证。该课题组经过调查问卷统计得出:在法律职业共同体之内,4.84%的法官,10.64%的检察、公安、司法行政人员,9.45%的律师不了解案例指导制度,不了解《案例指导规定》的法官、律师分别占比为15.67%和24.9%。[②]应当说两份调研报告统计结论比较吻合,这也在一定程度上印证了中国特色案例指导制度在司法实践中的尴尬现状。如果说其他法律执业人员对案例指导制度不了解尚可理解的话,竟然还有很多法官对其不甚了解,只能说最高人民法院对案例指导制度的基层推进还有很多工作要做。如果制度不被司法人员了解,何谈制度运行效果?为何导致如此尴尬现状值得我们继续思考与深入研究。

---

① 有学者针对已经发布的刑事指导性案例在实践中的运行情况在某省的三个城市对法官、检察官、公安人员以及律师进行了实证调研,其中一项就是针对目前司法人员对案例指导制度熟悉程度所做的调研,调研共收回有效问卷681份,其结果虽然不能代表案例制度在整个中国司法实践的全部情况,但具有一定的代表性,能够印证司法人员尤其是法官对于案例指导制度的认知情况,在此也感谢作者提供的调研数据。参见秦宗文、严正华:《刑事案例指导运行实证研究》,载《法制与社会发展》2015年第4期,第44页。

② 参见左卫民、陈明国主编:《中国特色案例指导制度研究》,北京大学出版社2014年版,第128页。

## (二) 司法人员对刑事案例指导制度的重视度不够

案例指导制度只是案例指导作用发挥的一个外壳,指导性案例才是这一司法制度的内核。在了解案例指导制度的基础上,能够对承载案例指导制度功能的指导性案例的效力有明确的认识,是其在实践中运行的一个重要保障条件。如果当前办理的案件与指导性案例相似,是否应"参照"指导性案例?实证调查结果显示:表示"非常了解"和"比较了解"案例指导制度的司法人员中,10.8%的被调查人员认为"可以参照也可以不参照",24.7%的被调查人员认为"如果确属同类问题,就应参照",而高达64.5%的被调查人员选择了"根据领导意见决定"。换言之,只有1/4被调查人员的表态符合"两高"《案例指导规定》的精神,指导性案例还远没有成为执法的基本依据。[①] 了解"两高"《案例指导规定》精神的人知道最高人民法院赋予指导性案例"应当参照"的效力,最高人民检察院虽然提出"可以参照"指导性案例,但经过第16条背书之后,其与最高人民法院"应当参照"的规定并无二致。换言之,不论是法院体系内抑或检察院体系内,审判类似案件时,司法人员就"应当参照"指导性案例。即便指导性案例没有法律效力,但"两高"已经赋予其"应当参照"的效力,其对体系之内的司法机关也应当具有一定的约束力,否则下级法院所审案件可能面临被撤销的风险。实证调查结果与理论预期差距较大,指导性案例在司法实践中的影响力十分有限,司法机关对是否应当参照指导性案例进行审判没有一个明确的概念,更多的法官审案仍然停留在传统的思维惯性中,不重视案例的指导作用。指导性案例在司法人员的静态认知中都没有形成"应当参照"的约束力,指导性案例的"应当参照"力在动态司法实践中就更难以转化为实际参照力。

## (三) 司法人员的理念保守

据学者实证调查显示,47.37%的调查对象认为"我国不是判例法国家,没有必要且不便适用案例",32.74%的调查对象认为"实践中没有参照案例的习惯,周围同事也不参照适用案例"。[②] 由此可见,多数司法人员裁判思维习惯还比较陈旧,受传统制定法习惯之影响,参照指导性案例的积极性不高,而且

---

[①] 参见秦宗文、严正华:《刑事案例指导运行实证研究》,载《法制与社会发展》2015年第4期,第45页。

[②] 参见左卫民、陈明国:《中国特色案例指导制度研究》,北京大学出版社2014年版,第124页。

也没有充分认识到案例对于司法裁判工作的重要性。加之很多案件依凭司法解释就能够解决，直接适用即可，如此环境必然限制司法人员参照指导性案例的积极性。即便碰到疑难案件也是向领导与上级司法部门汇报，请求领导指示。学者的实证研究表明，89.1%的案件办案人员会以领导的意见作为最终处理意见，领导意见在案件最终处理结果中发挥着关键性的影响。[①] 以上问题都是司法人员裁判的固有思维和习惯，长年累月，案件审判工作都是既有模式的反复。法官的审判观念不能说是根深蒂固，也算是"深入人心"。刑事案例指导制度的司法运行对于传统观念较深的司法人员而言无疑是一个新生事物，因此如欲继续推进案例指导工作，司法人员的裁判思维习惯亟须转换。其应当逐步树立案例指导审判实践的理念，大胆借鉴新制度的优点，促进审判工作质量与效率的提高。

（四）司法人员应用案例技术缺乏

刑事案例指导制度确立之后，各级人民法院在审判类似案件中要参照指导性案例。不同于以前适用法律条文与司法解释可以直接在判决文书中援引，待决案件必须与指导性案例是类似案件才能援引。由此可见，如何阅读指导性案例，怎样判断待判案件与指导性案例是类似案件就成为法官首要解决的问题。指导性案例与其他案例不同，其有固定的组成模式，如何从指导性案例中提炼有效的信息就是十分重要的工作。对于基层与中级人民法院的法官来讲，由于没有对其进行专门的培训和学习，显然其关于指导性案例的写法和阅读技能都还很不成熟，因此要求他们熟练认知指导性案例与迅速掌握同类案件的判断技能极不现实。由于不知道何为类似案件，不知道如何正确援引指导性案例，因此即便是参照了指导性案例进行裁量，也没有在案例中明确说明，隐去了对案例比对、区分的思维进程，直接参照指导性案例的判决思路以及裁判规则对待判案件作出裁决。"对于指导性案例司法适用的技术了解不多，就使得我国法官可能难以判断案件事实的相同与不同，以及关键事实的细微变化是否会对案例的适用产生影响等问题。"[②] 虽说从理论上而言，只要判断案件的事实与适用

---

① 参见秦宗文、严正华：《刑事案例指导运行实证研究》，载《法制与社会发展》2015年第4期，第47页。

② 胡国均、王建平：《指导性案例的司法适用机制——以〈关于案例指导工作的规定〉的具体适用为视角》，载《上海政法学院学报》2012年第4期，第123页。

法律以及案件争议的焦点是否一致就可以判定是否属于同类案件。然而，理论是灰色的，生活之树常青。司法实践中的案件各种各样，即便案件涉嫌罪名相同，适用法律也相同，但争议焦点也可能不同。判断案件是否是同类案件需要办案人员反复推敲，两眼不断地往返于指导性案例与待判案件之间，逐渐拉近二者的距离方能更好地界分。因此虑及我国基层司法人员的法律素养，加之没有适用指导性案例的任何经验，指导性案例援引必然需要一个适应的过程。

从以上实证调研的数据及分析可以断定，案例指导在司法实践中遭受冷遇是难以辩驳的事实，法律共同体的很多人员对案例指导制度都不甚了解，更别奢望其他非法律人士去主动关注案例指导制度的具体内容了。加之司法人员的观念陈旧，没有形成应用案例进行裁判的习惯，而且多数司法人员不知如何应用案例，因此可以断定刑事案例指导制度的社会整体认知程度还很低，囿于如此低下的社会认同感，指导性案例在司法实践中的运行效果就可想而知了。

**二、刑事案例指导制度的运行现状**

刑事案例指导制度运作的思路应当为：发布指导性案例→援引指导性案例→统一法律适用标准→实现同案同判之目的。在指导性案例已经颁布的前提下，衡量制度运行效果的首要考察指标应当是指导性案例被司法裁判的援引情况，只有指导性案例在司法实践中得到大量的应用才能判定指导性案例的参照力度，增强其自身的影响力，发挥指导性案例自身的优势功能，进而实现刑事案例指导制度设定的目标。因此笔者通过"北大法宝"与"聚法案例"两大司法案例库，于 2022 年 12 月 31 日在刑事案件范围之内，为避免遗漏输入"指导案例"与"指导性案例"进行全文相同词语检索，经过仔细甄别，抛去援引最高人民检察院检例、公报案例、最高人民法院《刑事审判参考》与《人民司法》刊载案例等情形，共有 19 例刑事指导性案例被应用，共有 100 例①刑事裁判文书明确援引最高人民法院发布的"刑事指导性案例"，当然这里不限于法官主动援引，还包括检察官、当事人以及辩护人援引的情况，这样更加能说明

---

① 考虑到案例数据库所收集裁判文书的情况以及笔者在整理过程中难免有疏漏，司法实践中刑事裁判文书实际援引的指导性案例的案件数额应该在这个数据之上，但这一统计至少也能反映出刑事指导性案例在各地法院的援引情况和影响力。当然，由于笔者技术和统计方法不足，统计结果与北大法律信息网老师统计的数额有一定差距，但不影响结果分析。截至 2022 年 12 月 31 日，北大法律网统计结果为，36 例刑事类指导性案例有 21 例被应用于 179 例案例。参见郭叶、孙妹：《最高人民法院指导性案例 2022 年度司法应用报告》，载《中国应用法学》2023 年第 4 期，第 183 页。

指导性案例对刑事司法实践的影响力。值得注意的是，经过检索，最高人民检察院发布的指导性案例在司法判决中援引少见，这也更加印证了前文对检例的论证结论，因此下文归纳与总结的刑事指导性案例仅限于最高人民法院发布的刑事指导性案例。深入研究表4-1展现的内容，结合学者的相关研究以及"两高"刑事指导案例应用的年度报告，可从以下多个方面对刑事指导性案例的援引情况进行分析与阐释。

表4-1 截至2022年12月31日刑事指导案例被援引情况一览

| 刑事指导案例编号与名称 | 援引次数 | 援引主体 | 援引案例及编号 | 援引内容及方式 |
|---|---|---|---|---|
| 指导案例3号：潘玉梅、陈宁受贿案 | 4 | 法官 | 盛祥旭受贿案（2014）鄂下陆刑初字第00011号 | 依据最高人民法院《关于发布第一批指导性案例的通知》的规定：国家工作人员利用职务上的便利为请托人谋取利益，以明显低于市场的价格向请托人购买房屋等物品的，以受贿论处 |
| | | 法官 | 陈友元受贿案（2018）鄂刑申101号 | 根据2011年12月20日最高人民法院《关于发布第一批指导性案例的通知》（法〔2011〕354号）（指导案例3号：潘玉梅、陈宁受贿案），国家工作人员利用职务上的便利为请托人谋取利益，并与请托人以"合办"公司的名义获取"利润"，没有实际出资和参与经营管理的，以受贿论处 |
| | | 辩护人 | 吴某某受贿案（2018）皖0803刑初59号 | 辩护人提交证据：刊载于《人民司法》的《指导案例3号〈潘某甲、陈某甲受贿案〉的理解与参照》，证明受贿罪坚持的标准是虚假出资还是实际出资（法院没有回应） |
| | | 检察官 | 莫礼深红等贪污、挪用公款、受贿、徇私舞弊低价出售国有资产案（2020）粤13刑终55号 | 最高人民法院有相应的解释和指导案例，明确了受贿金额认定问题（法院没有回应） |

续表

| 刑事指导案例编号与名称 | 援引次数 | 援引主体 | 援引案例及编号 | 援引内容及方式 |
|---|---|---|---|---|
| 指导案例4号：王志才故意杀人案 | 1 | 检察官 | 吴某故意杀人案（2016）粤刑终340号 | 根据2011年12月20日最高人民法院《关于发布第一批指导性案例的通知》中第4号案例（王志才故意杀人案）所阐述，因恋爱、婚姻矛盾激化引发的故意杀人案件，原审被告人犯罪手段残忍，论罪应当判处死刑，但原审被告人具有坦白悔罪等从轻处罚情节，同时被害人亲属要求严惩的，人民法院根据案件性质、犯罪情节、危害后果和原审被告人的主观恶性及人身危险性，可以依法判处原审被告人死刑，缓期二年执行，同时决定限制减刑，以有效化解社会矛盾，促进社会和谐 |
| 指导案例11号：杨延虎等贪污案 | 5 | 法官 | 张小平、雍远尚犯贪污罪、受贿案（2014）绵刑终字第225号 | 最高人民法院发布了第三批指导性案例第11号《杨延虎等贪污犯罪案》案例：土地使用权具有财产性利益，属于《刑法》第382条第1款规定中的公共财产，可以成为贪污的对象 |
| | | 辩护人 | 薛某某贪污案（2015）临刑初字第242号 | 最高人民法院指导案例11号：杨某某等贪污案与本案有显著不同，不得类推参考适用（法院没有回应） |
| | | 法官 | 蒋丽萍贪污、受贿案（2018）吉刑终23号 | 对于何谓职务上的便利，《刑法》虽没有明确规定，但最高人民法院指导案例11号裁判要点确认，贪污罪中的利用职务便利，是指利用职务上主管、管理、经手公共财物的权力及方便条件，既包括利用本人职务上主管、管理、经手公共财物的职务便利，也包括利用职务上有隶属关系的其他国家工作人员的职务便利 |

续表

| 刑事指导案例编号与名称 | 援引次数 | 援引主体 | 援引案例及编号 | 援引内容及方式 |
|---|---|---|---|---|
| 指导案例11号：杨延虎等贪污案 | 5 | 法官 | 董文彬等贪污、滥用职权、非国家工作人员受贿案（2019）京刑终115号 | 最高人民法院发布的指导案例11号（杨延虎等贪污案）明确指出，贪污罪中的"利用职务上的便利"，是指利用职务上主管、管理、经手公共财物的权力及方便条件，既包括利用本人职务上主管、管理公共财物的职务便利，也包括利用职务上有隶属关系的其他国家工作人员的职务便利 |
| | | 辩护人 | 吴明武等贪污案（2019）川1302刑初654号 | 被告人吴明武客观上未利用职务上的便利条件。根据最高人民法院发布的指导性案例，本案被告人吴明武对拆迁赔偿款不具有主管、管理、经手的职责，不具有利用职务便利的法定条件（法院没有回应） |
| 指导案例12号：李飞故意杀人案 | 2 | 法官 | 秦小飞故意杀人案（2016）内03刑初5号 | 参照最高人民法院指导案例12号所确定的裁判要旨，鉴于本案系因民间矛盾引发的犯罪，秦小飞具有自首情节，秦小飞亲属案发后代为赔偿部分经济损失，对被告人秦小飞可不判处死刑立即执行 |
| | | 检察官 | 王冠故意杀人案（2016）粤刑终1397号 | 根据最高人民法院的指导案例的意见，对于因民间矛盾引发的故意杀人案，被告人积极赔偿的，人民法院根据案件的具体情形，从尽量化解社会矛盾的角度考虑，可以判处被告人死刑，缓期二年执行，同时决定限制减刑（法院没有回应） |

续表

| 刑事指导案例编号与名称 | 援引次数 | 援引主体 | 援引案例及编号 | 援引内容及方式 |
| --- | --- | --- | --- | --- |
| 指导案例13号：王召成等非法买卖、存储危险物质案 | 20 | 辩护人 | 邹某某非法买卖危险物质案（2013）东二法刑初字第1390号 | 根据最高人民法院的指导性案例，两个案件在犯罪情节等方面具有相似性，本案可以参照该案例进行处理（法院没有回应） |
| | | 检察员辩护人 | 蔡某非法买卖危险物质案（2013）黔南刑一终字第38号 | 检察员建议参照《最高人民法院关于王召成等人非法买卖、储存危险物质案》指导案例予以改判；辩护人以蔡某非法买卖危险物质罪一案与最高人民法院发布的王召成等人非法买卖危险物质罪指导案例一案相似，请求参照指导案例从轻处罚（法院没有回应） |
| | | 辩护人 | 叶文芳等非法买卖危险物质案（2014）金东刑初字第90号 | 根据高院的案例指导，对于未造成严重后果的被告人应该从轻、减轻处罚，判处缓刑（法院没有回应） |
| | | 上诉人 | 张某某等非法买卖、运输爆炸物案（2014）黔南刑一终字第77号 | 参照最高人民法院发布的《王召成等非法买卖、储存危险物质案》指导性案例，请求从轻、减轻处罚并适用缓刑（法院没有回应） |
| | | 辩护人 | 黄润炎非法买卖、存储危险物质案（2014）温龙刑初字第372号 | 参照最高院被告人王召成案指导案例，建议法庭对被告人黄某某从轻处罚并适用缓刑（法院没有回应） |
| | | 上诉人辩护人 | 朱某某非法买卖危险物质案（2014）浙温刑终字第803号 | 最高人民法院于2013年1月31日发布的指导案例13号，王召成等人非法买卖、储存危险物质案买卖数量与本案相差无几，涉案被告人均被宣告缓刑。因此，对朱某某判处10年徒刑量刑畸重（法院没有回应） |

第五章 刑事案例指导制度的实践困境：认知与运行 | 143

续表

| 刑事指导案例编号与名称 | 援引次数 | 援引主体 | 援引案例及编号 | 援引内容及方式 |
|---|---|---|---|---|
| 指导案例13号：王召成等非法买卖、存储危险物质案 | 20 | 辩护人 | 于某非法制造、买卖、运输、储存危险物质案（2015）皋刑初字第00362号 | 从最高院发布的指导案例看，王召成购买157万元氰化钠，对王召成适用的缓刑，马某虽参与了两次买卖，但未造成人员和财产损失，建议法庭对被告人马某适用缓刑（法院没有回应） |
| | | 上诉人 | 曾某某等人非法制造、买卖、运输、储存危险物质案（2015）渝二中法刑终字第00292号 | 2013年13号指导案例不能作为法律适用，不具有溯及力。非法买卖危险物质罪罪名不成立。法院回应：最高法院指导案例对各级人民法院审理类似案件具有普遍指导意义，各级人民法院可以将指导案例作为裁判理由加以评述 |
| | | 法官 | 王安祥、罗某某等非法制造、买卖、运输、储存危险物质案（2015）忠法刑初字第00020号 | 最高人民法院于2013年1月31日发布的13号指导案例（王某丙等人非法买卖、储存危险物质案）将氰化钠评价为刑法意义上的危险物质。故该指控意见成立，本院依法予以认定 |
| | | 上诉人 | 王某甲、吴峰有非法制造、买卖、运输、储存危险物质案（2015）饶中刑一终字第64号 | 与指导性案例类似，参照判决结果，应当适用缓刑（法院没有回应） |
| | | 法官 | 杨某甲、杨某乙非法制造、买卖、运输、储存危险物质案（2016）粤1283刑初108号 | 根据最高院第四批指导性案例13号被告人王召成等非法买卖、储存危险物质罪一案中的指导性意见，氰化钠是属于刑法上规定的危险物质，但该案例中并未认定案中几名被告人的行为属于"情节严重" |

续表

| 刑事指导案例编号与名称 | 援引次数 | 援引主体 | 援引案例及编号 | 援引内容及方式 |
| --- | --- | --- | --- | --- |
| 指导案例13号：王召成等非法买卖、存储危险物质案 | 20 | 辩护人 | 李某甲非法制造、买卖、运输、储存危险物质、盗窃案（2017）粤09刑终55号 | 辩护意见：氰化钠原是限用物质，未被明确是禁用危险物质，后于2013年最高人民法院指导案例13号司法案例后才视为毒害物质（法院没有回应） |
| | | 法官 | 马树军非法储存危险物质案（2018）内0304刑初10号 | 根据最高人民法院发布的指导性案例13号关于"国家严格监督管理的氰化钠等剧毒化学品，易致人中毒或者死亡，对人体、环境具有极大的毒害性和危险性，属于《刑法》第125条第2款规定的'毒害性'物质"的裁判要点 |
| | | 法官 | 张杰、杨小平非法制造、买卖、运输、邮寄、储存枪支、弹药、爆炸物案（2017）粤0402刑初566号 | 最高人民法院2013年颁布的13号指导案例"王某等非法买卖、储存危险物质案"中指出："'非法买卖'毒害性物质，是指违反法律和国家主管部门规定，未经有关主管部门批准许可，擅自购买或者出售毒害性物质的行为，并不需要兼有买进和卖出的行为。" |
| | | 上诉人 | 王雅静、张红良投放危险物质、污染环境、非法制造、买卖、运输、储存危险物质案（2020）冀08刑终109号 | 根据最高人民法院公布的2013年13号指导案例，该案例运输的剧毒物氰化钠，比胡志军运输的普通危化品性质更严重，指导案例认定因没有造成严重后果，对被告人适用了缓刑。如果认定胡志军构成犯罪，胡志军的行为和情节都要比指导案例危害性小，但一审法院没有参照13号指导案例适用缓刑，也属于量刑过重（法院没有回应） |

续表

| 刑事指导案例编号与名称 | 援引次数 | 援引主体 | 援引案例及编号 | 援引内容及方式 |
|---|---|---|---|---|
| 指导案例13号：王召成等非法买卖、存储危险物质案 | 20 | 辩护人 | 刘庆盛等非法买卖、储存危险物质案（2020）琼9005刑初140号 | 根据最高院的指导案例（最高院13号指导案例），案例中的购买的氰化钠金额是本案涉案金额的100多倍，且数量比本案多很多，部分人还存在多次购买情况，最终指导案例中5人最高量刑为3年，缓刑5年，其他4年均是缓刑（法院没有回应） |
| | | 法官 | 陈振权非法制造、买卖、运输、储存危险物质案（2020）粤0306刑初2282号 | 根据最高人民法院于2013年发布的指导案例13号王召成等非法买卖、储存危险物质案，氰化钠系列入危险化学品名录中严格监督管理的限用的剧毒化学品，易致人中毒或者死亡，对人体、环境具有极大的毒害性和极度危险性，极易对环境和人的生命健康造成重大威胁和危害，属于《刑法》第125条第2款规定的"毒害性"物质 |
| | | 法官 | 李峰非法储存爆炸物、非法储存危险物质案（2020）甘刑终104号 | 李峰非法储存氰化钠150千克，参照最高人民法院指导案例《王召成等非法买卖、储存危险物质案》："国家严格监督管理的氰化钠等剧毒化学品，易致人中毒或者死亡，对人体、环境具有极大的毒害性和极度危险性，属于《刑法》第125条第2款规定的'毒害性'物质" |
| | | 辩护人 | 翟红非法制造、买卖、运输、储存危险物质案（2021）粤19刑终610号 | 辩护人向本院提交了最高人民法院第13号指导性案例《王召成等非法买卖、储存危险物质案》，拟证实本案可参照该案例，对上诉人翟红适用缓刑。<br>法院回应：辩护人向本院提交最高人民法院第13号指导性案例《王召成等非法买卖、储存危险物质案》，该案王召成等五被告在非法买卖危险物质氰化钠的时间跨度、买卖数量，以及涉案金额方面以及社会危害性方面均明显小于本案被告翟红，故结合本案上诉人翟红的犯罪情节和社会危害程度等，不足以对其适用缓刑 |

续表

| 刑事指导案例编号与名称 | 援引次数 | 援引主体 | 援引案例及编号 | 援引内容及方式 |
|---|---|---|---|---|
| 指导案例13号：王召成等非法买卖、存储危险物质案 | 20 | 辩护人 | 曾伟杰非法买卖危险物质案（2021）粤0117刑初305号 | 辩护人提出本案可以参照最高人民法院审判委员会讨论通过，2013年1月31日发布的指导案例13号《王某成等非法买卖、储存危险物质案》，该案中的裁判理由也认为"到案后均能如实供述自己的罪行。且购买氰化钠用于电镀生产，未发生事故，未发生严重环境污染，没有造成严重后果，依法可以从轻处罚"，结合本案被告人的犯罪情节、认罪悔罪态度及上述案例的判决，对被告人判处有期徒刑三年并适用缓刑。<br>法院回应：鉴于被告人曾伟杰归案后能够如实供述自己的罪行且能认罪认罚，依法可以从轻从宽处罚，被告人曾伟杰买卖的氰化钠、氰化钾用于电镀厂生产，生产期间没有发生严重安全事故，没有造成环境污染，没有造成严重社会危害，依法可以从轻处罚亦符合该指导案例的裁判理由。因此，综合考量被告人曾伟杰的犯罪情节、对社会的危害程度及悔罪表现，对其可以宣告缓刑 |
| 指导案例14号：董某某等抢劫案 | 5 | 法官 | 董某某交通肇事案（2015）后刑初字第237号 | 参照最高人民法院指导案例14号《董某某、宋某某抢劫案》，禁止被告人董某某自刑罚执行完毕之日起3—5年从事相关职业 |
| | | | 李某某危险驾驶案（2015）后刑初字第255号 | 参照最高人民法院指导案例14号《董某某、宋某某抢劫案》，禁止被告人李某某自刑罚执行完毕之日起3—5年从事相关职业 |
| | | | 李某危险驾驶案（2015）后刑初字第262号 | 参照最高人民法院指导案例14号《董某某、宋某某抢劫案》，禁止被告人李某自刑罚执行完毕之日起3—5年从事相关职业 |

续表

| 刑事指导案例编号与名称 | 援引次数 | 援引主体 | 援引案例及编号 | 援引内容及方式 |
|---|---|---|---|---|
| 指导案例14号：董某某等抢劫案 | 5 | 法官 | 刘某交通肇事案（2015）后刑初字第239号 | 参照最高人民法院指导案例14号《董某某、宋某某抢劫案》，禁止被告人刘某自刑罚执行完毕之日起3~5年从事相关职业 |
| | | 法官 | 牛某等抢劫案（2016）内0523刑初164号 | 本院援引最高人民法院指导案例14号，决定在对王某宣告缓刑的同时适用禁止令 |
| 指导案例27号：臧进泉等盗窃、诈骗案 | 1 | 法官 | 朱长余、肖申等诈骗罪郑奎、李继斌等帮助信息网络犯罪活动罪邓少华、杨佳林等侵犯公民个人信息案（2017）浙0602刑初293号 | 根据最高人民法院指导案例的裁判意见，"行为人利用信息网络，诱骗他人点击虚假链接而实际通过预先植入的计算机程序窃取财物构成犯罪的，以盗窃罪定罪处罚" |
| 指导案例28号：胡克金拒不支付劳动报酬案 | 2 | 检察官 | 王琦拒不支付劳动报酬案（2018）吉24刑终106号 | 相较于最高院的指导性案例，原判量刑畸轻，请求二审法院在有期徒刑2—3年量刑（法院没有回应） |
| | | 法官 | 童伟忠拒不支付劳动报酬案（2017）浙0523刑初450号 | 辩护人提出被告人童伟忠不构成犯罪的辩护意见，按最高人民法院发布的指导性案例《胡克金拒不支付劳动报酬案》裁判要点"1. 不具备用工主体资格的单位或者个人（包工头），违法用工且拒不支付劳动者报酬，数额较大，经政府有关部门责令支付仍拒不支付的，应当以拒不支付劳动报酬罪追究刑事责任。2. 不具备用工主体资格的单位或者个人（包工头）拒不支付劳动报酬，即使其他单位或者个人在刑事立案前为其垫付了劳动报酬的，也不影响追究用工单位或者个人（包工头）拒不支付劳动报酬罪的刑事责任"的精神，该辩护意见显然不应被采纳 |

续表

| 刑事指导案例编号与名称 | 援引次数 | 援引主体 | 援引案例及编号 | 援引内容及方式 |
|---|---|---|---|---|
| 指导案例32号：张某某、金某危险驾驶案 | 7 | 辩护人 | 刘跃平受贿案（2017）京02刑初38号 | 辩护人以证据形式提交最高人民法院发布的第32号指导案例（法院没有回应） |
| | | 辩护人 | 李毅危险驾驶案（2017）川0191刑初255号 | 辩护人辩护意见：根据最高院的指导案例，结合本案被告人的行为，请求法院对被告人按照不作为犯罪处理（法院没有回应） |
| | | 辩护人 | 冯家乐危险驾驶案（2018）粤20刑终81号 | 辩护意见：事故没有造成起落杆损坏，超市方面不再追究，请求二审法院参考最高人民法院32号指导性案例，考虑冯家乐认罪态度良好，且有慢性胃病，改判缓刑和较轻罚金。法院回应：最高人民法院32号指导性案例是摩托车追逐竞驶构成危险驾驶罪，与本案可比性不大 |
| | | 辩护人 | 高强危险驾驶案（2019）宁0106刑初436号 | 根据最高人民法院指导案例，结合本案案情，被告人高强的行为可以不作为犯罪处理（法院没有回应） |
| | | 辩护人 | 郑志才行贿案（2020）粤0823刑初60号 | 电话通知到案，应认定为自动投案。从司法判例来看，最高人民法院指导案例第32号：张某某、金某危险驾驶案，上海市浦东新区人民法院（2012）浦刑初字第4245号刑事判决……（法院没有回应） |
| | | 辩护人 | 李子、曹征强危险驾驶案（2020）苏0611刑初100号 | 根据最高人民法院第32号指导案例，无论从被告人李子的主观意图上看还是客观行为上看，其行为均不构成"追逐竞驶"。法院回应：对被告人李子的辩护人援引最高人民法院第32号指导案例，称无论从被告人李子的主观意图上看还是客观行为上看，其行为均不构成"追逐竞驶"的辩解不予采信 |

第五章 刑事案例指导制度的实践困境：认知与运行 | 149

续表

| 刑事指导案例编号与名称 | 援引次数 | 援引主体 | 援引案例及编号 | 援引内容及方式 |
|---|---|---|---|---|
| 指导案例32号：张某某、金某危险驾驶案 | 7 | 法官 | 司徒英杰、李家涛、黎启健等危险驾驶罪案（2021）粤20刑终119号 | 根据司法实践和最高人民法院指导性案例，机动车驾驶人出于寻求刺激、竞技等动机在道路上曲折穿行、快速追赶行驶的，即属于危险驾驶罪中的"追逐竞驶" |
| 指导案例61号：马乐利用未公开交易信息案 | 6 | 法官 | | 最高人民法院发布的指导案例61号（马乐利用未公开信息交易案）明确指出，利用未公开信息交易罪援引法定刑的情形，应当是对第一款内幕交易、泄露内幕信息罪全部法定刑的引用 |
| | | 法官 | 罗泽萍等利用未公开信息交易案（2016）京刑终60号 | 最高人民法院发布的指导案例61号（马乐利用未公开信息交易案）明确指出，《刑法》第180条第四款规定的利用未公开信息交易罪援引法定刑的情形，应当是对第一款内幕交易、泄露内幕信息罪全部法定刑的引用，即利用未公开信息交易罪应有"情节严重""情节特别严重"两种情形和两个量刑档次 |
| | | 法官 | 苏绘方利用未公开信息交易案（2016）渝01刑初121号 | 最高人民法院指导案例亦明确利用未公开信息交易罪有"情节严重""情节特别严重"两种情形和两个量刑档次 |

续表

| 刑事指导案例编号与名称 | 援引次数 | 援引主体 | 援引案例及编号 | 援引内容及方式 |
|---|---|---|---|---|
| 指导案例61号：马乐利用未公开交易信息案 | 6 | 辩护人法官 | 卓冰利用未公开信息交易案（2016）渝01刑初119号 | 辩护意见：卓某2的犯罪行为发生于最高人民法院第61号指导案例发布之前，应适用从旧兼从轻原则，对其按行为时法律认定为情节严重，而不是情节特别严重。<br>法院回应：关于辩护人提出的卓某2的犯罪行为发生于最高人民法院第61号指导案例发布之前，应适用从旧兼从轻原则，对其按行为时法律认定为情节严重，而不是情节特别严重的辩护意见。本院认为，现行《刑法》第180条第4款关于利用未公开信息交易罪的规定为《刑法修正案（七）》于2009年2月28日所修订增加并施行。该款明确规定利用未公开信息交易罪的量刑依照现行《刑法》第180条第1款的规定处罚。而本案被告人卓某2的犯罪行为发生在2011年2月至2014年5月，对其定罪量刑当然应该适用现行《刑法》第180条第1款、第4款的规定。最高人民法院第61号指导案例虽于2016年6月30日才对外发布，但其本质上并不是针对利用未公开信息交易罪创设的新的处罚更重的法律，也自始不存在针对利用未公开信息交易罪仅规定"情节严重"单一刑档的旧的处罚较轻的法律，该指导案例仅是帮助法律人正确而全面地理解和适用现行《刑法》第180条第4款条文的规定，故不存在新旧法的问题，自然也不涉及从旧兼从轻原则的适用 |

续表

| 刑事指导案例编号与名称 | 援引次数 | 援引主体 | 援引案例及编号 | 援引内容及方式 |
|---|---|---|---|---|
| 指导案例61号：马乐利用未公开交易信息案 | 6 | 法官 | 李涛利用未公开信息交易案（2017）京刑终153号 | 最高人民法院发布的指导案例61号（马乐利用未公开信息交易案）裁判要点指出，刑法第180条第4款规定的利用未公开信息交易罪援引法定刑的情形，应当是对第1款内幕交易、泄露内幕信息罪全部法定刑的引用，即利用未公开信息交易罪应有"情节严重""情节特别严重"两种情形和两个量刑档次 |
| | | 法官 | 郑某、孙某某利用未公开信息交易案（2018）鲁02刑初48号 | 最高人民法院发布的指导案例61号马乐利用未公开信息交易案，明确了《刑法》第180条第4款规定的利用未公开信息交易罪援引法定刑的情形，应当是对第一款内幕交易、泄露内幕信息罪全部法定刑的引用，即利用未公开信息交易罪应有"情节严重""情节特别严重"两种情形和两个量刑档次 |
| 指导案例62号：王新明合同诈骗案 | 12 | 法官 | 索优乐图等贪污案（2015）鄂温克刑初字第00099号 | 根据最高人民法院发布的指导性案例62号裁判要点，在数额犯中犯罪行为既遂与未遂并存，二者在同一量刑幅度的，以犯罪既遂酌情从重处罚 |
| | | 法官 | 李某等盗窃案（2017）内0724刑初79号 | 根据最高人民法院发布的指导性案例62号裁判要点，在数额犯中犯罪行为既遂与未遂并存，二者在同一量刑幅度的，以犯罪既遂酌情从重处罚 |

续表

| 刑事指导案例编号与名称 | 援引次数 | 援引主体 | 援引案例及编号 | 援引内容及方式 |
| --- | --- | --- | --- | --- |
| 指导案例62号：王新明合同诈骗案 | 12 | 法官 | 张某某敲诈勒索案（2017）鲁0883刑初72号 | 根据最高人民法院发布的指导案例62号裁判要点"在数额犯罪中，犯罪既遂部分与未遂部分分别对应不同法定刑幅度的，应当先决定对未遂部分是否减轻处罚，确定未遂部分对应的法定刑幅度，再与既遂部分对应的法定刑幅度进行比较，选择适用处罚较重的法定刑幅度，并酌情从重处罚；二者在同一量刑幅度的，以犯罪既遂酌情从重处罚"，本案既遂部分与未遂部分在同一量刑幅度内，应以犯罪既遂酌情从重处罚，对于公诉机关及辩护人提出本案系犯罪未遂的相关量刑建议及辩护意见，不予采纳 |
|  |  | 法官 | 左勇非法制造、买卖、运输、邮寄、储存枪支、弹药、爆炸物案（2017）豫0923刑初308号 | 按照最高人民法院公布的62号指导性案例"王新明合同诈骗案"所确定的原则，"在数额犯中，犯罪既遂部分与未遂部分分别对应不同法定刑幅度的，应当先决定对未遂部分是否减轻处罚，确定未遂部分对应的法定刑幅度，再与既遂部分对应的法定刑幅度进行比较，选择适用处罚较重的法定刑幅度，并酌情从重处罚；二者在同一量刑幅度的，以犯罪既遂酌情从重处罚。" |

续表

| 刑事指导案例编号与名称 | 援引次数 | 援引主体 | 援引案例及编号 | 援引内容及方式 |
| --- | --- | --- | --- | --- |
| 指导案例62号：王新明合同诈骗案 | 12 | 辩护人 | 王×光受贿案（2018）京02刑终87号 | 最高人民法院在第62号指导性案例的裁判要点中指出："在数额犯中，犯罪既遂部分与未遂部分分别对应不同法定刑幅度的，应当先决定对未遂部分是否减轻处罚，确定未遂部分对应的法定刑幅度，再与既遂部分对应的法定刑幅度进行比较，选择适用处罚较重的法定刑幅度，并酌情从重处罚；二者在同一量刑幅度的，以犯罪既遂酌情从重处罚。"一审法院在量刑时违反上述规则。<br>法院回应：一审法院分别认定了王×光受贿既遂、未遂的金额，虽决定对未遂部分予以减轻处罚，但鉴于王×光受贿既遂金额达166万元，根据既遂金额，并充分考虑王×光有坦白、认罪及退赃表现等量刑情节，对其所判刑罚适当，且未违背最高人民法院在第62号指导性案例中确立的量刑规则 |
| | | 法官 | 王本铎行贿罪案（2018）川0811刑初31号 | 最高人民法院发布的指导案例62号《王新明合同诈骗案》更进一步明确：在数额犯中，犯罪既遂部分与未遂部分分别对应不同法定刑幅度的，应当先决定对未遂部分是否减轻处罚，确定未遂部分对应的法定刑幅度，再与既遂部分对应的法定刑幅度进行比较，选择适用处罚较重的法定刑幅度，并酌情从重处罚；二者在同一量刑幅度的，以犯罪既遂酌情从重处罚 |

续表

| 刑事指导案例编号与名称 | 援引次数 | 援引主体 | 援引案例及编号 | 援引内容及方式 |
|---|---|---|---|---|
| 指导案例62号：王新明合同诈骗案 | 12 | 法官 | 王某某敲诈勒索案（2019）鲁0883刑初382号 | 参照最高人民法院指导案例62号"在数额犯中，犯罪既遂部分与未遂部分分别对应不同法定刑幅度的，应当先决定对未遂部分是否减轻处罚，确定未遂部分对应的法定刑幅度，再与既遂部分对应的法定刑幅度进行比较，选择适用处罚较重的法定刑幅度，并酌情从重处罚；二者在同一量刑幅度的，以犯罪既遂酌情从重处罚"，本案被告人王某某敲诈勒索既遂10万元，未遂455430元，根据本案案情，对未遂部分依法可以减轻处罚，减轻处罚后，既遂部分与未遂部分对应同一法定刑幅度，本案应以其犯罪既遂酌定从重处罚 |
| | | 检察官 | 张雪峰敲诈勒索案（2019）内01刑终286号 | 最高人民法院发布的62号指导案例中明确指出，在数额犯中，犯罪既遂部分与犯罪未遂部分分别对应不同法定刑幅度时，应先决定未遂部分是否使用减轻处罚，确定未遂部分对应的法定刑幅度，再与既遂部分对应的法定刑幅度进行比较，选择使用处罚较重的法定刑幅度，并酌情从重处罚，在张雪峰实施的敲诈勒索犯罪中，既遂部分为35万元，未遂部分为15万元，该案应在有期徒刑10年以上量刑，故原判不应再引用犯罪未遂条款（法院没有回应） |
| | | 法官 | 杨建云出售、购买、运输假币案（2019）豫16刑终670号 | 在数额犯中，当同一犯罪是通过复数行为实现时，需要对每次行为的犯罪形态分别进行评价，进而决定刑罚裁量。最高人民法院指导案例62号体现了这一裁判要旨。本案中，被告人杨建云购买假币的行为是单一行为，不是通过复数行为实现犯罪，不宜将刑法单一行为拆分为复数行为按照既遂和未遂分别予以认定进而量刑 |

续表

| 刑事指导案例编号与名称 | 援引次数 | 援引主体 | 援引案例及编号 | 援引内容及方式 |
|---|---|---|---|---|
| 指导案例62号：王新明合同诈骗案 | 12 | 法官 | 方华敲诈勒索案（2019）川01刑终1168号 | 参照最高人民法院指导案例62号关于"在数额犯中，犯罪既遂部分与未遂部分分别对应不同法定刑幅度的，应当先决定对未遂部分是否减轻处罚，确定未遂部分对应的法定刑幅度，再与既遂部分对应的法定刑幅度进行比较，选择适用处罚较重的法定刑幅度，并酌情从重处罚；二者在同一量刑幅度的，以犯罪既遂酌情从重处罚"的裁判观点 |
| | | 法官 | 褚树意抢劫案（2020）赣0102刑初249号 | 根据最高人民法院《关于发布第13批指导性案例的通知》（法〔2016〕214号）中指导案例62号精神，本院以抢劫3万元既遂的基本犯罪事实确定被告人褚树意适用的法定刑幅度为有期徒刑3年以上10年以下，将未遂部分7万元的犯罪事实酌情从重处罚，被告人褚树意又有坦白、退还部分赃款、被害人对本案引发有过错的量刑情节，对其从轻处罚 |
| | | 辩护人 | 刘海华、倪丹非法经营案（2020）津0106刑初116号 | 根据最高人民法院第62号指导案例和《"套路贷"意见》，在数额犯中，既遂部分与未遂部分对应不同法定刑幅度的，应当先决定对未遂部分是否减轻处罚，确定未遂部分对应的法定刑幅度，在与既遂对应的比较，选择较重的法定刑幅度，在同一幅度的以犯罪既遂酌情从重（法院没有回应） |

续表

| 刑事指导案例编号与名称 | 援引次数 | 援引主体 | 援引案例及编号 | 援引内容及方式 |
|---|---|---|---|---|
| 指导案例71号：毛建文拒不执行判决、裁定案 | 11 | 法官 | 林某拒不执行判决、裁定案（2017）内0724刑初37号 | 根据最高人民法院发布的指导性案例71号裁判要点，具有执行内容的判决、裁定发生法律效力后，负有执行义务的人有隐藏、转移、故意毁损财产等拒不执行行为，致使判决、裁定无法执行，情节严重的，应当以拒不执行判决、裁定罪定罪处罚 |
| | | 法官 | 雷永芳拒不执行判决、裁定案（2017）桂0331刑初27号 | 最高人民法院发布的第15批指导性案例中的71号指导案例毛建文拒不执行判决、裁定案中认定，有能力执行而拒不执行判决、裁定的时间从判决、裁定发生法律效力时起算 |
| | | 法官 | 王小芬拒不执行判决、裁定案（2017）浙03刑终675号 | 根据最高人民法院于2016年12月28日发布的指导案例71号，明确有能力执行而拒不执行判决、裁定的时间从判决、裁定发生法律效力时起算 |
| | | 法官 | 李秋贵拒不执行判决、裁定案（2017）晋05刑终304号 | 参照最高人民法院2016年12月28日发布的指导案例第71号，生效法律文书的强制执行力不是在进入强制执行程序后才产生的，而是自法律文书生效之日即产生，因此拒不执行判决、裁定罪中规定的"有能力执行而拒不执行"的行为起算时间应从相关民事判决生效时起算 |
| | | 法官 | 王蕊与李刚拒不执行判决、裁定案（2018）京0112刑初486号 | 最高人民法院发布的指导案例71号（毛建文拒不执行判决、裁定案）明确指出，拒不执行判决的行为从相关民事判决发生法律效力时起算，在案证据证实被告人在收到二审民事判决书后、本院送达执行通知书之前申请设立房屋抵押权登记并签字，其拒不执行判决的行为应当从民事判决发生法律效力之日起算，故上述辩解和辩护意见本院不予采纳 |

续表

| 刑事指导案例编号与名称 | 援引次数 | 援引主体 | 援引案例及编号 | 援引内容及方式 |
|---|---|---|---|---|
| 指导案例71号：毛建文拒不执行判决、裁定案 | 11 | 法官 | 胡本珍拒不执行判决、裁定案（2018）湘0121刑初473号 | 参照最高人民法院审判委员会于2016年12月28日发布的71号指导案例即被告人毛某拒不执行判决案裁判要旨，有能力执行而拒不执行判决、裁定的时间从判决、裁定发生法律效力时起算 |
| | | 法官 | 何伟亮拒不执行判决、裁定案（2018）粤0606刑初1821号 | 经查，根据最高人民法院第71号指导案例《毛某拒不执行判决、裁定案》的裁判要点，拒不执行判决、裁定罪中规定的"有能力执行而拒不执行"的行为起算时间，应当从相关民事判决发生法律效力时起算 |
| | | 法官 | 程九根拒不执行判决、裁定案（2019）浙0191刑初180号 | 最高人民法院发布的指导案例71号毛某拒不执行判决、裁定案明确了有能力执行而拒不执行判决、裁定的时间从判决、裁定发生法律效力时起算，经查，被告人程九根出售其名下房产后，所得钱款除用于归还房产抵押款，剩余钱款可以执行法院生效民事判决，其有能力执行法院生效判决，但并未执行法院生效判决，致使生效判决在执行阶段无法执行，表明其主观上具有拒不执行的故意，故对被告人程九根所提该辩解，本院不予采信 |

续表

| 刑事指导案例编号与名称 | 援引次数 | 援引主体 | 援引案例及编号 | 援引内容及方式 |
|---|---|---|---|---|
| 指导案例71号：毛建文拒不执行判决、裁定案 | 11 | 被告人、辩护人 | 周书平拒不执行判决、裁定案（2019）冀01刑终724号 | 原审被告人上诉提出：原判引用的最高人民法院2017年1月3日发布的指导案例71号"毛建文拒不执行判决裁定案"和本案没有任何可比性，更无关联性，不能相提并论。<br>辩护人提出：最高人民法院于2017年1月3日发布的指导案例71号"毛建文拒不执行判决裁定案"和本案毫不相干。一个是周书平已经全部履行判决，一个是毛建文拒不执行判决。再者，毛建文案的发布时间是2017年1月3日，而本案的开庭时间是2016年10月4日，本案的适用法律条文从时间上讲也和毛建文案毫不相关。<br>法院回应：关于上诉人（原审被告人）周书平及其辩护人所提原判不应引用2017年1月3日最高人民法院发布的指导案例71号"毛建文拒不执行判决、裁定案"的相关辩解及辩护观点，首先，辩护人所提溯及力的问题，根据《最高人民法院、最高人民检察院关于适用刑事司法解释时间效力问题的规定》第2条规定："对于司法解释实施前发生的行为，行为时没有相关司法解释，司法解释实施后尚未处理或者正在处理的案件，依照司法解释的规定办理。"而2010年11月26日颁布的《最高人民法院关于案例指导工作的规定》第7条规定："最高人民法院发布的指导性案例，各级人民法院审判类似案件时应当参照。"据此指导案例71号"毛建文拒不执行判决、裁定案"应属于最高人民法院的司法解释的范畴，故该指导案例对本案具有溯及力 |

续表

| 刑事指导案例编号与名称 | 援引次数 | 援引主体 | 援引案例及编号 | 援引内容及方式 |
| --- | --- | --- | --- | --- |
| 指导案例71号：毛建文拒不执行判决、裁定案 | 11 | 法官 | 张华、李国珍拒不执行判决、裁定案（2020）晋0821刑初1号 | 参照最高人民法院2016年12月28日发布的指导案例第71号，生效法律文书的强制执行力不是在进入强制执行程序后才产生的，而是自法律文书生效之日即产生，因此拒不执行判决、裁定罪中规定的"有能力执行而拒不执行"的行为起算时间应从相关民事判决生效时起算 |
| | | 辩护人 | 许某某拒不执行判决、裁定案（2021）湘1021刑初430号 | 最高人民法院指导案例71号，拟证明本案应当参照指导案例，有能力执行而拒不执行判决、裁定时间应从判决发生法律效力时起算，而不能从诉讼保全时起算（法院没有回应） |
| 指导案例87号：郭明升、郭明锋、孙淑标假冒注册商标案 | 4 | 检察官、法官 | 谢德建等假冒注册商标、销售假冒注册商标的商品案（2018）粤0607刑初354号 | 公诉人法庭辩论援引指导案例87号。法院回应：本院从"疑点利益归被告人"的原则出发，采纳公诉人在法庭辩论时提出的"根据2017年3月6日最高人民法院《关于发布第16批指导性案例的通知》，假冒注册商标犯罪的非法经营数额、违法所得数额，应当综合被告人供述、证人证言、被害人陈述、网络销售电子数据等证据认定"的公诉意见 |
| | | 法官 | 张安生、邓武假冒注册商标、王勇、代某销售假冒注册商标的商品案（2019）辽07刑终13号 | 参照最高人民法院审判委员会讨论通过的第87号指导案例 |

续表

| 刑事指导案例编号与名称 | 援引次数 | 援引主体 | 援引案例及编号 | 援引内容及方式 |
|---|---|---|---|---|
| 指导案例87号：郭明升、郭明锋、孙淑标假冒注册商标案 | 4 | 辩护人 | 贾跃贤等假冒注册商标案（2019）冀11刑终475号 | 根据最高院87号指导案例，对假冒注册商标犯罪数额的认定，应当综合被告人供述、证人证言、被害人陈述、网络电子销售数据、银行往来记录、送货单、快递公司电脑系统记录、被告人记账等证据（法院没有回应） |
| | | 检察官 | 高冠群等销售有毒、有害食品案（2020）苏01刑终457号 | 疑似刷单情形已扣除，被告人及辩护人并未提供新的有效线索证明可能还存在刷单情形，根据最高人民法院87号指导案例，被告人辩解网络销售记录存在刷信誉的不真实交易，但无证据证实的，应不予采纳（法院没有回应） |
| 指导案例93号：于欢故意伤害案 | 1 | 辩护人 | 刘燃故意伤害案（2020）甘05刑初5号 | 参照最高人民法院2018年6月20日发布的指导案例93号于欢故意伤害案及最高人民检察院2018年12月18日发布的指导案例45号陈某正当防卫案、第46号朱凤山故意伤害（防卫过当）案，辩护人认为，指导性案例认定的事实及情节与本案被告人刘燃的行为一致，对上述指导性案例应当予以参照后认定被告人的行为构成防卫过当（法院没有回应） |
| 指导案例97号：王力军非法经营再审改判无罪案 | 2 | 代理人 | 林少忠非法经营案（2019）粤刑申308号 | 最高人民法院第19批指导性案例之"内蒙古农民王力军非法经营再审改判无罪案"（法院没有回应） |
| | | 法官 | 李健民等非法经营案（2019）川1302刑初282号 | 2018年12月19日最高人民法院《关于发布第19批指导案例的通知》中的指导案例97号，王力军非法经营再审改判无罪案中的裁判要点"判断违反行政管理有关规定的经营行为是否构成非法经营罪，应当考虑该经营行为是否属于严重扰乱市场秩序。对于虽然违反行政管理有关规定，但尚未严重扰乱市场秩序的经营行为，不应当认定为非法经营罪" |

续表

| 刑事指导案例编号与名称 | 援引次数 | 援引主体 | 援引案例及编号 | 援引内容及方式 |
|---|---|---|---|---|
| 指导案例105号：洪小强、洪礼沃、洪清泉、李志荣开设赌场案 | 12 | 法官 | 熊明安开设赌场案（2019）川1302刑初82号 | 2018年12月25日最高人民法院发布第20批指导性案例，其中第105号被告人洪某、洪某2、洪某3、李某开设赌场案的裁判要点是：利用微信群开设赌场，以营利为目的，通过邀请人员加入微信群的方式招揽赌客，根据竞猜游戏网站的开奖结果等方式进行赌博，设定赌博规则，利用微信群进行控制管理，在一段时间内持续组织网络赌博活动的，属于《刑法》第303条第2款规定的"开设赌场" |
| | | 辩护人 | 张延远开设赌场案（2019）豫1327刑初242号 | 辩护意见：量刑时请法庭参考最高人民法院的指导性案例105号和106号，合理确定量刑的裁量区间。法院回应：辩护人其他辩护意见，符合本案事实及法律规定，本院在量刑时予以考虑 |
| | | 检察官 | 王城、刘志伟开设赌场案（2019）赣1103刑初336号 | 根据指导性案例第105号，本案被告人为网络赌博（法院没有回应） |
| | | 法官 | 苏三、罗亮开设赌场案（2019）川1302刑初664号 | 被告人苏三、罗亮与刘秀、蒲科承、王雄林等人，以营利为目的，借助境外网站，通过每天建立微信群，在群内公布银行卡号、支付宝账号接受多人投注，并利用机器人软件进行上下分的统计，组织多人参与赌博，在基本案情和法律适用方面，与105号指导性案例相类似，应当参照该指导性案例的裁判要点作出裁判。被告人苏三、罗亮的行为已构成开设赌场罪。参照该指导案例，本案属于网络赌博且系情节严重，对被告人苏三、罗亮应当在3年以上10年以下判处刑罚 |

续表

| 刑事指导案例编号与名称 | 援引次数 | 援引主体 | 援引案例及编号 | 援引内容及方式 |
|---|---|---|---|---|
| 指导案例105号：洪小强、洪礼沃、洪清泉、李志荣开设赌场案 | 12 | 辩护人 | 田添、汪亚军等开设赌场案（2019）新0203刑初170号 | 最高人民法院审判委员会在2018年12月25日发布的第105号指导案例"洪小强、洪礼沃、洪清泉、李志荣开设赌场案"中明确："以营利为目的，通过邀请人员加入微信群的方式招揽赌客，根据竞猜游戏网站的开奖结果等方式进行赌博，设定赌博规则，利用微信群进行管理，在一段时间内持续组织网络赌博活动的，属于刑法第303条第2款规定的开设赌场。"（法院没有回应） |
|  |  | 检察官 | 江信斌、林艳芳、翁丽珍等开设赌场案（2019）闽07刑终337号 | 抗诉机关提出：最高人民法院公布的第20批指导性案例中利用建立微信群进行管理，通过微信红包接龙等方式赌博的案例，均定性为网上开设赌场。<br>法院回应：最高人民法院公布的第20批指导案例是行为人利用建立微信群进行赌博，而本案林艳芳等人未建立微信群，与指导案例的犯罪模式不相同，故最高人民法院的指导案例不能作为本案定罪量刑的参考依据 |

续表

| 刑事指导案例编号与名称 | 援引次数 | 援引主体 | 援引案例及编号 | 援引内容及方式 |
|---|---|---|---|---|
| 指导案例105号：洪小强、洪礼沃、洪清泉、李志荣开设赌场案 | 12 | 检察官、辩护人 | 陈绍帅、王立侦开设赌场案（2020）琼02刑终13号 | 抗诉意见：参照最高人民法院第20批指导性案例中的"指导案例105号"，两案案情基本相同，指导案例认定该案为开设赌场罪情节严重，本案应当认定为网上开设赌场、情节严重。<br>辩护意见：我国是成文法国家，且不能确定最高人民法院105号指导案例的犯罪事实和情节是否与本案的犯罪事实和情节一致，不能参照最高人民法院的判例来判决本案，否则会违反罪刑法定原则。<br>法院回应：本案应当参照最高人民法院发布的105号指导案例认定为网上开设赌场。该案例是最高人民法院2018年12月25日集中发布的5个有关网络犯罪专题指导性案例之一，该指导案例的裁判要点是：以营利为目的，通过邀请人员加入微信群的方式招揽赌客，根据竞猜游戏网站的开奖结果等方式进行赌博，设定赌博规则，利用微信群进行控制管理，在一段时间内持续组织网络赌博活动的，属于《刑法》第303条第2款规定的"开设赌场" |
| | | 法官 | 杨逍、张玉叶开设赌场案（2020）鄂0281刑初148号 | 根据2018年12月25日最高人民法院《关于发布第20批指导性案例的通知》规定，以营利为目的，通过邀请人员加入微信群的方式招揽赌客，根据竞猜游戏网站的开奖结果等方式进行赌博，设定赌博规则，利用微信群进行控制管理，在一段时间内持续组织网络赌博活动的，属于《刑法》第303条第2款规定的"开设赌场" |

续表

| 刑事指导案例编号与名称 | 援引次数 | 援引主体 | 援引案例及编号 | 援引内容及方式 |
|---|---|---|---|---|
| 指导案例105号：洪小强、洪礼沃、洪清泉、李志荣开设赌场案 | 12 | 辩护人 | 俞新贵等诈骗案（2020）闽0105刑初50号 | 辩护意见：本案的两个平台均系赌博平台，被害人均明知其在平台上的下注行为是参赌行为，且被告人俞新贵等人的行为符合设置圈套诱骗他人参赌获取钱财的行为，本案与最高人民法院第105指导案例具有相似性，本案被告人的行为属于开设赌场。<br>法院回应：辩护人提供的指导案例在本案中不具有可参照性，辩护人的该项辩护意见理由不成立，不予采纳 |
| | | 法官 | 杨松虎等非法拘禁、故意伤害、敲诈勒索、赌博、开设赌场案（2020）云0921刑初20号 | 被告人杨松虎、罗开新以营利为目的，客观上实施了利用互联网、移动通信终端在手机上建立"微信群"，通过邀请人员加入微信群的方式招揽赌客，并利用微信群进行控制管理，在一定时间内组织网络赌博活动的行为，设定赌博方式、制定赌博规则，结合最高人民法院关于网络赌博指导案例分析，指导案例明确了利用建立微信群的方式组织"竞猜游戏网站的开奖""以抢红包的方式"的赌博，均成立开设赌场罪 |
| | | 辩护人 | 贾天、王俊娜开设赌场、赌博、危险驾驶案（2020）豫1002刑初469号 | 最高法指导案例105号开设赌场罪，涉案数额为300多万元，量刑比本案的量刑轻，望法庭参照最高法的量刑进行扣减（法院没有回应） |
| | | 法官 | 林銎等开设赌场案（2021）粤18刑终130号 | 本案应当参照最高人民法院发布的105号指导案例对上诉人的行为认定为开设赌场行为。该指导案例的裁判要点是：以营利为目的，通过邀请人员加入微信群的方式招揽赌客，根据竞猜游戏网站的开奖结果等方式进行赌博，设定赌博规则，利用微信群进行控制管理，在一段时间内持续组织网络赌博活动的，属于《刑法》第303条第2款规定的"开设赌场" |

续表

| 刑事指导案例编号与名称 | 援引次数 | 援引主体 | 援引案例及编号 | 援引内容及方式 |
|---|---|---|---|---|
| 指导案例106号：谢检军、高垒、高尔樵、杨泽彬开设赌场案 | 7 | 辩护人 | 黄孝辉、周小莉、李天译、苏丽军开设赌场案（2019）吉0112刑初43号 | 最高人民法院指导案例106号不应作为本案裁判依据（法院没有回应） |
| | | 检察官 | 郭凤刚开设赌场案（2019）鲁14刑抗5号 | 根据最高人民法院106号指导案例裁判要点：以营利为目的通过邀请人员加入微信群，利用微信群进行控制管理，以抢红包形式进行赌博，在一段时间内持续组织赌博活动的行为，属于《刑法》第303条第2款规定的开设赌场罪（法院没有回应） |
| | | 法官 | 林建光等开设赌场案（2019）渝0229刑初30号 | 从相关法律规定及第105、106号指导性案例确立的裁判规则来看，利用互联网或互联网软件开设赌场，其主要行为特征体现在设定或利用赌博方式和规则，具有持续性、组织性、经营性 |
| | | 法官 | 杨海涛开设赌场案（2020）渝02刑终336号 | 本院认为根据最高人民法院第106号指导性案例的裁判要点：以营利为目的，通过邀请人员加入微信群，利用微信群进行控制管理，以抢红包方式进行赌博，在一段时间内持续组织赌博活动的行为，属于《刑法》第303条第2款规定的"开设赌场"。因此，杨某在××App建立赌博群属于开设赌场的行为，上诉人及辩护人的上诉理由及辩护意见不成立，本院不予采纳 |
| | | 检察官 | 舒坤、饶婷、陈宇豪等开设赌场案（2020）川13刑终53号 | 参照最高人民法院第105号、106号指导案例，原判决量刑畸轻，请二审法院依法纠正（法院没有回应） |

续表

| 刑事指导案例编号与名称 | 援引次数 | 援引主体 | 援引案例及编号 | 援引内容及方式 |
|---|---|---|---|---|
| 指导案例106号：谢检军、高垒、高尔樵、杨泽彬开设赌场案 | 7 | 辩护人 | 陈玉森开设赌场案（2020）鲁14刑终196号 | 为说明本案不宜以判决追缴涉案赌资275015786.63元，现提交指导案例第105号、指导案例第106号和（2020）琼02刑终13号《刑事判决书》 |
| | | 法官 | 张国杰、余道军等吸收客户资金不入账案（2021）晋10刑终254号 | 参照2018年12月25日最高人民法院《关于发布第20批指导性案例的通知》发布的指导案例，以营利为目的，通过邀请人员加入微信群的方式招揽赌客，设定赌博规则，利用微信群进行控制管理，或以抢红包方式进行赌博，在一定时间内持续组织赌博活动的行为，属于《刑法》第303条第2款规定的"开设赌场" |
| 指导案例145号：张竣杰等非法控制计算机信息系统案 | 1 | 辩护人 | 中通领航电信技术（北京）有限公司等破坏计算机信息系统案（2020）辽0112刑初200号 | 根据最高人民法院发布的指导案例第145号"张某2等非法控制计算机信息系统案"，即明确通过修改、增加计算机信息系统数据，但对该系统未造成实质性破坏的或者不能运行的，不应当认定为非法控制计算机信息系统罪，而非破坏计算机信息系统罪（法院没有回应） |
| 指导案例146号：陈庆豪、陈淑娟、赵延海开设赌场案 | 2 | 辩护人 | 雷昌昕、雷明中等诈骗案（2021）豫01刑终121号 | 本案与最高法第146号指导性案例系类案，应按开设赌场罪定性。法院回应：其行为与最高法第146号指导案例中"被告人以未来某段时间外汇品种的价格走势为交易对象，按照'买涨''买跌'确定盈亏，以'押大小、赌输赢'方式经营"不同，原判对其构成诈骗罪定性准确 |
| | | 辩护人 | 孙学伟等诈骗案（2021）辽14刑终72号 | 最高院于2020年12月29日发布的146号指导案例《陈庆豪、陈淑娟、赵延海开设赌场案》已对"二元期权"网站的行为作出定性，经营者应定为开设赌场罪，另"鑫薪园"也已认定为开设赌场。故本案定为诈骗罪不当（法院没有回应） |

(一) 刑事指导性案例的援引率不高

1. 被援引的指导性案例数量少

根据前文对最高人民法院发布的刑事指导性案例的梳理可以得知,截至目前,最高人民法院共发布 36 个刑事指导案例。但从上述刑事指导性案例被援引统计表 4-1 可以看出,被援引的刑事指导性案例仅有 19 例,即指导案例 3、4、11、12、13、14、27、28、32、61、62、71、87、93、97、105、106、145、146 号,占整个刑事指导性案例的比例仅为 53%,尚未被援引的刑事指导性案例所占比例高达 47%。由此可见,刑事指导性案例的整体被援引比例很低,已被援引的刑事指导性案例仅仅为已发布刑事指导性案例一半稍多一点。[①] 刑事指导性案例发布的数量本来就十分有限,已发布的刑事指导性案例还被大量虚置,若从统计数字观之,刑事案例指导制度整体运行难言理想,刑事指导性案例远未发挥预期中指导司法审判的功能。

2. 被援引的指导性案例应用频次低

从被援引的 19 个指导性案例来看,其中有 4 个指导性案例的援引频次超过两位数,其余 15 例指导性案例被援引频次都在个位数。具体而言,指导案例 13 号王召成等非法买卖、存储危险物质案被应用频次最高为 20 次;指导案例 62 号王新明合同诈骗案被应用频次为 12 次;指导案例 105 号洪小强、洪礼沃、洪清泉、李志荣开设赌场案被应用频次为 12 次;指导案例 71 号毛建文拒不执行判决、裁定案被应用频次为 11 次;指导案例 32 号张某某、金某危险驾驶案和指导案例 106 号谢检军、高垒、高尔樵、杨泽彬开设赌场案被应用 7 次;指导案例 61 号马乐利用未公开信息交易案被应用 6 次;指导案例 11 号杨延虎等贪污案和指导案例 14 号董某某等抢劫案被应用 5 次;指导案例 3 号潘玉梅、陈宁受贿案和指导案例 87 号郭明升、郭明锋、孙淑标假冒注册商标案被应用 4 次;指导案例 28 号胡克金拒不支付劳动报酬案被应用 2 次;指导案例 12 号李飞故意杀人案、指导案例 97 号王力军非法经营再审改判无罪案和指导案例 146 号陈庆豪、陈淑娟、赵延海开设赌场案应用频次为 2 次,其余指导案例被援引均为 1 次。

---

[①] 当然,如果按照时间进行纵向考察对比可以发现,刑事指导性案例的援引情况是有所提高的,但就整体情况而言,仍不理想。2017 年笔者做过统计,当时已发布 14 例刑事指导性案例,司法实践援引仅有 5 例,占总数的 36%,被援引的刑事指导性案例数远远低于未被援引的案例数。

由上分析清晰可见,在被援引的刑事指导性案例中,总体应用的频次很低,除指导案例 13、62、105、71 号之外,其余指导案例被援引频次几乎可以忽略不计。考虑到全国一年刑事审判案件的庞大数量,刑事指导性案例被援引的频次少的有点可怜,这不应当是已在我国建立十多年之久的刑事案例指导制度的应有表现。针对以上现象,我们需要深入反思,查找原因,提升指导性案例的指导实效功能,不断扩大其在司法裁判中的影响力。

3. 援引指导性案例的裁判文书总量小

从数据统计来看,裁判文书中各类主体明确援引刑事指导性案例的文书总计 100 篇,① 根据援引主体的不同,100 篇文书可分为两种类型②:一是检察人员、当事人或辩护人作为诉辩理由援引占 47 篇;二是法官援引指导性案例进行裁决的有 53 篇,法官明示援引刑事指导性案例占比 53%。由数据可见,案例指导制度在运行十多年之后,司法实践明示援引指导性案例的总量明显不足,即便是法院在裁判文书中明示援引的数量和比例也不容乐观,可见案例指导制度在法官以及各类诉讼参与主体中的影响力还不够,主动援引刑事指导性案例的动力不足。当然还有一种情形是,在庭审过程中律师和法官可能提到或讨论过某些指导性案例,但因某些原因它们未能体现在裁判文书中,而实际上它们却实实在在地影响到了案件的裁判,只是我们无法从裁判文书中看到这一点。③ 这种情况应该是客观存在的,其数量没法有效统计,但即便如此参照指导性案例的裁判文书总量也不会有明显改观。

4. 援引指导性案例的法院数量少

在 53 篇法官援引指导案例的文书中,经统计,共有 20 家法院的法官有明示援引记录,而其时全国共有 3250 家法院,援引法院只占法院总数的 0.61%,说明指导性案例的覆盖率很低,在很多法院还没有援引的经历,也没能引起各地法院的广泛关注,进一步验证了指导性案例在法院系统的影响力十分有限。

---

① 相较于笔者在 2017 年统计的援引文书数量 18,数量有了明显的提升,但总量仍不乐观。
② 有学者把这两种类型称之为关键性引述与非关键性引述,关键性引述是指法官在裁判文书的说理部分引述了指导案例。非关键性引述,是指当事人在控辩理由中引述了指导案例,但法官在裁判文书的说理部分并未给予回应、分析或评述。显然关键性的引述更能体现指导案例的作用,其影响也较大。参见石磊、刘松涛:《指导性案例参照情况的实证分析》,载《人民司法》2015 年第 12 期,第 43 页。
③ 参见李红海:《案例指导制度的未来与司法治理能力》,载《中外法学》2018 年第 2 期,第 494 页。

为何出现如此惨淡局面，值得我们去深入探究。

（二）法官对其他主体援引指导性案例不予回应

根据《实施细则》第10、11条的规定，法院在审判类似案件中可以援引指导性案例作为裁判说理依据，公诉机关、案件当事人及其辩护人亦可以援引指导性案例作为控诉或辩护的理由。从表4-1援引主体栏的内容可以发现，司法实践中援引主体呈现多元化，包括法院、检察机关、上诉人及其辩护人，一定意义上可以说明各种诉讼主体都会关注最高人民法院发布的刑事指导性案例，只要有助于维护自身合法权益的，都尽可能去寻找相关指导性案例作为支撑。依照刑事案例指导制度设置的初衷，其主要是为法院审判工作提供指导，以便统一裁判尺度，维护司法公平公正。当然司法实践中法官不主动援引指导性案例但并不意味着其他诉讼参与人也无权援引指导性案例。从援引主体的分布来看，法官援引有53例，检察官有12例，上诉人有6例，辩护人有33例，共104人次。由于个别司法案例是检察官与辩护人都援引指导性案例，还有的是上诉人与辩护人都援引指导性案例进行说理，因此援引主体人次超过100个应用案例的数量。相比较而言，法官与辩护人援引的次数最多，分别占总104人次的51%和32%。

从表面观之，法官参照指导性案例的积极性相对较高，但法院作为推进案例指导制度的引领者，主动援引指导性案例进行说理是其职责所在，援引比例却仅有51%，[①] 如此一来，法院的援引情况也就不容乐观。因此，除法院援引指导案例外，辩护人就成为在司法实践中援引指导性案例最多的主体。刑事案件的辩护人都是律师，他们对法律相对比较了解，是刑事法治建设不可或缺的重要力量，为了有效维护被告人合法权益，必然竭尽全力寻找依据来支持自己的辩护观点，其中指导性案例就是律师手中一项宝贵的司法资源。《实施细则》第11条第2款规定："公诉机关、案件当事人及其辩护人、诉讼代理人引述指导性案例作为控（诉）辩理由的，案件承办人员应当在裁判理由中回应是否参

---

[①] 从一般意义而言，最高人民法院持续推进的一项重要司法制度，法官的援引情况最能反映这项制度的运行情况。对此，有学者提出不同看法，法官主动援引的比例高不代表制度的活跃程度、实效程度就高。广义援引的主体并不限于法官，还包括律师、检察官等，相反，被动援引的比例高反而更能反映出整个法律职业共同体对案例指导制度的重视和认同，因此，我们不需要刻意地去追求高比例的主动援引数据。参见黄泽敏：《指导性案例主/被动援引规则之重构》，载《法制与社会发展》2020年第1期，第94—95页。

照了该指导性案例并说明理由。"由此规定可得知，公诉机关和辩护人等在案件中援引指导性案例，不管法院最终参照与否，法院都要对此作出回应。令人遗憾的是，非法官主体援引指导性案例共计 47 例，法官明确回应的仅有 13 例，[①] 占应当回应总数的 27%，其余 34 例法院在裁判文书中并未给予任何回应。这一数据表明，法院在司法裁判中对《实施细则》对指导性案例援引规则的规定不够重视，甚至是完全无视，这无疑使指导性案例效力大打折扣。即便是在仅有的回应的裁判文书中，回应的质量也难言理想。例如，在李子、曹征强危险驾驶罪一审刑事判决书中，辩护人提出，根据最高人民法院第 32 号指导案例，无论从被告人李子的主观意图上看还是客观行为上看，其行为均不构成"追逐竞驶"。法院回应：对被告人李子的辩护人援引最高人民法院第 32 号指导案例，称无论从被告人李子的主观意图上看还是客观行为上看，其行为均不构成"追逐竞驶"的辩解不予采信。可以发现法院的回复仅以"不予采信"作为理由，试问这样的回复有什么意义可言，还怎么能令当事人信服呢？可以预见，长此以往，法院不予回应其他主体援引指导性案例以及回复态度的现实情状也必将打击辩护人以及其他主体援引指导性案例的积极性，不利于提升指导性案例的司法影响力，更不利于案例指导制度的良性发展。

当然，令人欣慰的是，在众多法院主动回应的案例中，有个别文书法院针对辩护人提出的问题在刑事裁判文书中给出了十分详尽的回应。例如，在（2019）冀 01 刑终 724 号周书平拒不执行判决、裁定案中，原审被告人上诉及辩护人提出：最高人民法院于 2017 年 1 月 3 日发布的指导案例 71 号"毛建文拒不执行判决、裁定案"和本案毫不相干。一个是周书平已经全部履行判决，另一个是毛建文拒不执行判决。再者，毛建文案的发布时间是 2017 年 1 月 3 日，而本案的开庭时间是 2016 年 10 月 4 日，本案的适用法律条文从时间上讲也和毛建文案毫不相关。法院回应：关于上诉人（原审被告人）周书平及其辩护人所提原判不应引用 2017 年 1 月 3 日最高人民法院发布的指导案例 71 号"毛建文拒不执行判决、裁定案"的相关辩解及辩护观点，首先，辩护人所提溯及力的问题，根据《最高人民法院、最高人民检察院关于适用刑事司法解释

---

[①] 笔者于 2017 年统计这项数据时，对于非法官主体援引指导性案例情形，法院主动回复的仅有 1 例，如今过去 5 年，增加了 12 例，回复数量在增加，但对于整个制度要求而言，法院主动回复率仍然很低。

时间效力问题的规定》第 2 条规定："对于司法解释实施前发生的行为，行为时没有相关司法解释，司法解释实施后尚未处理或者正在处理的案件，依照司法解释的规定办理。"而 2010 年 11 月 26 日最高人民法院颁布的《关于案例指导工作的规定》第 7 条规定："最高人民法院发布的指导性案例，各级人民法院审判类似案件时应当参照。"据此最高人民法院于 2017 年 1 月 3 日发布的指导案例 71 号"毛建文拒不执行判决、裁定案"应属于最高人民法院的司法解释的范畴，故该指导案例对本案具有溯及力。这个法院回应援引指导性案例的态度和做法值得推广和学习，希望将来在审判中针对检察官以及诉讼参与人援引指导性案例进行说理的法院都能够明确作出是否参照的回应并说明理由，不仅能让当事人对裁判心服口服，提高判决的社会效应，而且也通过司法适用进一步确证或者理清指导性案例的意涵，① 由此才能更好地推动案例指导工作的发展。

当然也有法官裁判中参照了指导性案例，但并未给予当事人明确回应，虽然结果相同，但不利于案例指导制度的发展。正如有学者所言："这种隐形适用的方式在一定程度上避免了直接论述参照指导性案例所带来的风险，但无法凸显指导性案例及其法理的作用，从长期来看并不利于案例指导制度的有效运行。要在类似案件中细致论证裁判理由，以显性的方式引入法理分析是必要的。在指导性案例已经越来越多地被裁判文书援引的背景下，法官应当解除对引用不当的担心，突破隐形适用的藩篱。"② 当然，相较于其他主体援引指导性案例而言，我们更希望法院在审判过程中能自觉援引与正在审判的案件相类似的指导性案例。究其原因，作为国家的审判机关，法院享有司法最终裁决权，其作出的生效判决是表征司法是否公正的最为有力的说明，故而法院积极援引指导性案例无疑能够提升案例指导制度的影响力。"法官以裁判文书说理的方式回应指导性案例，实际上也是一种借用司法这一公共平台对指导性案例意义的再生产。这不仅有助于指导性案例意涵的进一步明确，也有助于其他诉讼参与人以及社会大众更为清晰地获知案例信息，进而在践行裁判文书说理属性私人化的同时最大程度彰显其所蕴含的公共产品属性，以期更好地发挥指导性案

---

① 方乐：《指导性案例司法适用的困境及其破解》，载《四川大学学报（哲学社会科学版）》2020 年第 2 期，第 156 页。
② 孙光宁：《法理在指导性案例中的实践运用及其效果提升》，载《法制与社会发展》2019 年第 1 期，第 31 页。

例制度的社会功能。"① 唯有如此才能更好地推进案例指导制度在司法实践的良性运行,统一适用法律的制度目的才能实现。我们期待援引指导性案例主体百花齐放,希望各类诉讼主体都能重视指导性案例的价值,但这里起主导作用的主体一定只能是法院,只有法院重视指导性案例的指导作用才能引领整个司法实践达致应用指导性案例的繁荣局面。

(三) 刑事指导性案例的援引有失规范

1. 指导性案例援引形式不统一

刑事案例指导制度作为一项法律适用机制,指导性案例虽不能直接作为裁判的法律依据,但是在裁判说理时可援引指导性案例增强说服力。那么在援引形式上应不应该作统一要求?笔者认为,司法判决是一件十分严肃的事情,援引格式也应当规范统一。从表4-1的援引内容及方式不难发现,各地法院援引方式各异,标准不统一,"指导性案例"与"指导案例"并存,指导案例编号顺序不同,指导案例名称呈现括号与书名号两种形式。具体援引形式表现为:依据最高人民法院《关于发布第一批指导性案例的通知》的规定、最高人民法院发布了第三批指导性案例第11号《杨延虎等贪污犯罪案》案例、最高人民法院于2013年1月31日发布的13号指导案例(王某丙等人非法买卖、储存危险物质案)、最高人民法院指导案例14号《董某某、宋某某抢劫案》、最高人民法院发布的指导案例61号(马乐利用未公开信息交易案)。虽然引述方式不会对指导性案例的作用产生实质影响,但合理统一的引述方式更加凸显案例指导制度的严谨性。《实施细则》第11条提出:"在裁判文书中引述相关指导性案例的,应在裁判理由部分引述指导性案例的编号和裁判要点。"依照《实施细则》规定解读,标准的引述方式应为:指导案例×号+裁判要点,不包括指导案例的名称。法院援引形式虽然各异,但都包括指导案例号与指导案例名称。最高人民法院发布的指导性案例都有明确的编号,即便没有指导案例的名称也不会混淆案例适用。但若从判决文书的明确性角度考虑,加上指导性案例的名称更加一目了然,尤其是对于很多不熟知指导性案例的读者,使他们能够更加全面地认识指导性案例的指导意义,而且很容易识别被援引的指导案

---

① 参见方乐:《指导性案例司法适用的困境及其破解》,载《四川大学学报(哲学社会科学版)》2020年第2期,第158页。

例与审判案件的罪名是否一致,更有利于对指导性案例裁判要点的清晰认识。因此建议指导性案例的统一援引方式规定为:指导案例×号+案例名称+裁判要点,在指导案例名称上添加一个书名号,如此使引述的指导性案例在裁判文书中更加醒目,有利于阅读裁判文书者更好地认知指导性案例援引的具体情况。如此一来,规范引述方式也能提升法院对指导性案例的重视程度,增强指导性案例的影响力,对推动案例指导制度的发展颇有助益。

2. 指导性案例援引内容不规范

《实施细则》第9条明确规定:"各级人民法院正在审理的案件,在基本案情和法律适用方面,与最高人民法院发布的指导性案例相类似的,应当参照相关指导性案例的裁判要点作出裁判。"由此规定可以得知,虽然指导性案例涉及的内容点很多,但仅限于援引其裁判要点,其余部分一概不能应用到裁判文书中进行说理。然而从所援引指导案例内容的情况而言,并非都依照《实施细则》援引指导性案例的裁判要点,例如,辩护人与上诉人援引指导案例13号王召成等非法买卖、储存危险物质案中,有多例只是援引该案的"裁判结果",而非裁判要点对于"氰化钠属于毒害性物质以及买卖"的解释。指导案例13号中被告人被判处缓刑,其余应用案例中上诉人或者辩护人认为本案与指导性案例类似,因此应当参照指导性案例的裁判结果。而且在1例援引案件中检察院亦是援引指导性案例的裁判结果建议对上诉人进行改判,法官在裁判文书中对此亦没有作出明确回应,只是有的法院采纳了轻判的上诉或辩护意见,有的法院没有进行轻判。指导案例13号与援引指导案例13号的案例实践可以说明两个问题:一是诉讼参与人对只能援引指导性案例"裁判要点"的规定认识不清。法官援引指导性案例的几个案例中并没有出现援引超过裁判要点的情形,这也与制度设计重在指导法院审判工作的初衷相吻合。但这里有个问题值得深思,如若诉讼参与人援引指导性案例的其他部分如表4-1所示,上诉人超过裁判要点内容仅仅援引刑事指导性案例的裁判结论,且从事实与法律角度而言,正在审理的案件也应当与指导性案例的裁判结论相一致,那么法院对此应当如何应对? 虽说非裁判要点内容没有约束力,但裁判结论作为指导性案例一个重要的组成部分,当事人进行援引维护自身的合法权益并无不可,如若法院直接拒绝当事人的诉求恐有不妥。按道理讲,作为一个刑事指导性案例除裁判要点外其结论经不起推敲,如此案例被选为指导性案例就是严重的错误,况且在类似案件中不能得到结论一致的判罚也与建立刑事案件指导制度的初衷相违背。在司法实践中，同样的案件法院认定性质相同但裁判结论大相径庭就是同案不同判的主要表现之一，因此建议确立指导性案例的裁判结果对类似案件裁判当然具有指导意义是十分必要的。二是指导案例 13 号的裁判要点指导性不强。刑事指导性案例重在解决法律适用难题，通过裁判要点提供裁判方法与规则指导类似案件的审判工作，最终达致同案同判之目的。然而指导案例 13 号确立的两个裁判要点显然在司法实践中没有争议，虽然援引该指导案例的裁判案件最多，但在 10 例援引案件中仅有一起案例是法官援引该指导案例的裁判要点，其余都是关于量刑问题。从实践援引内容情况来看，指导性案例裁判要点的总结还有待提升，在实践中真正存在法律适用难题的并没有纳入裁判要点范畴。如此一来，一旦诉讼参与人援引非裁判要点便会导致法院陷入十分尴尬之境地。因此不断总结司法实践中存在的真问题，确立真正有指导意义的裁判要点是指导性案例建设的一项重要课题。

　　总而言之，不论是法律职业共同体人员对刑事案例指导制度的认知情况，还是刑事指导性案例被司法实践援引现状都难言理想。现实对刑事案例指导制度的冷遇与理论热议造成很大落差。即便是从已被援引指导性案例的司法实践观之，参照数量也是微乎其微，且呈现出十分不均衡的局面。加之在数量有限的援引案例中也没有体现出指导性案例的应有价值，援引质量不高，援引方式不规范，指导性案例在司法实践中影响力较低，刑事案例指导制度没有得到充分的发展，也没有实现规范化运作，远未达到人们对制度的预期效果。反观司法实践，与发布指导性案例罪名类似的案件在司法实践中大量存在，但法院却很少援引指导性案例。当然，司法实践中存在的罪名相同案件并非都是疑难案件，但不缺乏与指导性案例类似的案件，因此只能说明已经发布的指导性案例并没有真正解决司法实践难题，总结的裁判要点大多是法律与司法解释的具体规定，法院无须去援引指导性案例即可进行裁量。再者，检索出援引非指导性案例的裁判文书也有 20 多篇，加之法院隐性参照已经生效先例进行裁判的司法现象大量存在，可以断定司法实践中法院是有援引需求的。换言之，司法"市场"是存在的，只要案例产品质量过关就不愁"销量"上不去。因此，提高指导性案例的自身质量，发掘真正能够解决疑难问题、说理能力强的典型性案件是需要我们尽快完善的问题。这就要求最高人民法院在各地各级人民法院充分调研的基础上,在占有实践中大量类似裁判案件的基础上,经过深入研究,选拔一批具有代表性的案件,总结与提炼出精当、实用的裁判要点,方能发挥刑事案例指导制度预期功能。

**三、刑事案例指导制度实践效果不彰之成因**

根据前文对已颁布刑事指导性案例的深入分析以及刑事案例指导制度运行的实证分析可以得知,刑事案例指导制度实践效果很差,远未达到预期目标。究其原因,司法人员无视"应当参照"指导性案例的规定,刑事指导性案例数量少、质量又不高,法院不用也不会用指导性案例是刑事案例指导制度面临的主要障碍。换言之,指导性案例的供需、质量、效力是制约刑事案例指导制度进一步发展的内部瓶颈所在。

*(一)刑事指导性案例供需不足*

目前,最高人民法院发布的刑事指导案例仅有 36 例,难以涵摄刑事司法实践的主要法律难题,与刑事司法实践海量的刑事案件形成巨大反差,仅依凭数量就可以预判刑事案例指导制度司法应用不会理想。刑事案例指导制度作为一种法律适用机制,指导性案例是制度功能发挥的核心,若指导性案例数量不足,也就意味着其指导案件裁量活动的作用也十分有限。指导性案例的数量无疑是考量案例指导制度的一项重要实践指标。"解释制度是否能够发挥常态作用,其规范提供的数量是决定性因素之一。只有量化的规模才可能制度性地发挥影响,因为数量决定了其影响的广度和深度。案例数量过少使得人们期待落空,对全国司法工作的指导意义微乎其微,无疑将使这一制度的重要性大打折扣。"[①] 虽说指导性案例的数量并非越多越好,但一定数量的指导性案例是案例指导制度有效运行的基础性条件。虑及这一制度尚在起步阶段,存在新制度有待准备和探索的客观困难,但当前刑事指导性案例发布的数量实在过少,这必然会限制刑事案例指导制度影响的广度和深度。"虽然不能认为这些指导性案例没有解决任何问题,但考虑到司法机关的年办案数量以及基层司法机构期待解决的海量问题,这样一个数字微小到完全可以忽略不计。"[②] 即便已经颁布的刑事指导性案例个个都是精品,都有很强的指导力,但由于数量有限,解决司

---

① 林维:《刑事案例指导制度:价值、困境与完善》,载《中外法学》2013 年第 3 期,第 505 页。
② 同上。

法难题的广度就必然受限，如此渺小的指导性案例小船也只能被淹没在司法实践的汪洋大海之中。更何况已发布的刑事指导性案例质量又不高，指导力不足，这样刑事案例指导制度运行不畅也就是合情合理之事。

再者，从刑事指导案例所涉刑法罪名而言其数量亦十分有限。现有指导性案例涉及的刑法罪名仅有 24 个，而我国现行《刑法》有 480 多个罪名，所占罪名总数比例不及 5%。即便去除一些不常见的罪名，指导性案例也难以对诸多常见罪名出现的一些疑难问题提供有效的指导。比如财产犯罪的性质认定与诸多罪名法定刑适用都需要指导性案例的指导。诚然指导性案例不能以数量取胜，但没有数量无"案"可依，面对法律适用难题，法院难以做出无指导性案例之判决。最高司法机关在指导性案例数量发展上走的是"求稳求准""由少到多"的策略，以避免引起不必要的争议，为案例指导制度的发展提供相对平衡的环境。① 应当说最高人民法院的顾虑也是合情合理之事，但制度在建立 10 年之后仍然没有实质性进展，发布的刑事指导性案例数量未见明显增长，难免使人对刑事指导案例失去耐心。过少的指导性案例使司法人员在处理案件中很难找到可适用的指导性案例，久而久之遇到处理有困难的案件时自然也不会想起求助指导性案例，案例指导制度被虚置也就不足为奇了。② 指导性案例数量的有限性难以使法官养成参照指导性案例的习惯，刑事案例指导制度的落实也就只能成为空谈。

（二）刑事指导性案例质量不高

1. 指导性案例的指导力不足

指导性案例数量固然重要，但指导性案例的质量更为关键。没有高质量的指导性案例，仅仅有大量指导力不强的案例亦是徒劳。指导性案例的重要功能就在于弥补成文法不足，缓解司法解释的压力，为司法实践提供具体可行的裁判规则，因此唯有对现有法律有明确解释的指导性案例才具有实践价值。然而，从已经发布的刑事指导性案例裁判要点来看，指导性案例多以回应公共议题与重申司法解释为主，未能对法律原则性规定与司法解释进行拓展，只是"重申立法与司法解释"的内容，其指导意义十分有限。当然也有个别指导性

---

① 参见秦宗文、严正华：《刑事案例指导运行实证研究》，载《法制与社会发展》2015 年第 4 期，第54 页。

② 同上书，第49 页。

案例属于释法类型，但解释内容极为简单，裁判要点属于实务中的法律常识，一般不会造成法官理解偏差，该类指导性案例的指导作用阙如，基本没有发布必要。刑事案例指导制度的运行要求法官在审判同类案件中参照指导性案例，但并不等于法官在审判任何案件都需要参照指导案例。"如果简单案件也需要指导性案例确定判决标准，那么整个中国的审判体系就出现了严重的问题，即法官缺乏基本的审判能力和法律良知。"① 法官只有在遇到法律适用难题，即依照现有的立法与司法解释不能找到明确的裁判规则时才会寻找指导性案例的帮助，这也是刑事案例指导制度设立的初衷。换言之，若指导性案例仅仅是对现有不存在争议的法律规范的简单适用，法官审判类似案件可以直接依据法律进行裁量而无须参照指导性案例。从指导审判角度而言，这些对法律没有做出解释的指导性案例没有任何价值。"回应公共议题、重申司法解释之类的案例，规则含量较低，法官可以直接运用法律和司法解释，没有必要参照指导案例。"② 由此可见，指导性案例的质量是法官援引的有效保障，如果指导性案例未能化解适用法律争议，没有提供有效司法规则，即使数量再多也无济于事。

2. 指导性案例说服力不强

指导性案例之所以能弥补司法解释的不足，能够被选为指导案例，一个重要的原因就是指导性案例是案件事实与法律适用结合的典范。裁判要点与案件事实、裁判理由等要素组成一个有机整体，这些要素对于指导性案例缺一不可。虽说只有指导性案例中的裁判要点才是法官要参照的范畴，然而裁判要点的提炼是与案件事实与裁判理由密不可分的。即便裁判要点为解决司法适用难题提供了良方，但若案件事实阐述不清、裁判理由论证不充分致使裁判要点失去了坚实的基础，极易导致人们对裁判要点产生怀疑。例如，有些指导性案例的裁判要点本来具有很强的指导意义，但囿于裁判理由论证和阐述的单薄没能够充分论证裁判要点的规则，依然影响指导性案例被诉讼主体接受和应用的效果。典型代表就是指导案例 27 号臧进泉等盗窃、诈骗案在裁判理由中对盗窃与诈骗通过是否基于被害人错误认识而"自愿"交付财物而做出界分，实践指

---

① 陆幸福：《最高人民法院指导性案例法律效力之证成》，载《法学》2014 年第 9 期，第 99 页。
② 谢彩凤、赵鸿章：《从"柔性参考"到"刚性参照"：指导性案例应用现状探究及完善——以 52 个指导性案例的援引情况为分析视角》，载《尊重司法规律与刑事法律适用研究（上）——全国法院第 27 届学术讨论会获奖论文集》，2016 年 4 月 14 日，北京，第 419—420 页。

导意义很强,尤其是在盗窃与诈骗行为交错存在的情形下更是难以断定。然而,裁判理由论述并没有对该区分标准进行深入的解读,只是简单提及,由此必然影响裁判要点的说服力,指导性案例指导作用的发挥必然也要受到很大影响。

(三)刑事指导性案例的效力形同虚设

刑事案例指导制度是否发挥预期功能,一个重要的衡量指标就是考察指导性案例的实际参照情况。参照是指导性案例拘束力的表现形式,是指导性案例的生命力源泉,指导性案例在司法审判中的参照状况直接影响到其效力和价值的发挥。[①] 据前文实证考察可以清晰地发现,指导性案例在司法实践中援引率极低,在已经颁布的刑事指导性案例中被援引的案例仅占指导性案例总数的53%,在全国众多的法院中仅有20家法院主动援引指导性案例。在当事人及辩护人主动援引指导案例支持自己说理的案件中法官也基本不予明确回应,完全忽视指导性案例的约束力,指导性案例的"应当参照"效力形同虚设,对法官司法裁断没有任何约束力。由此下去,也必然会打击当事人及其辩护律师参照指导性案例的积极性。在法官眼里,指导性案例似乎是可有可无的东西,"应当参照"已然沦为"可以参照"。令人难以置信的是,竟然有很多法官对案例指导制度毫不知情,对其有无效力也不了解。实证数据表明司法人员对刑事案例指导制度的熟悉程度不容乐观,从调查人员整体上看,仅有22%的人学习过"两高"发布的指导性案例。不熟悉案例指导制度和指导性案例自然就谈不上遵守和参照办案问题。[②] 如此认知现状很难发挥案例指导制度统一法律适用的功能。为了确保指导性案例能够被司法机关参照,最高人民法院在《案例指导规定》第7条明确指出:各级人民法院在审判类似案件时,应当参照指导性案例。但就如何参照、不参照有无后果等重要问题缺乏官方的正式答复,导致法院处在迷茫之中,不知如何推广指导性案例,法官也担心援引指导性案例容易被当事人纠缠不清或者被上级法院发改。因此即便法官实际采用了指导性

---

[①] 参见石磊、刘松涛:《指导性案例参照情况的实证分析》,载《人民司法》2015年第23期,第43页。

[②] 参见秦宗文、严正华:《刑事案例指导运行实证研究》,载《法制与社会发展》2015年第4期,第45页。

案例的规则和精神,也不明确援引,这实质上削弱了指导性案例的效力。① 为了进一步强化"参照"效力,最高人民法院《实施细则》第 11 条明确规定:控辩双方引述指导性案例作为诉辩理由的,法官应当在裁判理由中回应是否参照了该指导性案例并说明理由。这一规定一定程度上从外部约束了法官采用指导性案例的随意性,但《实施细则》并未言明如果法院不参照非法官主体提出的指导性案例且不作任何回应的情形下会有什么样的后果,因此这一规定的效果也就大打折扣,未能起到有效监督法院参照指导性案例的作用。

从司法实践角度而言,显然法律适用难题层出不穷,而且同期在全国判决中,与指导性案例类似的案例也不在少数,因此指导性案例运行的现实基础是客观存在的。但缘何指导性案例无人问津,法官鲜有参照?这既有内在的原因,也有外部的环境制约。内在因素表现为:一方面是因为指导性案例的效力缺乏有效的制度保障,如果不参照适用没有任何法律后果。高级人民法院的法官之所以更重视指导性案例是因为他们害怕自己的判决被最高人民法院改判,而被改判对其职业生涯极为不利。② 另一方面案例指导制度的"产品"存在问题,即指导性案例不仅数量不足,而且质量上存在"产品缺陷"。现有指导性案例问题点不突出,说理也不透彻,根本没有体现出指导性案例以事实适用法律的形象特征。外部因素方面包括:我国是成文法国家,缺乏遵循先例的传统,内在的正确性和最高人民法院的模糊授权不足以使指导性案例具有较强的约束力。③ 因此逐步给刑事案例指导制度营造一个良好的外部环境也是指导性案例发挥指导审判工作的一个重要问题。

最高人民法院在推进案例指导制度的同时也十分注重典型案例的发布,每个月都保证要发布一批,相较于指导性案例的发布,典型案例发布的工作显然要做得更好一点。或许也是最高人民法院考虑到指导性案例数量难以满足实践需求,欲通过典型案例间接弥补其不足。典型案例既能为司法实践提供司法规则,而且还可以缓解案例指导制度的压力。虽然在制度层面上典型案例与指导

---

① 参见谢彩凤、赵鸿章:《从"柔性参考"到"刚性参照":指导性案例应用现状探究及完善——以 52 个指导性案例的援引情况为分析视角》,载《尊重司法规律与刑事法律适用研究(上)——全国法院第 27 届学术讨论会获奖论文集》,2016 年 4 月 14 日,北京,第 419 页。

② 参见陆幸福:《最高人民法院指导性案例法律效力之证成》,载《法学》2014 年第 9 期,第 98 页。

③ 参见邓矜婷:《指导性案例的比较与实证》,中国人民大学出版社 2015 年版,第 180 页。

性案例有很大不同（至少在是否可以援引进行说理方面完全不同）。但从案例文本的形式而言，丝毫看不出二者有多大区别，也难以说指导性案例适用法律及其说理能力就一定比典型案例强。由于"大量典型案例层出不穷，且具有与指导性案例极为相似的指导功能，一定程度上弱化和稀释了指导性案例的'参照'效力，也引发了对中国特色案例指导制度的层次体系和内在逻辑的追问"①。

**四、本章小结**

刑事案例指导制度作为一种法律适用机制，旨在化解法律适用难题，保持其生命力的关键在于司法应用。然而据实践调研发现，司法人员对于案例指导制度的认知情况不容乐观，众多司法人员对现行的案例指导制度不了解，了解案例指导制度的司法人员对于指导性案例的效力也没有清晰的认识。在指导性案例司法援引方面，通过实证分析可以清晰地发现，指导性案例被援引的比例不高，法院援引指导性案例的积极性不高，鲜见法院参照指导性案例在裁判文书中说理论证，其对于其他诉求主体援引指导性案例的情形也有时不予回应。而且在为数不多援引指导性案例的裁判文书中，法院援引方式各异，缺乏规范性，没能很好地提升指导性案例的影响力。因此依据以上两个维度的实证分析可以得知，刑事案例指导制度在我国司法实践的整体运行效果不太理想，远未发挥预期的效果。

毋庸讳言，刑事案例指导制度在司法实践推进中存在诸多问题，远未发挥自身优势功能，远未达到学界与实务界对于制度的预期目标，当然刑事案例指导制度运行不畅并不能当然否定制度的正当性。刑事案例指导制度的司法运行不仅能弥补模糊的法律规定与司法解释的不足，能为司法裁量提供活生生的法律规则，提供裁判思路，提高司法裁判的质量。而且刑事案例指导制度也未突破罪刑法定原则，反而与罪刑法定精神相契合，指导性案例的实践运行还能促进罪刑法定原则的司法实现，维护法律的稳定性与社会适用性，因此应继续推动刑事案例指导制度实践运行。虽然现阶段刑事案例指导制度实践运行陷入困境，面临诸多困难，但不能因此就质疑该制度正当性。突破困境的进路在于完

---

① 参见谢彩凤、赵鸿章：《从"柔性参考"到"刚性参照"：指导性案例应用现状探究及完善——以 52 个指导性案例的援引情况为分析视角》，载《尊重司法规律与刑事法律适用研究（上）——全国法院第 27 届学术讨论会获奖论文集》，2016 年 4 月 14 日，北京，第 419 页。

善该项制度，一方面加强刑事案例指导制度的自身建设；另一方面要为案例指导制度运行营造良好的外部司法环境，改变司法人员的司法理念，强化司法人员适用指导性案例的技术，扫清案例指导制度运行的障碍，最终为实现司法统一与公正而努力。

# 第六章 刑事案例指导制度的完善路径：内部与外部

迄今为止，刑事案例指导制度正式确立已有 10 余年，然而刑事指导性案例的发布与应用效果却不尽如人意。我们对刑事案例指导制度的实效满怀期待，运行效果却使我们不得不正视现实。理性审视刑事案例指导制度的现状，认清其本身存在的问题以及外部环境的制约因素，却发现其实效甚微的现状似乎又无可厚非。刑事案例指导制度要想运作成功，其制度本身的自我完善以及外部客观条件的成就是必不可少的。刑事案例指导制度是符合司法规律且顺应时代潮流的法律适用机制，虽然其在实践中饱受挫折，但我们不能因此就搁置甚或放弃该项制度，因为案例是解释法律和弥补法律不足的最佳方式。在建设法治中国背景下，唯有在依法治国理念的指引下，根据我国司法实践的实际情况，借鉴域外判例制度的经验，不断完善与改进刑事案例指导制度的不足之处，注重刑事案例指导制度的影响力，形成指导性案例数量充足与质量较高并重的局面，提升指导性案例的指导力与说服力，同时为制度运行营造良好的外部环境，转变司法人员传统的司法观念，培训司法人员掌握适用指导性案例的各项技能，方可发挥刑事案例指导制度的优势功能，弥补成文立法与司法解释的不足，化解法律适用难题，实现统一法律适用的预期目标。

**一、刑事案例指导制度的域外经验借鉴**

司法生产判例却又离不开判例，重视判例作用的发挥已然成为各国法治建设的一项重要内容。"继续过去的实际做法，就是为没有经验的法官提供前人积累的经验。如果他无知，他可以向前人学习，从先行者的知识中获益；如果他慵懒，他可以注意前人的行为，并从先驱者的勤奋中获益；如果他愚蠢，他可以从前人的智慧中获益；如果他有偏见，对比可以起到公开监督的作用，限制肆意妄为的空间。"① 学者所言应当说是先例价值的集中体现。构建中国特色的刑事案例指导制度必然离不开对一些国家及地区判例制度的有益借鉴。英国与美国是判例法系国家的典型代表，判例是这两个国家的主要法律渊源，且两国具有丰富的判例司法经验，深入研究英美判例在司法实践中发挥作用的模式无疑对完善中国案例指导制度具有启迪作用。大陆法系国家虽然以制定法为本国法律的基石，法官裁判活动要严格依照成文法律规则，但不可否认的是，这些国家日益重视判例指导司法裁判与明确法律规定内涵功能的发挥，德国、法国与日本就是典型的代表。我国也属于成文法国家，有着与成文法国家相似的法律体制，必然会面临许多共识性的问题，大胆借鉴德、法、日国家司法判例制度的先进经验更具有现实意义。此外，我国台湾地区虽然属于制定法体系，但也十分重视判例作用的发挥，而且其已在司法实践中发挥出很大实效。因此借鉴这些国家及地区判例制度的经验对于进一步完善中国案例指导制度颇有助益。

（一）英美法系的判例法制度

1. 英国

英国是判例法的起源和典范，12世纪亨利二世为了统一全国法律在国内进行司法改革，通过司法统一法律也就为英国最终形成以司法为中心的判例法打下了基础。英国判例法制度最终形成经历了漫长的发展过程，尤其是遵循先例原则在19世纪末才得到普遍的承认。② 判例法是指由法官在作出裁决时阐述和据以行动的规则和原则。③ 换言之，法官具有制造法律规则的权力，英国法官是英国法律的建筑师，④ 所以判例法又称为法官法。判例是英国法律的正式渊源，且具有法律效力，后案的法官必须遵循判例中确立的法律规则。判例法之所以能够落到实际，保证司法的可预期和司法公正，判例报告与遵循先例原则功不可没。判例报告是判例法体制的重要载体，是人们了解法律规则的资料来源与文本，其好比成文法体制下的法典或制定法，离开判例报告也就无所谓判例法。遵循先例原则是指每个法院都必须遵循在法院等级体系中高于自己的任

---

① ［美］彼得·德恩里科、邓子滨编著：《法的门前》，北京大学出版社2012年版，第5页。
② 参见梁治平：《英国判例法》，载《法律科学》1991年第1期，第12页。
③ 参见［英］鲁伯特·克罗斯、J. W. 哈里斯：《英国法中的先例》，苗文龙译，北京大学出版社2011年版，第5页。
④ 同上书，第16页。

何法院所作出的判决,而且上诉法院(除了上议院)受它们自己的先前判决约束,以便实现同案同判。先例原则的显著特征就是尊重上级法院的判决,下级法院的判决对上级法院来说只是一种说服性先例,上级法院的判决对于下级法院则是约束性先例。① 英国法院体系的等级十分严密,这为判例法机制的形成和运作提供了重要条件。② 经过长期的司法实践积累,遵循先例已经成为英国法官在司法审判中的一条行为准则,一般情况都不允许违背先例。③

由此可见,在英国也不是任何判例都能成为先例,必须是上级法院的判例。而且并不是判例中的任何一部分内容都具有法律约束力,只有判例中的判决理由部分才具有法律效力,附随意见没有法律约束力,应该把二者严格地区分开来。判决理由是基于对判决为根本性的事实而提出的法律命题,是该判决中必不可少的部分,只有这部分才可能拘束后来的法官,其余的都属于附随意见,它至多只具有参考价值。④ 事实上,后案法官如何区分判决理由与附随意见也是一门司法实践技艺。"英国法律是成文的判例法,它和法典法的唯一不同之处,只在于它是用不同的方法写成的。"⑤

2. 美国

英国不仅在自己国家实行判例法体制,在殖民扩张过程中判例制度也影响到其他很多国家,美国就是其中典型的代表。美国虽然也属于判例法国家,很多方面仍然沿袭了英国的司法制度,判例是正式的法律渊源,也具有法律约束力,但美国的司法判例制度与英国的制度不完全相同,有其自身的特点。美国的成文宪法使法院享有司法审查权,可以通过判例宣告政府命令乃至国会立法违宪,大大提升了判例的效力等级。先例原则也是以法院的等级制为基础,但受联邦制政治体制影响,美国在遵循先例方面不及英国严格,联邦和州相对独

---

① 参见[英]鲁伯特·克罗斯、J. W. 哈里斯:《英国法中的先例》,苗文龙译,北京大学出版社2011年版,第6页。

② 参见高鸿钧等主编:《英美法原论(上)》,北京大学出版社2011年版,第163页。

③ 1966年,英国上议院发表惯例陈述,宣布放弃过去严格遵循先例的做法。陈述指出:过于严格的遵循先例可能在个别案件中导致不正义,而且不适当地限制了法律的发展。因此,他们提议修改目前的惯例,在认为本院以前的判决通常具有约束力的同时,也可以偏离以前的判决,只要它看起来是正当的。参见[英]鲁伯特·克罗斯、J. W. 哈里斯:《英国法中的先例》,苗文龙译,北京大学出版社2011年版,第116页。

④ 参见梁治平:《英国判例法》,载《法律科学》1991年第1期,第17页。

⑤ [英]梅因:《古代法》,沈景一译,商务印书馆1984年版,第8页。

立的判例体系在一定程度上冲淡了遵循先例原则所依赖的法院等级观念。司法判例在美国的拘束力不像英国那样稳定，而且美国法院对待判例的态度要比英国宽松很多，最高法院和上诉法院的法官们往往不认为他们必须接受先例的绝对约束。① "美国对待先例的态度看上去要比英国上议院于1966年以前所遵行的政策更为可取。既然维持稳定性并不是法律制度的唯一目标，那么就应当给予法官以否弃那些陈腐的、根本不明智的且与社会福利大相径庭的早期判例的权力。"②

（二）大陆法系的判例制度

1. 德国

德国是典型的大陆法系国家，制定法是其法律的主要渊源，判例尽管在德国司法实践中也发挥着重要作用，但是德国联邦法院从来也不承认自己国家有判例制度，德国现存的判例是他们自己的传统。③ 根据《德国基本法》相关规定可知，司法权独立于立法权和行政权，法官只服从于法律。换言之，法官在审判实践中只应当适用法律，而不能创制法律，时至今日这一观念仍然根深蒂固。然而《德国联邦宪法法院法》明确规定了联邦宪法法院的判例具有法律拘束力，联邦和各州的宪法机关以及所有法院和机关都必须遵循联邦宪法法院的裁判，因此联邦宪法法院的判例在德国具有明确的法律效力。除联邦宪法法院的判例外，其他普通法院的判例没有正式的法律约束力。但是从德国司法实践可以判定，这些法院的判例在审判实践中具有相当程度的约束力，基于法官对自身信誉的高度重视以及审级制度的限制，下级法院一般不会轻易违背上级法院的判例。影响普通法院判例的主要因素为：裁判法院的等级、判例的连续性以及裁判说理的充分性。④ 由此可见，德国虽然不承认有判例制度，法官判决依据成文法律规定可以不考虑先例。但事实上先例总是被考虑和遵守，除联邦宪法法院判例外，其余法院的判例对下级法院的裁判也具有事实上的约束力。总而言之，在德国的司法实践中判例的作用与英美国家的判例作用并无

---

① 参见何家弘主编：《外国司法判例制度》，中国法制出版社2014年版，第17页。
② [美] E. 博登海默：《法理学：法律哲学与法律方法》，邓正来译，中国政法大学出版社2004年版，第568页。
③ 参见最高人民法院课题组：《关于德国判例考察情况的报告》，载《人民司法》2006年第7期，第12页。
④ 参见何家弘主编：《外国司法判例制度》，中国法制出版社2014年版，第179页。

本质区别，都是维护司法权威与司法统一的重要方法，是不可缺少的司法内容。

2. 法国

法国也是传统的大陆法系国家，制定法是其法律体制的根本内容，立法与司法完全分离，法官只能依照制定法进行裁判活动，不允许创制法律规范。虽然如此，在法典的解释以及法典在事实上付之阙如的问题解决方面还是有一种实质的判例法。① 对于司法判例，法国在传统上一直把其作为"司法解释型先例"，而非普通法国家的"司法判例型先例"。② 从法律理论角度而言，法国把判例作为法律解释的控制机制，判例在一定意义上只是审判活动的副产品和衍生品。③ 但从司法实践角度考察，判例在法国具有重要的地位，发挥着重要的作用。无论是法官还是律师都十分看重司法判例，下级法院在审理相同或类似案件中也会自动遵照上级法院的判例。如果无正当理由而不遵循司法判例，一旦当事人提起上诉，上级法院很有可能会撤销下级法院的判决。因此法国虽然没有在法律上明确赋予司法判例法律拘束力，但由于判决理由制度、法院审级制度等因素的制约，司法判例具有事实的拘束力是客观事实。特别值得一提的是，在法国的行政法领域无论是否有成文的行政法律规定，判例都是具有法律效力的。法国行政法学家费德尔曾言："如果我们设想立法者大笔一挥，取消全部民法条文，法国将无民法存在；如果他们取消全部刑法条文，法国将无刑法存在；但是如果他们取消全部行政法条文，法国的行政法仍然存在，因为行政法的重要原则不在成文法中，而存在于判例之中。"④ 由此可见，判例在法国的地位逐步提高，且在司法实践中发挥着越来越重要的作用，尤其是判例在明确法律原则与规则具体适用、统一法律适用方面以及规范司法行为、推动立法方面发挥了极为重要的作用。司法判例作为抽象的法律原则与具体案情相结合的产物，能够明确法律原则的适用范围、边界以及内容，从而引导法官以统一的标准把握法律规则裁判后案。需要注意的是，在法国判例的功能绝非法官造

---

① 参见［英］鲁伯特·克罗斯、J. W. 哈里斯：《英国法中的先例》，苗文龙译，北京大学出版社2011年版，第13页。
② 参见何家弘主编：《外国司法判例制度》，中国法制出版社2014年版，第135页。
③ 同上书，第136页。
④ 曾繁正等编译：《西方主要国家行政法 行政诉讼法》，红旗出版社1998年版，第183页。

法，对法国司法判例功能的考察必须严格限定在解释法律，而不是创造法律的限度之内，这样才能解释判例在成文法制度下得以建立并获得发展的疑问。①判例在法国解释法律方面的重要作用正是我国司法改革亟须借鉴的经验，社会主义法律体系建成之后，具体明确的法律规则是我们所急需的，我国案例指导制度确立的初衷也是为了解释法律，绝非法官造法。

3. 日本

日本是传统的成文法国家，制定法是法律的主要表现形式，社会生活的大部分领域都由成文法进行规制。二战之后日本开始学习与借鉴英美法系的司法判例制度，以便弥补制定法自身存在的不足，有效应对司法实践中多变的社会情况。时至今日，日本的判例制度发展得已比较完善，上级法院特别是最高法院是判例的发布主体，最高法院判例在司法实践中对审判具有强大的支配力。判例虽然没有明确的法律授权，不属于法律制度层面上的法律渊源，但却是"事实上的法源"②，具有事实上的约束力。③ 判例事实上具有约束力的功利性根据就在于下级法院作出违背上级法院判例的判决时这种判决很有可能被上级法院撤销。④ 根据《日本刑事诉讼法》第 405 条的规定，违反最高裁判所的判例成为法定的上告理由，可见判例对日本司法实务的强大支配力，判例具有准法律效力。"日本虽然是成文法国家，但日本法中判例作为事实上的法源对司法裁判的支配力之强可媲美英美的判例法。"⑤ 判例在某种意义上甚至起着比在英国或美国更大的作为"法"的作用。⑥ 判例是法官在司法审判过程中通过解释成文法律，形成或创设适用于具体案件的法律规范，克服法律本身的局限达致明确法律适用的目的。判例形成法规范在刑事领域和民事领域有所不同，受

---

① 参见何家弘主编：《外国司法判例制度》，中国法制出版社 2014 年版，第 140—141 页。
② 参见于佳佳：《日本判例的先例约束力》，载《华东政法大学学报》2013 年第 3 期，第 42 页。
③ 有学者认为：日本最高法判例的拘束力介于规范层面与事实层面之间。参见江勇、马良骥、夏祖银：《案例指导制度的理论与实践探索》，中国法制出版社 2013 年版，第 188 页；董皞等：《判例解释之变迁与重构：中国判例解释发展与构建之路》，中国政法大学出版社 2015 年版，第 65 页；解亘：《日本的判例制度》，载《华东政法大学学报》2009 年第 1 期，第 91 页。
④ 参见［日］后藤武秀：《判例在日本近代化中的作用》，载《比较法研究》1997 年第 1 期，第 76 页。
⑤ 何家弘主编：《外国司法判例制度》，中国法制出版社 2014 年版，第 247 页。
⑥ 参见［日］平野龙一：《刑法解释中的判例与学说》，黎宏译，载《国家检察官学院学报》2015 年第 1 期，第 167 页。

制于罪刑法定原则的要求，法官解释法律形成法律规范必须以法条用语本身的表意范围为限。而在民事判决中，法官形成法律规范具有更广阔的空间，甚至可以不依赖具体法条，只是基于一般的法律原则创设新的法律规则，解决具体纠纷。① 由此可见，判例在日本的司法实践中在形成与创设法规方面发挥着重要作用，其已成为一种事实上的法源。但就刑法而言，判例不能是形式上的法律渊源。② 在日本，判例的一项重要功能就是统一法令解释，促使法官对同样的案件的处理达成共识，以便保证同类案件获得同样的解决，维护司法的公正。因此为了维护法的稳定性判例一般不轻易变更，但若判例本身不合理或者与社会发展实际相违背，那就必须适时对判例作出相应的变更，变更判例权力主体只能是大法庭，这也是完善判例制度的题中应有之义。

特别值得一提的是，判例之所以在日本司法实践能够发挥巨大作用，除了有上告制度的约束，判例自身具有很强的说服力也是非常重要的原因。判例说服力的增强离不开学界对于判例的深入研究。在日本，司法判例与学界联系非常紧密，学者对判例表现出浓厚的兴趣，学术著作引用案例十分普遍，大学从事法学教育与研究的学者成为参与判例评论的主力军，批判与研究判例成为学界的一种常态性工作。学者的研究促进了日本判例制度的发展。日本裁判官在制作具体裁判过程中，不仅会查阅、参照之前的判例，而且会认真调查了解各种相关学说，以便更好地验证其裁判结论的正确性。与此同时，日本判例制度的发展也为学说的发展源源不断地提供了各种营养和动力，促进学说的繁荣，推动法律理论的发展。③ 换言之，判例与学说形成了良性的互动关系，这种关系既推动了学说的发展，增强了判例的说理论证能力，提升了判例说服力，也促进了判例的适时变更，为司法审判主动援引判例提供了质量保证。

4. 我国台湾地区

我国台湾地区与大陆同根同源，有着共同的历史与相似的法律传统。一直以来台湾地区都以制定法为主要法律渊源，立法权与司法权相互独立，法官审判案件主要依照成文法律规定进行。然而通过考察台湾地区的司法现状可以发现，判例制度在台湾地区也比较发达，判例在司法实践中的影响力很大，其已然成

---

① 参见何家弘主编：《外国司法判例制度》，中国法制出版社2014年版，第234—235页。
② 参见［日］山口厚：《刑法总论》，付立庆译，中国人民大学出版社2011年版，第16页。
③ 参见陈兴良主编：《中国案例指导制度研究》，北京大学出版社2014年版，第698—700页。

为台湾地区法律体制不可或缺的组成部分。判例对于台湾地区的法治建设作出了巨大贡献,学者赞誉"最高法院"的做法为"以法典守其经,以判例通其变"①。在台湾地区,判例发布的主体仅限于"最高法院"与"最高行政法院"。判例在台湾地区的遴选也有极其严格的程序,也不是任何案例都能够上升为判例。"判例乃最高法院或最高行政法院裁判所持之法律见解,认为有编为判例之必要者在经由一定的程序之后,选编而成者。"②判例的最终选定一般都要经过挑选案例、提炼要旨、公布和汇编三个阶段,最后还要报请"司法院"备查。可见无论是从内容还是从程序角度而言,判例的形成都需要经过严格的筛选,而且判例的变更也都有严格的程序限制。但是基于对判例社会适应性的考量,台湾地区的立法对于判例变更的条件也趋向于越来越宽松。③

台湾地区的判例与英美法系的原生态判例不同,台湾地区的判例核心是判例要旨,而且判例要旨完全脱离了具体的案例,形成一种高度抽象的规范性表述,其所形成的规则已经超然于之前具体的案件,具有普适性,这类似于我国大陆的司法解释④。台湾地区法官不大可能会像英美判例法的做法那样去比较先例与待决案件,而是直接适用判例要旨,这就越发将判例要旨推向了法令或司法解释的地位了。⑤ 这一点也一直被学者所诟病,因为脱离案件的法律规则无异于一般法律条文,这虽然扩大了其适用范围,但也极易导致下级法院在援引判例时造成不适合的决断,关于判例的效力也一直是台湾地区学界争论的重要问题。从法律规定上考察,并未明确规定下级法院审判案件必须遵照判例。但从司法实践角度而言,判例作为"最高法院"或者"最高行政法院"颁布的规定,对其后的判决有事实上的影响,既存判例对同类案件的审判具有强制约束力,其后判决并不能违背之前的判例,否则法官所审案件面临着被上诉与抗诉的风险。⑥ 虽然关于判例效力的争论在台湾地区一直没有停止过,但丝毫

---

① 王泽鉴:《最高法院判决在法学方法论上之检讨》,载《王泽鉴法学全集》(第一卷),中国政法大学出版社 2003 年版,第 362 页。
② 吴信华:《"法院裁判"作为大法官违宪审查的客体》,载《政大法律法学评论》1999 年总第 61 辑,转引自何家弘主编:《外国司法判例制度》,中国法制出版社 2014 年版,第 304 页。
③ 同上书,第 306 页。
④ 参见董皞等:《判例解释之变迁与重构:中国判例解释发展与构建之路》,中国政法大学出版社 2015 年版,第 68 页。
⑤ 参见唐丰鹤:《台湾判例制度三论》,载《台湾研究》2014 年第 2 期,第 77 页。
⑥ 参见何家弘主编:《外国司法判例制度》,中国法制出版社 2014 年版,第 306—308 页。

不影响判例在台湾地区司法制度中的重要作用。尽管台湾地区的判例制度仍然存在一定问题，但不可否认的是，判例有效弥补了成文法滞后性的不足，及时地回应了社会现实问题，在台湾地区的司法制度中扮演着不可或缺的角色。判例与成文法律形成互补关系，二者对台湾地区的法治建设都有重要作用。

(三) 域外司法判例制度对我国的启示

英美的判例法制度与我国的案例指导制度具有不同的内涵，判例法制度中的判例具有法律效力，即判例就是法。判例是英美国家法律的主要渊源，已经在国内产生了深远的影响，判例的作用已经发挥到极致，这些都是我国无法比拟的。而我国的案例指导制度是在成文法充分发展的基础上，通过司法改革逐步确立的一项司法举措，欲有效运用案例解释法律的优势功能，其意在指导法院审判活动，维护司法统一，指导性案例自身没有法律效力，只是适用成文法律的典范。指导性案例在我国并不属于法律渊源，法院判决不产生法律，但可以为成文立法提供丰富资料。另外，我国的案例指导制度也与大陆法系事实上的判例制度有别，大陆法系的判例来自上级法院，下级法院基于上级法院的监督以及自身信誉一般都会遵循判例，判例运行效果良好。我国的指导性案例是最高人民法院从各级法院判决中遴选出来的，并不是上级法院的判决，因此缺乏上级法院监督下级法院参照指导性案例的基础，尚未达到案例指导制度的预期效果。

无论是在英美法系国家还是在大陆法系国家，判例都发挥着重要的作用。在英美法系国家，判例就是法律，是司法审判的依据。在以成文法为主的大陆法系国家，判例通过解释法律来指导下级法院的司法审判活动，对维护司法统一有着十分重要的意义，没有判例协力制定法寸步难行。因此，重视判例的作用是法治建设必不可少的内容，坚持完善案例指导制度是我们的方向。在英美法系，判例之所以能够发挥巨大作用，除其本身具有法律效力外，一个重要的原因就是先例的判决理由说理比较充分，能够给予后案法官充分的法律指导，当然严格的审级制度也是判例运行的有效保障，这些都值得我们借鉴。大陆法系国家虽然没有明确赋予判例法律效力，但在司法实践中同样运行良好，究其原因，主要有以下几点值得我们借鉴：一是判例的判决理由充分说理性较强。裁判理由是判例的生命，也是判例在司法实践运行良好的保障。二是审级制度的约束。在德、日、法国家，都有严格的法院审级制度，如果下级法院不遵循上级法院的判例没有正当理由,一旦上诉,其判决就可能会被上级法院撤销。三是学者对于判例制度的助推作用。这一点在日本司法实践中体现得尤为明显,判例不仅是大学法学教育的主要材料,也是学者研究重点关注的对象,系统的理论研究进一步提升了判例的影响力,且日本裁判官在具体裁判过程中也会考虑学者的学说观点,判例与学说形成了良性互动局面,这样既推动了理论研究的发展,也提升了判例的说服力,增强了判例的约束力,因此少有下级法院不遵循判例的情况。我国作为日本的邻国,在建构中国特色案例指导制度过程中学者同样不能缺席,我国可以借鉴日本司法判例制度的这一做法,加强学界与司法实务界的沟通与交流,充分发挥学者的研究能力,鼓励学者评判最高人民法院发布的指导性案例,同时司法人员尤其是法官要吸纳学者的研究成果,进一步增强指导性案例的说理能力,以期能够为下级法院审判类似案件提供实效指导,逐步提升指导性案例对司法审判的影响力。在推动案例指导制度进程中,一定要结合自身实际情况,借鉴适合我国案例指导制度发展的域外有益经验,但不能完全照搬,要学会区分,案例发挥作用的模式具有多样性,不断探索适合我国司法实践的案例指导制度,充分发挥案例的作用,促进法律适用统一,实现司法公正。

**二、刑事案例指导制度的内部完善**

(一) 增设高级人民法院为指导性案例的发布主体

人民法院系统内部只有最高人民法院具有创制指导性案例的权力,其他各级法院只有推荐的权力,该模式又被称为"一级科层多元举荐"[①]指导性案例生产机制。这种机制的好处就是最高人民法院可以统筹全局,掌控刑事案例指导制度的实践运行,避免出现差错。刑事案例指导制度旨在统一司法适用,如若授予各省高级人民法院创制指导性案例的权力,指导性案例的质量难以得到有效保证,甚至可能导致负面效果从而加重同案不同判现象的发生。"较之于各级司法机关,最高司法机关在智力储备、政策考量、利益权衡与协调等各方面都具有不可比拟的优势,尽管如此,最高司法机关仍不足以确保其创制出来的每一个指导性案例都是成功的指导性案例。在这种情况下很难相信省级司法

---

[①] 参见赵志、陈琨:《内外兼修:刑事指导性案例生成机制》,载《环球市场信息导报:理论》2015年第12期,第106页。

机关具备创制合格指导性案例所应有的条件。因此笔者认为,在当前这一时期,应当坚持由最高司法机关行使指导性案例的创制权,而且最高司法机关在创制指导性案例时应当坚持走'少而精'的道路。"① 对此有学者持不同意见,其认为:"最高人民法院法官的整体素质固然可能高于下级尤其是基层法院,但是就具体个体而言,最高人民法院法官在知识体系、教育背景、智力程度等问题上未必全都超越下级法院的法官。"② 并进一步指出:"最高人民法院虽然能够在更大范围内回应司法需求,但是局限于最高司法机构自身过于强调政治正确性,稳妥有余,指导不足,并可能忽略司法机构的办案需求,无法照顾地方性司法问题。"③ 不可否认,任何事物都具有两面性,一元主体发布指导性案例固然稳妥,然则容易导致指导性案例数量不足、灵活性不够。我国地域辽阔,全国性的指导性案例难以顾及地方司法实践的特殊性,从而丧失指导性案例的指导功能。正如有学者指出:"基于我国多行政区划、区域社会经济发展不平衡的现状,在'一级科层多元举荐'的机制下,协调区域司法实际也将成为一个难题,法律冲突与矛盾的增加将造成制度运行成本的加大,这些都对指导性案例的发布和适时度都产生了一定的影响,出现效率低、指导性匮乏、数量少的情况。"④ 学者从正反两方面点出了确立发布主体存在的两难选择,任何一种选择都不可能完美无缺,唯有衡量哪一种选择对制度运行更加有利,至于不足之处可以通过适当的方式加以限制。

允许省级法院创制指导性案例有制度根基与现实基础。案例指导制度是一项法律适用机制,其发挥作用的机理在于通过案例解释法律为后案提供参照规则。指导性案例在司法实践中没有法律效力,法院只能引述指导性案例进行说理论证,不能作为裁判依据。尤其是在刑事领域,刑事指导性案例的创制必须遵循罪刑法定原则,在现有法律框架之内解释原则性法律条文,进而指导法院审判工作。指导性案例的遴选在根本意义上并不存在与立法权的抵牾,指导性案例不是法律渊源,没有法律效力,而其遴选主体是与司法权、司法的审级结

---

① 陈兴良主编:《中国案例指导制度研究》,北京大学出版社2015年版,第320页。
② 林维:《刑事案例指导制度:价值、困境与完善》,载《中外法学》2013年第3期,第502页。
③ 同上书,第512—513页。
④ 赵志、陈琨:《内外兼修:刑事指导性案例生成机制》,载《环球市场信息导报:理论》2015年第12期,第106页。

构相联系的。① 因此最高人民法院不必因担心指导性案例有法律效力而不敢放权，允许省级法院创制指导性案例没有权力限制障碍，也不会导致省级法院滥用指导性案例创制权。因为指导性案例的作用在于其自身的说理性，而不在于其是否具有法律效力。由此省级法院发布指导性案例可以从辖区实际情况出发，发布一些适合地方发展的指导性案例，也不会产生水土不服现象，反而有利于在区域内统一司法适用。显然，司法统一不可能实现所有刑法问题全国统一适用标准，否则可能造成司法不公局面，例如，在内地盗窃5000元与在沿海地区盗窃5000元显然不能等同视之。由此最高人民法院确立单一标准的指导性案例就缺乏灵活性，难以适应地方司法实践的需要。我国作为一个地区发展严重不平衡的国度，发达地区和落后地区的案件类型存在较大差异，即便是相同类型的案件，案件所涉因素也不可同日而语。② 另外在司法改革过程中，最高人民法院也出台过类似举措。2010年最高人民法院发布《量刑指导意见》，旨在指导法院在常见罪名中统一量刑尺度。同时考虑到地方发展的不均衡性，《量刑指导意见》要求高级人民法院制定相应的量刑实施细则，以便更好地指导地方法院统一量刑，避免最高人民法院的量刑意见在地方出现水土不服的局面。《量刑指导意见》与《案例指导规定》都是最高人民法院发布的规范性文件，而且具有"同案同罚"之共同旨趣。因此学习最高人民法院在量刑规范化改革过程中的具体做法，也可以要求高级人民法院在遵循最高法院《案例指导规定》精神的前提下，制定相应的案例指导工作实施细则，针对刑法中的地域性问题发布指导性案例，但不能与最高人民法院发布的指导性案例相左。这样不仅可以缓解指导性案例数量不足的局面，而且也没有触犯最高人民法院发布指导性案例的权威，有利于推进案例指导制度的有序运行，事实上最高人民法院在实践中也已经采纳并认可这一做法。

最高人民法院负责人在回答记者问时明确提出：实行案例指导制度以后，仍然需要各级人民法院继续总结案例裁判经验，指导本院或者本辖区的审判工作，并注意发现、培养及向最高人民法院推荐具有指导意义的案例。③ 为了对地方各级人民法院的案例指导工作进行规范，充分发挥高级人民法院在案例指

---

① 参见邓修明：《刑事判例机制研究》，法律出版社2007年版，第317页。
② 向力：《从鲜见参照到常规参照》，载《法商研究》2016年第5期，第102页。
③ 胡云腾主编：《最高人民法院指导性案例参照与适用》，人民法院出版社2012年版，第294页。

导工作中的重要作用。最高人民法院在 2010 年 12 月发布《关于规范上下级人民法院审判业务关系的若干意见》，其中第 9 条专门规定：高级法院可以通过发布参考性案例对辖区内各级人民法院和专门人民法院的审判业务工作进行指导。最高人民法院显然已经有意识地允许高级法院在自己辖区内发布案例，指导辖区法院的审判工作。"如果中国是成文法的小国，说不定可以由最高人民法院独家提供指导性案例，但中国幅员如此之广，地区差异如此之大，游离于司法之外的案例指导制度，又如何能兼顾中国的地区差异？而要兼顾中国的地区差异就应该重视许多高级人民法院在过去数年中推动案例指导制度的实践，使各高级人民法院在各自辖区内发挥重要的案例指导作用。"① 由此可见，增设高级人民法院为指导性案例的创制主体既有先前的经验可以借鉴又有一定的现实基础，也不会引起指导性案例内部的混乱。而且这样做还能够强化指导性案例的参照效力，因为审级制度决定了高级人民法院对下级人民法院更具有约束力。大陆法系国家事实上的判例制度之所以运行效果较好，法院审级制约是一个十分重要的原因。例如日本的上告知度，判例事实上具有约束力的功利性根据就在于下级法院作出违背上级法院判例的判决时这种判决很有可能被上级法院撤销。② 如此可以充分发挥上级法院监督下级法院的作用，中级人民法院的一审案件只要上诉便会进入高级人民法院的视野，由此中级人民法院在审判过程中就会格外重视待判案件是否有指导性案例，参照指导性案例的力度自然也会有所增强。虽然基层人民法院的案件不能上诉至高级人民法院，但中级人民法院作为基层人民法院的上诉法院，由于长时间受到高级人民法院指导性案例的影响，在审查基层人民法院的判决时自然也会与指导性案例比对，由此全国各级法院参照指导性案例的比例必然会大大提高。

（二）严格遵循刑事案例指导制度遴选案例标准

通过梳理已经颁布的刑事指导性案例获知，刑事指导性案例的现状是"少而粗"，司法实践需要的指导性案例应当是"多而精"。所谓"少"是指导性案例数量过少，"粗"是指导性案例的质量不高、指导力不强。无论从数量还是从质量角度而言，现有的刑事指导性案例均不能满足司法实践的需要。由此

---

① 宋晓：《判例生成与中国案例指导制度》，载《法学研究》2011 年第 4 期，第 63—64 页。
② 参见［日］后藤武秀：《判例在日本近代化中的作用》，载《比较法研究》1997 年第 1 期，第 76 页。

可见，目前一项紧迫的任务就是尽快发布一些质量较高且数量可观能够形成规模群的刑事指导性案例。理想状态下指导性案例既要满足质的要求又要满足量的需求，指导性案例的"质"与"量"在难以兼顾的情况下应当是首先保证质量，司法实践对于指导性案例一定要坚持宁缺毋滥的原则。"只有在确保指导性案例满足质的要求的前提下，指导性案例越来越多，其对司法统一的助益就越大；否则如果指导性案例良莠不齐甚至相互冲突，那么数量越多，给司法实践造成的不良后果就会越严重。"① 因此，在完善刑事案例指导制度过程中，要严格遵照指导性案例的遴选条件，严把指导性案例的质量关。

最高人民法院《案例指导规定》第 2 条明确指出指导性案例的具体条件为：社会广泛关注、法律规定比较原则、典型性、疑难复杂或者新类型的生效案件。"其他具有指导作用"是指导性案例的兜底条件。按照法条兜底条款同质性精神解读，前四种类型的指导性案例也必须具有指导作用才能算是合格的指导性案例。应当说《案例指导规定》的条件内容较为合理，指导性案例当然首先必须具有指导作用，没有任何指导作用的案例对于司法实践也是毫无价值可言。考察已经发布的 36 个刑事指导性案例，有 6 个属于社会广泛关注的案例，剩余指导性案例都难以划入其他类型。对此学者也提出委婉批评："对于目前已经发布的指导性案例，我的总体评价是指导功能明显不足，这是因为大量原本不宜作为指导性案例的情形最终被遴选为指导性案例。"② "指导性案例裁判要点缺乏指导性，案例的指导功能几近消亡。"③ 换言之，现有的指导性案例过于保守，最高人民法院为了追求稳定，把一些回应社会公共议题、重申司法解释的案例选为指导案例，这显然难以满足"具有指导作用"的条件。

当然，在制度运行之初选择指导性案例也不能盲目冒进。"在指导性案例的选择上，首先确保指导性案例自身的质量，因为这事关案例的权威与否。其次尽量排除突破现行法律尺度过大的案例，选择能够澄清法律、厘清规则的案例。最后指导性案例的处理结果尽量与现行法律的预见性判断保持一致。"④ 因此，指导性案例的选择还是要慎重而行，重在把握关键词"指导作用"。指导

---

① 陈兴良主编：《中国案例指导制度研究》，北京大学出版社 2015 年版，第 319 页。
② 周光权：《判决充分说理与刑事案例指导制度》，载《法律适用》2014 年第 6 期，第 2 页。
③ 林维：《刑事案例指导制度：价值、困境与完善》，载《中外法学》2013 年第 3 期，第 507 页。
④ 李超：《指导性案例：公共政策的一种表达方式》，载《法律适用》2014 年第 6 期，第 24 页。

作用表现为帮助现有立法和司法解释很好地解决法律适用问题，法律适用难题的解决需要通过指导性案例对法律作出新的理解，需要对法律进行解释。"没有法律解释的案件基本上没有指导性，有时会因为其他条件同时具备从而具有一定的意义，但具有解释的内容永远是最重要的条件。"① 显然现有的指导性案例释法能力不足，不能为司法实践"解渴"，指导作用十分有限。那么如何才能提升指导性案例的指导作用呢？最重要的就是考察案例关注的法律问题点。由于刑法自身规定的原则性与抽象性，致使我国刑事司法实践存在诸多法律适用难题。不仅在此罪与彼罪的认定上存在适用法律难题（例如财产犯罪中盗窃罪、诈骗罪、抢夺罪、侵占罪等，这些犯罪的客观行为往往在实践中错综复杂地交错在一起，导致同类行为各地法院判罚不同），而且在量刑方面也存在很多难题（例如死刑的适用标准、数额与情节的把握都是典型的司法难题）。由此刑事指导性案例在司法实践中首先要满足刑法问题点这一条件，即必须对刑法作出"内在的"解释，能够真正起到指导司法实践判案的作用。最高人民法院案例指导办公室面对各方推荐的备选案例，首先就要依此标准进行严格把关，其次再逐一核对是否满足《案例指导规定》中指导性案例的其他条件，最后结合裁判文书的说理能力，综合考量之后再确定指导性案例，以免随意发布一些没有指导作用的案例，打击司法人员参照指导性案例的积极性。当然在刑事案例指导制度各方面还不成熟之际，指导性案例的发布现状也是合理的，由此可以帮助我们认清指导性案例理论与案例实际情况的差距，便于总结现有指导性案例存在的不足，严格把好指导性案例遴选关口，逐步提升以后每一批指导性案例的质量。

(三) 注重刑事案例指导制度的影响力

最高人民法院《案例指导规定》第 7 条把指导性案例的效力定位为"应当参照"，"参照"是基于指导性案例自身具有的"正确的决定性判决理由"和"经最高审判组织确定认可的程序安排"两个特征，二者决定了指导性案例在司法实践中的说服力和指导作用，其拘束力是内在的、事实上的作用。而且其指导的内涵非常丰富，包括参照、示范、引导、启发、规范、监督等多重含

---

① 蒋惠岭：《建立案例指导制度的几个问题》，载《法律适用》2004 年第 5 期，第 10 页。

义，需要进行全面理解和把握。① 显然指导性案例的参照效力没有刚性，主要取决于指导性案例自身的正当性与司法人员的认同，这一规定引来很多学者的质疑与担忧。周光权教授指出："如果指导性案例本身很难对地方法院的判决有约束，那么其是否会被束之高阁也着实令人担忧。因为一旦指导性案例没有真实的、刚性的约束力，仅仅是作为法官裁判的简便工具而存在，法官在处理案件时认为其不简便或者不愿意图简便，案例指导制度可能就可有可无了。因此对刑事指导性案例效力的准确定位是确保其未来发展的基本前提。"② 于同志法官认为："如果指导性案例不能被法官在裁判文书中援引，法官就可以不理会指导性案例，当事人、律师以及检察官也会觉得它对当下的案件没有意义而不予重视，这样只会导致指导性案例如同目前一些法院发布的典型案例一样，仅仅是形式上的指导，并无实质性的意义。"③ 如今刑事案例指导制度的运行现状似乎印证了学者的担忧，由于刑事指导性案例不具有法律效力，司法人员不仅很少援引指导性案例进行判决，而且不乏诸多司法人员对刑事案例指导制度并不知情，根本不了解指导性案例到底是怎么回事，指导性案例的"参照"效力在司法实践中完全被忽视，鲜有法院参照指导性案例。有学者认为，造成这种状况的关键原因仍在于指导性案例没有法律效力，因为没有法律效力，法官可以选择性地参考而且可以毫无压力地回避指导性案例。④ 不可否认，指导性案例没有法律效力是造成指导性案例被冷落的一个原因，但不应该是指导性案例不被参照的主要原因。

指导性案例是否具有法律效力不是规范意义上随便加以论证就可以付诸司法实践，关键还要考量我国整个立法与司法体制，尤其是我国司法的实际情况。"过于关注以指导性案例的法源问题为代表的判例效力属性在很大程度上使判例运用制度化进程陷入困境，甚至很可能会把我国判例制度引入歧途。"⑤ 我国是典型的成文法国家，这也决定了判例不可能具有法源地位，指导性案例

---

① 胡云腾主编：《最高人民法院指导性案例参照与适用》，人民法院出版社2012年版，第141页。
② 周光权：《刑事案例指导制度：难题与前景》，载《中外法学》2013年第3期，第492页。
③ 于同志：《刑法案例指导：理论制度实践》，中国人民公安大学出版社2011年版，第379页。
④ 参见陆幸福：《最高人民法院指导性案例法律效力之证成》，载《法学》2014年第9期，第98页。
⑤ 顾培东、李振贤：《当前我国判例运用若干问题的思考》，载《四川大学学报（哲学社会科学版）》2020年第2期，第139页。

也不可能被赋予法律效力。"如果将指导性案例的效力定位在具有法律约束力，那么这就意味着指导性案例与司法解释具有同等的法律地位，都是一种法律渊源，这将给现行的法律制度和司法制度带来根本性的挑战。"① 对于指导性案例的效力我们应当保持应有的理性，不能完全照搬英美判例法系中判例的法律效力，我国特有的政治体制、地理因素、文化底蕴等多方面因素决定了我国与英美国家不可能也没有必要实施完全相同的法律制度。"司法判例的效力不应简单地划分为或有或无，而应根据具体情况划分为不同层级的强弱。德国学者对于判例效力的界定就突破了法源意义上的效力范畴，而是从更为广阔的影响力角度去界定其效力，不再拘泥于有无拘束力的刚性解读，而是进入了拘束力大小的弹性解读。"② 当然，借鉴国外的先进经验是可以的，但鉴于我国的实际情况，刑事案例指导制度只能对制定法起辅助作用，其作用的大小取决于指导性案例质量的高低，即指导性案例的判决理由以及通过判决理由对成文刑法详尽解释所形成具体规则的合理性。因此，指导性案例根基在于"理"而非"力"，最高人民法院自身的权威应该通过作出最好的判决令人信服，并能让民众和下级法院法官满意来获得。③ 与其陷入指导性案例效力之争的死胡同，毋宁改变观念倡导注重刑事案例指导制度的影响力，只要刑事案例指导制度的在司法实践产生广泛的影响，其指导功能的发挥就是顺理成章之事。

可以试想一下，只要赋予已经颁布的刑事指导性案例法律效力就能当然达致刑事案例指导制度之预期目的吗？答案显然是否定的。就最高人民法院颁布的 36 个刑事指导性案例而言，即便其对法院审判案件有法律约束力，但由于指导性案例自身指导功能的不足，恐怕也不会有法院主动援引。再者，有法律效力的规范在司法实践中也不一定当然取得良好的效果，司法解释就是最佳注解。司法解释有法律的明确授权，与其解释的法律一样具有法律效力，法官审判案件时会主动援引甚至等待司法解释，姑且说是因为其有法律效力之故。然而从司法解释运用的效果考察，这种解释方法有时不但无法有效解决司法现实难题，反而导致刑法规定和各种解释矛盾的局面，根本原因就在于解释方式自身存在不合理因素。换言之，即便是切实具有法律效力的规范也并不一定就能

---

① 苏泽林主编：《中国案例指导制度的构建和应用》，法律出版社 2012 年版，第 109 页。
② 何家弘主编：《外国司法判例制度》，法制出版社 2014 年版，第 29 页。
③ 陈兴良主编：《中国案例指导制度研究》，北京大学出版社 2015 年版，第 380 页。

在实践中取得良好的司法效果,反之,没有赋予法律效力的指导性案例也并不当然没有任何作用。"如果从一个人一生所遵循的行为规则以及整个社会所主要依赖的规则来看,与国家权力和法院直接联系在一起的规则好像并不是发挥主要作用的规则,发挥主要作用的反倒是那些与国家权力和法院没有直接联系的规则。"① 判例在德、日、法等大陆法系国家并没有获得法律明确赋予的法律约束力,也不是法律的渊源,也不能直接作为审判案件的法律依据,但丝毫也没有影响到其对这些国家法治建设的重要作用。由此可见,指导性案例有没有效力不是决定刑事案例指导制度效果的根本原因,关键在于指导性案例自身的说理能力以及相关配套制度是否都可以有效运转。指导性案例的约束力问题是会随着实践的发展最终解决的。随着指导性案例自身质量的不断提高,不断吸引法院参照其进行司法判决,树立指导性案例的权威性,这样势必会增强指导性案例的实践影响力。只有刑事案例指导制度在司法实践中的影响力得到提升,才会引起民众与司法人员的关注,指导性案例才能得到各级法院的肯定,指导性案例指导司法裁判活动的功能才能得以实现,指导性案例约束力的形成才会水到渠成。

(四) 增强刑事指导性案例的说服力

1. 增强裁判文书的说理性

判例之所以在德、法、日等大陆法系国家能够发挥重要的作用,其裁判理由说理的充分性和判例自身的说服力是主要原因。② 在判决充分说理方面,大陆法系国家的经验值得我们借鉴。若离开充分说理的判决,刑事案例指导制度则就是皮之不存毛将焉附!③ 刑事指导性案例的说服力取决于案件裁判文书的说理性,也正因为我国司法裁判文书结构简单,很少注重说理,只是简单依"不予采纳、本院认为"等语词作出结论认定,生效判决说理性不强导致指导性案例出现"难产"情况。即便已从众多已经生效的案件中选出问题点比较突出的案例,但囿于裁判文书自身说理能力的不足,指导性案例的说服力也就大打折扣。虽然指导性案例参照的范围只限于裁判要点,但简短而原则性的裁判

---

① 刘星:《西窗法雨》,法律出版社2013年版,第82页。
② 参见何家弘主编:《外国司法判例制度》,中国法制出版社2014年版,第135—179页。
③ 参见周光权:《判决充分说理与刑事案例指导制度》,载《法律适用》2014年第6期,第8—9页。

要点显然离不开裁判文书中案件事实与裁判理由的支撑。只有在案件事实认定准确、适用法律论证充分的前提下,裁判要点才更能被司法人员与民众认可,由此指导性案例的指导功能才能得以有效发挥,可见裁判要点的质量与裁判文书的质量有密切关联。考察现有的指导性案例几乎都是从各级人民法院的判决中遴选出来的,即便最高人民法院是指导性案例的发布主体也无法左右这些裁判文书自身质量的高低。虽然全国法院每年作出的判决数以万计,但大部分都属于普通案件,剩余的有作为指导性案例潜质的案例也由于说理不足而未能形成对法律的有效解释。因此提升裁判文书的说理性势在必行,否则指导性案例的来源就会枯竭。也只有增强裁判文书的说理性,才能准确提炼裁判要点。①

为此,1999 年最高人民法院在《人民法院五年改革纲要》中指出:"加快裁判文书的改革步伐,提高裁判文书的质量。改革的重点是加强对质证中有争议证据的分析、认证,增强判决的说理性;通过裁判文书,不仅记录裁判过程,而且公开裁判理由,使裁判文书成为向社会公众展示司法公正形象的载体,进行法制教育的生动教材。"2009 年 3 月印发的《人民法院第三个五年改革纲要(2009—2013)》又强调了裁判文书改革问题,其中第 25 条规定:"继续推进审判和执行公开制度改革,增强裁判文书的说理性,提高司法的透明度,大力推动司法民主化进程。"改革裁判文书必须具有针对性,重点在于革新裁判文书的说理论证,特别是要改变目前案件事实认定和适用法律简单套用的做法,要加强裁判论证与说理。显然裁判理由是裁判文书的说服力主要承担者,说服力就在于有充足的理由让当事人信服,凡事都要讲理,尤其是在适用法律的裁判文书中,这关系到司法公信力。裁判文书中裁判理由的强弱决定了指导性案例指导价值的大小。"实行案例指导制度能够通过具体的指导性案例在法律规则与具体案件之间建立法律上的逻辑关系,通过具体案例对所适用的法律规则进行生动、通俗的解释说明,从而使抽象、概括的法律规则变得易于准确应用。裁判理由正是建立和实现这一关联的重要依据,它是法官作出判决的根据,是法官在理解、解释法律的基础上进行有关推理最终得出结论这个过程的详细说明,也是确认案例具有指导性的原因所在。"② 由此可见,增强指导

---

① 参见周光权:《判决充分说理与刑事案例指导制度》,载《法律适用》2014 年第 6 期,第 9 页。
② 苏泽林主编:《中国案例指导制度的构建和应用》,法律出版社 2012 年版,第 83—84 页。

性案例的说理能力必须改革裁判文书,提高整体裁判文书的说理性,尤其是裁判理由的充分论证。重视发挥指导性案例裁判理由的应有作用,并从有助于类案适用的角度优化指导性案例裁判理由的撰述,应是促进案例指导制度良善发展的重要任务。①

2. 强化指导性案例的事前选择

最高人民法院作为刑事指导性案例的发布主体,既然在已生效判决中难以遴选出适格的指导性案例,那么就应该向前看,即强化指导性案例的事前选择。在推进案例指导制度的同时,要用敏锐的眼光去发掘那些正在审理的案件,如果涉及的问题与法律适用都具有典型性,可以依职权提审该类型案件,自己直接审判案件,由此形成说理充分、质量较高的裁判文书,为指导性案例提供丰富的备选资料,一定程度上能够提升指导性案例的说理能力。当然,全国有 3000 多家法院,最高人民法院不可能一直都盯着这些法院日常审理的各种案件,因此调动地方法院的积极性就显得尤为重要。地方各级法院虽不具有发布指导性案例的权力,但却是推荐指导性案例的重要主体,作为司法体系的一分子其在司法改革中应该有所担当。地方法院如若触及新型的适用法律争议较大的案件,尤其是针对那些具有潜在指导效能的案例,更应该具有提前培育意识,可有意交由司法能力强和经验丰富的法官来办理,以免浪费潜在的指导性案例资源。② 因此指导性案例的提前发现机制也是提高指导性案例说理能力的重要方式,这就需要全国各级法院共同努力,为提升指导性案例的说服力做出切实行动。

3. 确保指导性案例裁判文书的完整性

我国的指导性案例并非原生态案例,与英美国家不同,其是在各级人民法院生效判决的基础上,经过最高人民法院"精心加工"而成,除了在原裁判文书中增设裁判要点,还对裁判文书进行了适当的剪裁。剪裁的目的是使指导性案例简明易懂,增强指导性案例的参照效力。然而不当的剪裁就有可能影响整个指导性案例的说理能力,考察已经颁布的刑事指导性案例可以发现,案件事实叙述简略,裁判理由中仅有"法院认为",缺乏控辩双方的意见阐述,影响

---

① 参见杨知文:《类案适用视角下指导性案例裁判理由的撰述》,载《政法论坛》2023 年第 5 期,第 191 页。

② 参见陈兴良主编:《中国案例指导制度研究》,北京大学出版社 2015 年版,第 393 页。

对于裁判要点的整体把握。以指导案例 12 号李飞故意杀人案为例，被告人李飞母亲积极代为赔偿被害人亲属 4 万元是李飞最终被判处死刑缓期执行的重要原因。但该指导案例简化了案件事实，没有交代清楚被告人目前在经济十分困难的情况下，积极筹钱赔偿被害人亲属，赔偿金额虽然不大但悔罪诚意十足。显然这些事实对于办案人理解裁判要点具有十分重要的意义。可见对原生态案例的剪裁与简化一定要注意细节性的东西，否则会降低裁判要点的指导力，对司法裁判的指导意义也大打折扣。另外，法院作为居中裁判者作出中肯的判决离不开对控辩双方意见的认真考量，只有在仔细对照控辩双方的诉辩理由之后，才能更加凸显出法院裁判的说理能力，达致以理服人。因此，指导性案例不应该完全去掉控辩双方的意见，由此相当于掐断了刑事审判的整个逻辑链条，使得裁判前提变得不够完整，进而影响到裁判要点指导功能的有效发挥。

（五）健全刑事案例指导制度的各项机制

1. 健全刑事案例指导制度的奖励机制

指导性案例的参照效力关键还在于指导性案例的执行力，只有指导性案例不断地被运用于司法实践，执行力才可转化为影响力，由此之后，指导性案例的参照效力才能真正得以实现。可见实践一项制度才是延续其生命力的主要方式，对于刑事案例指导制度尤其如此。鲁迅先生曾说："世上本没有路，走的人多了，也便成了路。"因此只要法官参照指导性案例多了，案例指导司法裁量这条道路自然就会形成。"人们始终在探求案例所应该具有的法律效力，即案例的应然法律效力，但是我们应该另辟蹊径，更加重视通过实际参考发挥其作用力，即案例的实然法律效力。如果大家认可了，引用多了，其实际效力就大了。"[①] 显然，从规定内容可以发现，"应当参照"重在强调法官的主动发现与援引。由此可见，开辟案例指导实践这条道路的过程中法官是主角，只要法官在审判工作中参照指导性案例成为常规，案例指导的效果也就自然形成。英美法系实行当事人主义诉讼模式，在诉讼过程中，法官作为消极的裁断主体只根据控辩双方提出的判例，只有在形成判决的过程支持或反驳一方观点时才主

---

[①] 最高人民法院最高人民检察院《中国案例指导》编辑委员会编：《中国案例指导（2005 年第 1 辑·总第 1 辑·刑事行政卷）》，法律出版社 2005 年版，前言。

动寻找判例。而我国奉行的主要是职权主义诉讼模式，法官在诉讼过程中承担着发现案件事实与法律适用的双重责任，因此需要法官主动去寻找指导性案例来支持判决。然而从已有的参照实践观之，法官适用指导性案例的积极性不高，这虽然与指导性案例指导力不足有很大关系，但法官根本就没有体现出对指导性案例的热度。作为审理案件的裁断者，原则上应该是最关心刑事案例指导制度的一举一动的，但现实远比理想骨感。因此为了促使法官积极参照指导性案例，激励机制的建立是必不可少的。最高人民法院可以在全国设立年度适用指导性案例先进集体与个人，进行公开表彰并给予一定的物质奖励。

令人欣慰的是，2015 年最高人民法院终于在《实施细则》中明确建立了对于适用指导性案例的奖励机制，其中第 14 条规定："各级人民法院对于案例指导工作中做出突出成绩的单位和个人，应当依照《中华人民共和国法官法》等规定给予奖励。"该规定的确立为激励机制的开展提供了明确的依据，希望各级人民法院都能把奖励落到实处，这在一定程度上可以促进法官在审判工作中引用指导性案例。同时将这些先进法院与个人树立为典型，在全国司法系统进行传颂，帮助法院以及法官营造一种正确适用指导性案例的良好氛围，使法官逐步形成一种自觉参照指导性案例的习惯。由此指导性案例被法官参照逐步成为一种常态，只有经过司法实践打磨之后的指导性案例才能经得起实践考验，指导性案例的参照力才能逐步提升。另外，唯有通过指导性案例的广泛使用，并且取得良好的效果，换取社会集体意识和国家意识的支持，刑事案例指导制度才能保持旺盛的生命力。①

2. 完善刑事案例指导制度的制约机制

要想保证指导性案例应当参照效力的遵循，除奖励机制外，一定的惩罚与制约机制也是十分必要的。对法院参照指导性案例的制约可以从两个维度进行：一是法院系统内部的制约；二是外部制约，即案件当事人以及辩护律师的制约。首先，发挥上级法院对下级法院审判的监督作用。人民法院系统内部是一种制约关系，上级人民法院有义务监督下级人民法院审判活动，及时纠正认定事实与法律适用过程中存在的错误。刑事案例指导制度的实践运行同样离不开上级人民法院监督权力的有效发挥。下级人民法院在同类案件中没有参照现

---

① 参见陈兴良主编：《中国案例指导制度研究》，北京大学出版社 2015 年版，第 535 页。

有的指导性案例且存在适用指导性案例不当的情形就相当于适用法律错误,如有当事人上诉或检察机关提请抗诉的,指导性案例可以成为二审法院变更或撤销一审判决的依据或理由。如果判决已经发生法律效力,发现没有参照指导性案例且适用法律不当从而导致裁判确有错误的,上级人民法院有权提审或指令下级法院再审。从前文关于域外司法判例制度的共性可以得知,审级制度是判例在司法实践中发挥作用的重要保障,尤其是在大陆法系国家,判例自身没有法律效力,但其再实践中能够得到下级法院的遵守,一个非常重要的原因就是审级制度的制约。① 其次,充分发挥外部监督的效能。审判结果事关当事人切身利益,无论采用何种类型的诉讼模式,当事人在诉讼过程中一定是主张参照指导性案例最积极的主体。因此应当充分发挥当事人的积极性,鼓励当事人援引指导性案例进行说理,扩大指导性案例的影响力。当然由于指导性案例的专业性,刑事案件中寻找并主张适用指导性案例的责任就落在律师肩上,为了打赢官司并赢得声誉,律师也会不遗余力地主张援引指性导案例。《实施细则》第 11 条明确赋予了当事人与辩护律师引述指导性案例支持己方意见的权利,并要求法官在裁判理由中明确说明是否参照及其理由。然而法院在司法实践中对于当事人援引指导性案例的情形很少做出回应,无疑在一定程度上打击了当事人及其律师的引述指导性案例的积极性。因此在《实施细则》第 11 条中应当增设:如果法官在裁判理由中没有明确回应不参照指导性案例理由的,当事人可以提起上诉或申诉。换言之,应当把法官不援引指导性案例作为当事人上诉或申诉的正当理由,这样才能有效促动当事人援引指导性案例的积极性,也才能引起法官的高度注意。

3. 健全指导性案例的推荐机制

指导性案例的数量和质量与指导性案例的推荐数量和质量直接相关,因此完善指导性案例的推荐与报送工作对推动案例指导制度的实践运行很有助益。从最高人民法院《案例指导规定》的内容来看,案例的推荐方式可分为两种类型:一是体系之内推荐;二是体系之外推荐。体系之内的推荐主体主要包括各级人民法院的法官,体系之外的推荐主体包括社会各界人士,范围十分广泛。

---

① 参见何家弘主编:《外国司法判例制度》,中国法制出版社 2014 年版,第 179 页;[日] 后藤武秀:《判例在日本近代化中的作用》,载《比较法研究》1997 年第 1 期,第 76 页。

从现有情况来看，两种推荐主体全部失灵，二者均缺乏推荐指导性案例的积极性。由此可见，指导性案例推荐模式欲行之有效，奖励推荐案例主体就成为一种必要措施，就好比公安机关对提供犯罪嫌疑人线索之人进行奖励一样。奖励应当是物质奖励与精神奖励的有效结合，实证调研显示，认为应当对指导性案例推荐报送者进行物质奖励的人数所占比例为74.42%，50.61%的调查对象认为应当给予精神层面的奖励。① 对于法官来讲，如果其积极推荐的案例最终被遴选为指导性案例的，给予其一定的物质与精神奖励无疑是对其工作的高度认可，而且可以把这项指标纳入年度考核范围，以此提高法官推荐案例的积极性。另外，司法实践中很多法官不积极推荐的一个主要原因是担心推荐的案例经不起上级法院的层层审核，生怕案件判决有错误反而会招来不必要的麻烦。尤其对于主审法官而言，更是不愿意把自己审结的案例主动推荐。因此为了消除这一顾虑，针对法官推荐案例的，即便案例真正存在适用法律不当的情形，也不应当追究法官的责任。如此一来，只奖不罚激励机制的建立，必然会激发法官推荐指导性案例的积极性。

社会推荐主体范围十分广泛，政协委员、人大代表、专家学者、律师以及其他关心案例指导工作的各界人士都可以向作出生效裁判的原审人民法院推荐。如此规定是一种司法民主的体现，也是鼓励民众积极参与司法的一种方式，也是赢得民众对于司法信任的有效途径。制度设想是美好的，但由于社会人士大多非法律专业人士，推荐案例存在诸多不便，先不考虑其是否关注司法案例，案例的来源以及认知推荐程序就是最大的问题。因此从现实来看这种推荐方式显然暂时难以形成气候。若想真正发挥社会主体的力量，必须进一步加大裁判文书的公开力度，适当简化案例推荐的材料，只要在社会主体的指引下司法人员能够知道真实判决就算推荐成功。另外，对社会主体的推荐要及时给予回应，不能石沉大海，打击其推荐的积极性，若推荐案例被遴选为指导性案例也应当给予一定的奖励。

4. 做好指导性案例的编纂与清理工作

刑事指导性案例数量过少虽然是刑事案例指导制度存在的现实问题，但随着案例指导制度的进一步完善，指导性案例会源源不断地发布出来，日积月

---

① 参见左卫民、陈明国：《中国特色案例指导制度研究》，北京大学出版社2014年版，第156页。

累，必然会形成数量繁多的局面。如此一来，查找案例的难度也会越来越大，也会影响法官参照指导性案例的积极性。因此如何整理指导性案例是一项十分重要的工作。案例整理有序后不仅能发现已经发布的指导性案例是否存在矛盾，而且便于法官以及其他主体查找指导性案例，为他们援引指导性案例做好后勤工作。就像衣柜中衣物各自归类，一目了然，打开柜子可以直接找到自己需要的衣服。实践证明，英美法系卷帙浩繁的案例使法律人士都十分头疼，海量的判例使法律人都不知如何下手，而且一些判例还存在矛盾，致使审判活动难度加大。波斯纳曾言："美国的法律传统如今已是如此丰富、多样、冲突和矛盾，乃至你可以非常容易地找到一系列判例来支持疑难案件的任何一方。"① 因此对指导性案例必须及时汇编和编纂，清理一些不适应社会发展、有冲突的案例，使指导性案例能够与时俱进，确保指导性案例的合法性与适用性。"在经验的检验标准面前，那些不能证明自身价值和力量的先例会被毫不留情地牺牲掉，抛入废物之列。"② 在网络科技发达的今天，"建立指导性案例数量丰富、编排合理、查阅方便的电子数据库及纸质出版物，并实现电子数据库的公开免费共享对未来指导性案例的适用和监督至关重要。"③ 中国特色的案例指导制度虽然刚刚起步，指导性案例数量有限，但是做好这些基本的工作，无疑可以为案例指导工作的后续顺利开展打下坚实的基础。

**三、刑事案例指导制度的外部解困**

（一）保障人民法院审判独立

司法独立一直是司法改革倡导的重要内容，也是关系到司法公正的重要因素。刑事案例指导制度的有效运行显然离不开人民法院独立判案这一重要因素，否则参照指导性案例也只能沦为空谈。实证调研表明司法人员在遇到司法难题时依凭领导意见判罚成为一种常态，司法行政化现象严重。即便办案人员想参照指导性案例也得经过上级领导同意。更多时候查询指导性案例是为了能够佐证领导的办案意见。如此司法环境之下想有效运行案例指导工作几无可

---

① ［美］理查德·A. 波斯纳：《法理学问题》，苏力译，中国政法大学出版社 2002 年版，第 31 页。
② ［美］本杰明·卡多佐：《司法过程的性质》，苏力译，商务印书馆 2011 年版，第 10 页。
③ 秦宗文、严正华：《刑事案例指导运行实证研究》，载《法制与社会发展》2015 年第 4 期，第 54 页。

能。因此司法改革势在必行。司法也一直在改革，但改革效果不明显。令人欣慰的是，时下我国又掀起新一轮的刑事诉讼程序改革，强调以"审判为中心"，意味着将确立法院为格局中心，提升审判环节在整个诉讼过程中的地位。若想实现以审判为中心，司法人员独立办案就是必要前提。现今全国各级法院也都在进行内部改革，实行员额制，也有利于实现法官独立行使审判权，独立承担责任。最终改革成果怎么样我们拭目以待，也只有实践才能检验改革的效果，刑事案例指导工作的有效运转无疑也是考量司法改革成功的重要指标。

(二) 控制司法解释的发布数量

1. 司法解释扼杀法官释法的动力与能力

限制法官自由裁量权是刑事案例指导制度的一项重要功能，而刑事案例指导制度功能的有效发挥却又离不开法官的自由裁量权。因此刑事案例指导制度仅仅约束法官滥用自由裁量权，鼓励法官妥当行使解释法律的权力。刑事案例指导制度的出台意味着重视法官在裁判案件过程中的积极作用，尤其是法官适用法律的能力。一份优秀的判决书不是仅仅用案件事实与法律规范随意堆砌而成，其必然凝结了法官个人的心血与智慧，是法官精心解释法律和说理论证能力的集中体现。只有大量优质裁判文书不断面世，才能为案例指导工作源源不断地输送优质案例，指导性案例的源泉才不至枯竭。因此法官解释法律以及说理论证的动力与能力对于案例指导制度功能的发挥至关重要。然而从现有司法实践观之，由于司法解释的大量存在，法官依靠司法解释判案成为一种习惯，司法解释就是确定无疑的真理，被法官奉为金科玉律。"在几乎所有的法官看来，最高人民法院的司法解释就是理由，无需再向被告人、辩护人详尽解释判决理由。"[1] 长此以往，法官已经完全习惯引述司法解释进行判案，判决可以直接引述司法解释，无须再去说理论证，司法解释本身就是道理。因此大量司法解释的存在大大限制了法官解释法律的积极性，多年的司法实践也没能很好地练就法官裁判说理论证的能力。然而法官的这些优秀品质和能力恰恰是案例指导制度不可或缺的。"以往已经制定的诸多司法解释，一定程度上是为指导性案例的创制设置了障碍，因为一线法官处理案件时总是在想着'对号入座'，

---

[1] 周光权：《刑事案例指导制度的发展方向》，载《中国法律评论》2014年第3期，第138页。

其解释能力、解释冲动都会受到重大影响。"① 因此唯有有效控制司法解释的发行数量,促使法官在适用法律过程中发挥解释法律的能力,调动法官释法的积极性,摆脱司法解释的束缚,促使法官结合案件事实对法律作出精当解释,提升法官撰写裁判文书的论证说理能力,不断产出高质量的裁判文书,为刑事案例指导制度的运行提供人才保障与案例来源。

2. 司法解释挤占指导性案例的发展空间

司法解释与指导性案例都是法律解释的方式,只是使用方法不同。释法空间是固定的,如果刑法条文处处充斥着司法解释,刑事指导性案例解释法律的空间就必然会受到挤压。而且为了统一全国的法律适用,司法解释的释法模式只能是从"一般到一般",解释条文与立法条文类似,解释的规则多数仍然是抽象与模糊的,仍需再次解释。司法实践表明,司法解释未能真正发挥解释法律的功能,脱离具体案例的解释决定了司法解释永远不可能给司法裁判提供十分具体的裁判方法与裁判规则。换言之,如果司法解释能够圆满解决法律适用难题,建立刑事案例指导制度就有画蛇添足之嫌。案例指导制度建立之后,必须对司法解释进行合理瘦身。② 因此在蛋糕既定的情形下,要想给案例制度多分,司法解释就必须少分,这样才能保证案例指导市场的占有份额,由此指导性案例才能发挥实效。与此同时,刑事指导性案例指导作用的发挥必然会激发法官解释法律的潜能,同时也能提升法官判决说理能力,由此高质量的判决文书才能不断涌现,指导性案例才有源头活水。唯有如此,案例指导工作与司法实践才能形成良性互动,指导性案例的指导功能才能真正实现。另外,在有司法解释且规定明确时无须再发布指导性案例,即便再发布也没有实际意义。法官在有司法解释明确规定的情形下,显然会更加倾向援引司法解释,已颁布的重申司法解释型的指导性案例受到冷落已经是最好的证明了。对现有司法解释仍然存在模糊不清的地方,也不宜再做新的司法解释对其进行二次解释,而应尽可能通过发布指导性案例的方法解决。当然这并不代表说以后就不允许发布司法解释了,基于立法稳定性的考量法律不能频繁修改,指导性案例在司法实践中形成的一些法律规则需要司法解释及时总结,将其上升为一般性的规范,

---

① 周光权:《判决充分说理与刑事指导案例制度》,载《法律适用》2014年第6期,第6页。
② 参见姜远亮:《指导性案例与司法解释的关系定位及互动路径——以刑事审判为视角》,载《法律适用》2019年第8期,第12页。

以使其指导意义更加长远。

总而言之，只有限缩司法解释的数量才能慢慢改掉司法人员依赖最高人民法院"判案"的不好习惯，并逐步形成参照指导性案例裁量的思维。而且只有减少司法解释数量才能给指导性案例腾出运行的空间，才有发挥案例指导功能的余地。而且减少刑法司法解释的数量，才可以更好地培养基层司法工作人员的刑法解释能力、独立裁判能力和充分说理能力。① 唯有不断提升司法人员的这些能力，才能不缺参照指导性案例的智力基础，也只有具有如此能力的司法人员才能保证案例指导工作的畅通运行。

（三）加强对法官应用案例能力的培训

1. 法官对于案例指导制度的重要性

法官是生活现实与法律规范的桥梁。徒法不足以自行，指导性案例没有法官的援引也将名存实亡。德沃金曾言："法律是法律帝国的首都，而法官是法律帝国的王侯。"② 该名言虽然对法官地位有夸大之嫌，但法官在法律帝国的重要性确实是不言而喻的。如若没有法官把法律运用到司法实践中，法律只能是一纸空文。作为适用法律的主体，法官无疑在整个法治建设中具有举足轻重的地位。刑事案例指导制度是法治建设过程中推出的一项法律适用机制，其强调指导性案例在司法实践中的指引作用，意图统一司法适用尺度并能够保证个案的公平正义。罪刑法定原则要求刑法稳定性而导致的滞后性使其难以适应社会发展需要，由此法官必须根据现实生活不断对法律赋予新意。张明楷教授认为："活生生的正义还需要从活生生的社会中发现。即使法官单纯根据法条文字得出的结论具有正义性，也只是一般正义；而刑法的适用除了实现一般正义外，还必须在具体个案中实现个别正义。"③ 法律在面对现实生活时既要维护一般正义还要顾及个别正义，这一目的的达致无疑对法官提出极高的要求。司法解释显然难以达此目的，指导性案例的优点就在于法官基于活生生的现实生活案例对法律作出具体解读，为类似案件确立活的标杆，维护法制统一性的同时又不失灵活性。案例指导工作凸显法官精心解释与适用法律的重要性，但也对

---

① 参见周光权：《刑事案例指导制度的发展方向》，载《中国法律评论》2014年第3期，第141页。
② ［美］德沃金：《法律帝国》，李常青译，中国大百科全书出版社1996年版，第361页。
③ 张明楷：《从生活事实中发现法》，载《法律适用》2004年第6期，第32页。

法官的综合能力提出极高的要求。面对鲜活的现实生活，与其说法官是在适用法律毋宁说是法官在展示一门法律艺术。"法律乃经世致用之术，旨在凝聚社会共识与寻求最佳平衡以解决矛盾与冲突。因而司法就不仅仅是一种技巧，更是一门艺术；不仅仅是规范加事实的水到渠成，更是客观标准与个人良知的百转千回。"① 法官在法治前行中扮演着举足轻重的作用，推进刑事案例指导制度有效运行法官的作用同样不可或缺。高质量的指导性案例离不开法官的高质量裁判文书，指导性案例的司法应用同样需要法官高超的法律技能，不论是法官主动引述指导性案例还是法官被动援引指导性案例，最终都需要法官在裁量案件时对指导性案例与待决案例进行多方面比较，判定是否属于类似案件，作出是否参照的翔实说明，达致判决充分论理，以理促公正。

2. 养成法官适用指导性案例的裁判思维

法官习惯于直接依循法律与司法解释判案，即从法律条文到具体案件。而刑事案例指导制度的要求方式是案例到条文再到具体案件。两种裁判思维逻辑的起点就不同，而且案例指导式的裁判思维显然增加了案件到条文的再思考过程。条文式的裁判思维是基于制定法传统之下的一种习惯做法，要想适应案例指导工作的运作方式，必须尽快养成法官参照案例的思维，训练法官养成接到案例之后首先寻找是否有类似案例的习惯，各地法院必须有意识地逐步改变法官的判决思维，使其至少判决时能够想到参照指导性案例。依照条文式的思维方式，法官只能机械办案，这大大限制了法官思维的能动性，难以顾及个案的公平与正义。而案例指导式的思维方式必然能够调动法官的积极性，同时也对法官释法与说理能力提出了很高的要求。刑事案例指导制度的推行可以带动刑事司法领域的全面改革尤其是判决文书改革，法官在刑事判决书中必须充分说理，其解释能力就必须达到一定水准，法官不能再像以往那样仅借助司法解释就可以判案，独立思考和独立解释刑法就显得特别重要。因此养成法官参照案例的习惯，能使法官与案例指导形成良性互动，共同促进司法水平的提高。当然转化法官裁判思维习惯需要一个过程，需要司法系统从上到下重视起来，定期开展案例指导方法系统训练，并把案例思维贯彻到常规审判活动当中，引导法官形成自觉应用案例的意识。

---

① 左卫民、陈明国：《中国特色案例指导制度研究》，北京大学出版社2014年版，第170页。

### 3. 培训法官适用指导性案例的技能

案例指导式的审判方式无疑对法官适用法律提出了更高的要求，依照传统条文式的裁判思维，法官根据三段论裁判模式只需寻找案件的大前提，即法律条文或司法解释就可以进行判决，无须考虑案例。然而依照案例指导式进行裁判案件，法官首先要寻找是否存在类似案例或者判断当事人援引的指导性案例是否与正在审判案件相类似。而判断案件是否相同或类似不像比较苹果与橘子是否相同那么简单，法官需要深入思考，反复比对基本案情，仔细辨识，作出恰当判断。一个业务精湛的法官，会尽可能找到一个直接相关的指导性案例，同时也会尽量避免一个不相关的或糟糕的案例。① 然而实证调研表明，真正熟知案例指导制度的法官人数都极为有限，懂得如何区分待决案件与参照指导性案例的法官就更是凤毛麟角，因此加强对法官应用案例能力的培训就必不可少。首先，应该把指导性案例作为法院系统培训的必修课。法官通过学习与掌握已经颁布的指导性案例的具体内容、出台背景以及指导意义，先熟知指导性案例的具体情况，尤其是裁判要点的内容。为了确保培训的效果，每次组织法官学习之后必须要经过考核，不能通过考核的法官，不允许审判案件。由此通过反复学习，使法官知悉指导性案例的具体情况，改变对案例的固有成见，逐步认识到指导性案例的指导价值，进而从强制学习转为自觉学习。其次，培训与传授法官区别案例的技术。法官熟知指导性案例之后，才有可能去主动参照或引述指导性案例，由此才能逐步养成参照案例进行判决的裁判意识，接下来就要掌握区别技术，即何为"类似案件"。虽然《实施细则》明确规定判断是否属于类似案件的标准为案件事实与适用法律，由于现实生活案例的复杂性与多样性，不可能存在完全相同的案件，某一个细小因素就可能导致两个案件本质的不同。判断类似案件的标准只能是理论上的说辞，真正还需依靠法官的实践经验与归纳推理能力来做界分。因此类似案件的区分只能是提供一个基本的参照标准，而不存在一个绝对正确标准。虑及裁判要点是指导性案例的核心部分，参照标准可以限缩在裁判要点之内：一是待决案件事实与"裁判要点"所包括的必要事实具有相似性；二是待决案件所要解决的法律问题与裁判要点涉

---

① 孙海波：《案例指导制度下的类案参照方法论》，载《现代法学》2020年第5期，第51页。

及的法律问题具有相似性。① 法官只有立基于这两个相似性基础，不断实践和总结方可提升区别相似案例的能力。由于现实案例的复杂性，提高法官灵活判断的技能是十分重要的。所谓的判例指导其实主要是一种司法和法学思想的模式，一种解决法律问题的方法，而这种方法只有经过不断培训与学习，在实践中慢慢领会方法要领方能提升法官适用案例的能力。

总而言之，由于我国没有适用案例指导司法实践的传统以及法官欠缺应有的裁判思维习惯，因此教会法官判断类似案件的技能且在司法实践运用自如需要对法官进行系统的教育与培训。

### （四）加强学者与刑事案例指导的良性互动

作为法治建设的重要力量，学者在探索法学理论前沿为司法实践建言献策方面作出了卓越的贡献，在刑事案例指导制度前行的道路上学者同样不能缺席。案例研究不仅是一种重要的法学研究方法，更是我国一项重要的司法制度。虽然我国的案例指导制度起步较晚，但不能否认其在我国法律体系中的重要地位。案例指导制度是与法律、司法解释并行的法律制度，共同构成了中国特色社会主义法治体系。② 学者在理论上的深入研究可以为司法实践提供智力支持，学者对于刑事案例指导制度的真知灼见必然会影响到案例指导工作的成效。学者作为法律群体中的精英，他们对于判例的积极评价无疑会增强法官运用判例的信心。③ 学者对于判例的尖锐批判也能为指导性案例质量的提高与恰当的裁判规则形成施加外在压力。从最高人民法院颁布的《实施细则》可以看出，学者既是指导性案例的推荐者又是指导性案例的把关者。表面上观之，学者对指导性案例的生成有重要的作用，然而现实中最终决断权仍然在司法人员手中，学者建议不具有任何权威性。相较于大陆法系而言，我国学者对案例指导工作的贡献显然还远远不够。德、意、日国家事实判例制度的建立离不开学界对于判例的深入研究，学界对于判例的解释对司法实践有很强的影响力，学者的宽广视野与理论深度的优点得到了最大程度的体现。④ 大陆法系判例制度

---

① 参见左卫民、陈明国：《中国特色案例指导制度研究》，北京大学出版社2014年版，第167页。
② 刘辰：《案例指导制度的价值定位与时代使命》，载《人民检察》2019年第15期，第39页。
③ 参见董皞等：《判例解释之变迁与重构：中国判例解释发展与构建之路》，中国政法大学出版社2015年版，第73页。
④ 参见陈兴良主编：《中国案例指导制度研究》，北京大学出版社2014年版，第698—700页。

给我们这样的启示：重视与吸收学者对于判例的研究是判例制度发展成熟所不可或缺的条件之一。因此有论者建议，在我国未来案例指导制度中应当赋予学者抽取先例性的规范并担保其妥当性的重要角色。① 不得不说这个建议十分大胆，抽取先例性规范实质上就是我国指导性案例裁判要点的提炼工作。裁判要点是指导性案例的核心，法官参照指导性案例不能突破裁判要点范围。显然掌握抽取先例规范的权力一定意义上相当于享有创制指导性案例的权力，这与最高人民法院是指导性案例的唯一创制主体相左，因此学者设想变成现实难度很大。另外，基于学者系统思考与理论深度的能力，我们丝毫不会怀疑学者抽取先例性规范的能力，但由于学者缺乏司法实践经验，大多是从应然角度考虑问题，由此做出的先例规则能否适应社会需要是值得怀疑的。

一直以来，学界与实务界相互交流较少是客观事实，而且法官对学者理论观点也存在误解，认为学者大多是在空谈理论，脱离实际的理论研究不能化解司法实践面临的诸多难题。因此要想使学者在案例指导工作中扮演重要角色，还有很多工作需要去完善。首先，加强学界与实务界的对话与交流。做到真诚交流，理论与实践的真正碰撞，形成良好的互动关系。其次，学者对案例指导制度进行深入研究。理论研究要有国际视野更要有中国意识，我们是借鉴国外先进经验，但不是照搬，唯有适合我国司法实践的制度才是好制度。只有做好这两点，才能更好地发挥学者在案例指导制度建设过程中的重要作用，也许将来正如论者所言，在裁判要点的提炼上最高人民法院会赋予学者一定的权力，由此能更好地发挥学者自身优势。另外学者既是研究者也是知识的传播者，可以在以后的教学工作中，给自己的学生灌输判例思维，教会学生从判例中提炼法律规范的能力，使他们怀着案例指导式裁判思维走上司法工作岗位。如此这般，将来参照指导性案例进行审判活动就是自然而然之事，不会存在观念的障碍，由此刑事案例指导制度功能的切实发挥方值得期许。

**四、刑事案例指导制度完善需注意的问题**

(一) 刑事案例指导制度的发展方向

实证研究表明，我国刑事案例指导制度运行现状不容乐观，深陷危机。司

---

① 参见解亘：《论学者在案例指导制度中的作用》，载《南京大学学报（哲学·人文科学·社会科学版）》2012年第4期，第84页。

法人员缺乏参照指导性案例的动力，主动阅读与学习指导性案例的人员极少，制度前景令人担忧。刑事案例指导制度下一步走向何方，是我们必须认真考量的问题。案例是生活现实与法律的结合体，是适用法律的活标本，也是法官适用法律的经验体现。我国历史与他国司法经验已经证明判例在司法实践中的重要价值，无须再去赘述其对立法与司法的重要性。时下我国司法现状面临诸多困难，尤其是适用法律不统一的现象比比皆是，司法解释对此也疲惫乏力。为了化解这种司法乱象，提升司法公信力，进行司法改革就成为必然。案例是法治的基本单位，是法治建设的有机组成部分，好比细胞对人体的重要作用。案例是法治细胞，是国家法治水平的"试金石"①，其对法治建设不可或缺。案例是应然规则的实然体现，其蕴含着几乎所有与法有关的信息，是"看得见的法典""摸得着的规则""活生生的法治"。② 案例的这些优点恰恰能够弥补立法与司法解释的不足，能够为司法审判提供具体的裁判规则，减少司法适用不统一现象的发生。司法实践的需要以及刑事指导性案例自身的优点告诉我们，刑事案例指导制度是我国司法发展的必然选择，我们应当保持对其前景的乐观态度。由于司法改革环境的复杂性，刑事案例指导制度的建立、发展与完善必将经历一个长期的打磨过程，我们深信刑事案例指导制度终将会给我国立法与司法带来满满的回报。我国要建立刑事案例指导制度必须结合我国的实际情况，不能完全照搬国外的做法。有学者对我国案例指导制度发展做出"两步走"的战略设定，具体内容为：第一，短期而言案例指导制度运作的直接目标是化解"同案不同判"现象，关注事实认定、适用法律和量刑差距过大、明显不公的情形，约束司法不公和司法腐败，树立司法权威与提升司法公信力。第二，长远而言要充分挖掘案例指导制度的各种功能，尤其是弥补成文法不足的功能，对既有立法中可能导致的不公裁决的规定进行修正与补足。③ 学者所言不无道理，刑事案例指导制度作用的发挥必然有一个渐进的过程，不可能一蹴而就，而且作为一项司法制度必须与社会实践紧密结合，适时发挥其应有功效。

---

① 参见于同志：《认真对待案例——基于法院审判的认知与思考》，载《法律适用》2021年第1期，第114页。
② 参见白建军：《案例是法治的细胞》，载《上海政法学院学报》2002年第5期，第25—26页。
③ 参见胡云腾主编：《最高人民法院指导性案例参照与适用》，人民法院出版社2012年版，第78—79页。

中国特色的案例指导制度只能是一种法律适用机制，而不是创造法律规范的造法机制。其既不同于英美判例法，也与大陆法的事实判例制度相异，指导性案例仅仅是在解释法律，而不是在创造法律，即不存在"法官造法"。指导性案例也不具有法源地位，只是立法的重要资料来源。尤其是在刑事领域，我们更要慎重，必须在坚持罪刑法定原则之下，在现有法律的框架之内通过案例很好地诠释法律，为司法实践提供丰富的裁判规则，为之后类似案件的审判提供规则指导。当然这里的指导不同于过去案例的借鉴与参考，而是在审判同类案件中应当参照，这也就是中国特色的案例指导。中国特色表达了我们所欲实行的是一种"案例指导制度"，而不是完全的判例制度，同时也表明我们要将"案例"上升到能够"指导"以后法院审判工作的地位，而不是像过去那样仅仅停留于"比照、借鉴与参考"作用。中国特色就是遵循法律制度自身变迁、演进的规律，根据国家法制发展的需要和本国法律体系的特点加以自我改造。① 至于刑事案例指导制度最终的发展方向目前我们无法准确判定，但作为一项法律适用机制，其必须立足于我国的司法实践，不断自我完善与改进，以便很好地适应我国司法实践的需要。"中国的案例指导制度应当顺应时代的需要，积极回应司法实践的需求，融入两大法系相互融合的大潮流，实现司法灵活性与立法严谨性的高度结合，促进司法统一，最终建立中国特色的判例制度。"② 即便最终建立中国特色的刑事判例制度，也只能通过一系列制度设计进一步增强指导性案例的影响力，但也不可能赋予指导性案例法律效力，关键在于落实指导性案例的指导作用。因此当务之急是要正视刑事案例指导制度的现实困境，不断完善与改进制度自身不足之处，努力使其达致在近期具有执行力、在远期具有生命力的效果。

(二) 刑事案例指导制度形成的长期性

刑事案例指导制度的建立标志着案例指导司法实践的正式运行，但从最高人民法院先后发布的刑事指导性案例与运行实践考察来看结果却令人大失所望。已发布的刑事指导性案例数量少，质量不高，问题点不突出，说理能力不透彻，多数都是对现有不存在理解障碍的立法与司法解释的直接应用，更多的

---

① 参见刘作翔：《案例指导制度的理论基础》，载苏泽林主编：《中国案例指导制度的构建和应用》，法律出版社 2012 年版，第 125 页。
② 胡云腾主编：《最高人民法院指导性案例参照与适用》，人民法院出版社 2012 年版，第 79 页。

是在进行政策宣示与回应社会，而根本没对现有法律进行高质量的拓展。甚至可以说已发布指导性案例并无足够指导力，不得不让人反思其是否存在发布的必要。学者对于指导性案例几乎都是一边倒的负面评价，其心声应当说也是恨铁不成钢，更多是希望刑事案例指导制度能够真正发挥作用。当然只有深刻的批评才能有更大的进步，但在批评的同时也希望学者保持一份耐心，少从应然角度讨论问题，多从实然角度提出化解困难的方案。刑事案例指导制度是最高人民法院在司法系统内部进行的一项自上而下的改革，没有任何经验，也是"摸着石头过河"，生怕改革尺度太大侵犯我国现有的权力体制。正如学者所言："我国的案例指导制度虽然已是实践着的制度，但是在理念上、在方法上，还需要有更深层的积淀。现有的案例指导制度并没有有效解决理念与制度设计、制度运行与适用方法之间的深刻鸿沟，从而在司法实践当中存在一些不可避免的实践难题，这也是可以理解的。"① 因此最高人民法院发布指导性案例也特别谨慎，只求稳定不求创新，发布的案例没有释法新意，更多的在于重申司法解释之规定与回应社会公共关切。这虽然会引起学者的严厉评判，但至少不会遭到民众的反对。而且在人们固有的观念中，判例就等于法官造法，这在我国成文法的体制中是绝对不允许的。尤其是在刑事领域，法官随意解释甚或创制法律极有可能侵犯公民的正当权益，轻则侵犯人身自由，重则剥夺生命权利。因此在刑事司法实践中无论何种司法制度的运行，都必须坚守罪刑法定原则，不能随意逾越法律规定的应有内容。我国历史上虽然也存在案例发挥作用的司法实践，但重点不在于解"疏"而在于堵"漏"。

新中国成立之初我国法制建设一穷二白，很多法律制度都是在探索过程中不断建立起来的。由此可见，司法机关对于刑事案例指导制度也没有任何经验可借鉴，都是在学习他国现有司法制度，在国内调研的基础上慢慢推进制度建设。作为一项实施时间不长的制度，我国也是在司法实践中不断探索制度的发展出路，实践中不可避免会出现各种各样的问题，而这些问题多与当前制度不完善或理论准备不足密切相关。② 因此可以说中国刑事案例指导制度是一项长远的工程，现阶段仍处于幼年时期，属于刑事案例指导制度的初级阶段，短时

---

① 彭中礼：《司法判决中的指导性案例》，载《中国法学》2017年第6期，第148页。
② 参见秦宗文：《刑事案例指导运行实证研究》，载《法制与社会发展》2015年第4期，第42页。

间难以达致预期目标。尤其是在英美法系和大陆法系经历了几百年才发展成熟的制度，其不可能在我国起到立竿见影的效果。学者对已经发布的指导性案例指责声一片，实属强人所难，一项制度的建构不可能一蹴而就，案例指导工作的积淀与成熟需要一个长期的过程，需要一份持久的耐心。再说，每年的刑事判决文书数量巨大，但想从中选出符合指导性案例条件的案件确实不易，究其原因在于多数判决都是一个模式，在"本院认为"部分没有做出充分的论理说明，法律解释深度与广度不够，很少有结合案件事实说理透彻的判决文书。因此最高人民法院也是巧妇难为无米之炊，没有坚实的案例基础，很难遴选出数量可观的指导性案例，高质量的指导性案例更是凤毛麟角。刑事案例指导制度的形成必然是一个长期的过程，需要我们保持足够的耐心，刑事案例指导制度的完善任重而道远。

刑事案例指导制度的建立并不代表执行该项制度就是顺理成章之事，一直以来司法人员都是遵照立法或者司法解释裁判案件，即便存在参考之前案例的情形也只是隐性参考案例解决问题，不会援引指导性案例进行说理论证。刑事案例指导制度的实践推进无疑对司法人员提出了更高的要求，不仅要转变传统的法律适用观念而且还要学习先进的司法技术，学会阅读与参照指导性案例，这些都是刑事案例指导制度运行的保障条件。我国司法人员的法律素养良莠不齐，尤其是在基层法院，受过高素质法律正规教育的法官并非多数，现有法官接受与学习新生事物需要漫长的过程。因此基于我国刑事案例指导制度自身存在的诸多问题、司法人员观念尚需转变以及外部环境制约等因素，在中国建立和完善刑事案例指导制度并使之有效运行需要一个长期的过程，只能循序渐进，不能操之过急。实务界与学界都希望指导性案例能够为司法实践提供规则，规范与统一法院的审判活动，但这一目的只能说是制度的长远目标，暂时还难以达致。只有在指导性案例发挥指引与回应功能的基础上，使民众与法官逐步认识刑事案例指导制度的真正内涵，接受指导性案例的指导，使其成为一种司法习惯，由此方能发挥指导性案例的预期功能。然而面对刑事案例指导制度的现状，完善与改革该制度的任务任重而道远，刑事案例指导制度的完善必然是一个长期的过程。因此刑事案例指导制度务实的做法应该是：边实践边总结，不断自我完善与改进，尤其是要立足于我国司法实践的现状，建立适合我国的特色刑事案例指导制度。

### 五、本章小结

刑事案例指导制度在实践运行中遇到了难题，遭受了打击，但我们不能因此而怀疑该制度在我国建立的正当性，理性的态度就是找到完善这一制度的最佳路径。实证研究显示，刑事案例指导制度运行效果不佳，既有制度自身的原因，也有外部环境与人员因素的制约。立足于我国刑事案例指导实践情况，借鉴域外国家及地区的适合我国的司法判例制度有益经验，从内外两条路径去完善制度，即刑事案例指导制度的内部完善与外部解困。内部完善措施有：一是增设高级人民法院为指导性案例的创制主体。二是严格刑事案例指导制度遴选案例标准。三是注重刑事案例指导制度的影响力。四是增强刑事指导性案例说服力。增强判决说理性，提升刑事指导性案例的质量，提升指导性案例对司法审判的影响力。五是健全刑事案例指导制度的各项机制。健全奖惩机制，强化指导性案例的参照效力。奖励法院系统内外的主体积极推荐指导性案例，提高指导性案例的数量。但在指导性案例数量与质量的问题上，一定要坚持质量优先的原则，宁缺毋滥。外部解困的措施有：保障人民法院独立行使审判权的法治环境，控制司法解释的数量，养成法官适用判例意识以及适用案例技术的培训，充分发挥学者对刑事案例指导制度理论研究与传播判例理念的优势。由此才能给刑事案例指导制度运行提供良好的外部环境。通过内外两条路径完善刑事案例指导制度，我们有理由相信其一定会在司法实践中发挥越来越大的作用，逐步实现预期目的。要给刑事案例指导制度设定一个发展目标：短期目标是通过强化案例指导制度的权威来增强该制度的稳定性；中期目标是通过市场机制与自发秩序来夯实案例指导制度的共识基础；长期目标则主要致力实现案例指导制度向具有中国特色的实质性判例制度转型。[①] 刑事案例指导制度的形成必然是一个长期的过程，不可能一蹴而就，其目前仍然处于幼年时期，充其量是判例制度的一种雏形。因此我们要保持足够的耐心，促使刑事案例指导制度在近期具有执行力，在远期具有生命力。

---

① 孙跃：《案例指导制度的改革目标及路径——基于权威与共识的分析》，载《法制与社会发展》2020年第6期，第67页。

# 结　论

梳理案例指导制度在我国的发展历程可以发现，案例对司法实践的指导作用是一种客观事实，案例指导制度是我国司法传统的重要组成部分，是我国民族精华的凝练，绝非对外国司法判例制度的简单照搬。为了更好地发挥案例的作用，我国把非正式的案例指导工作上升为一种正式的法律适用机制，即案例指导制度。案例指导制度确立之后，法院参照案例进行审判活动由隐性走向显性，由自发走向自觉。作为一项"官方"司法举措，案例指导制度与之前非正式的案例指导工作大相径庭，如何协调好该制度与其他法律制度以及法律原则的关系，关涉案例指导制度发展的前景。因此我们要及时厘清与制度相关的各种理论争论，方可确保案例指导制度名正言顺地运行。

指导性案例是案例指导制度的载体，也是案例指导制度的核心。然而并非所有案例均能上升为指导性案例，由此必然涉及指导性案例与非指导性案例的关系。产生主体、程序以及效力的不同决定了二者分属不同类型，甄别的关键在于指导性案例可以作为裁判文书的说理依据加以援引，而非指导性案例不可。即便如此，指导性案例也离不开非指导性案例。指导性案例是从大量的非指导性案例中选取而来，非指导性案例是指导性案例的源头活水，指导性案例质量高低取决于非指导性案例的指导力与说服力。无论是指导性案例还是非指导性案例，二者均是我国司法实践的宝贵财富，是司法活动与立法活动重要的资料来源。

刑事案例指导制度是我国司法改革的一项重要举措，其旨在法律适用，指导法院司法裁判，力图统一法律适用，故其是一项法律适用机制，而非造法机制，指导性案例也不具有法律效力。作为一种法律适用方法，刑事案例指导制度能够辅助立法实现，也是司法解释的有益补充，而且刑事案例指导制度具有弥补立法与司法解释不足的优势功能，能够化解立法与司法实践诸多难题。指导性案例的司法运用,不仅能活化与发展立法、指引与规范民众日常生活行为,也能为司法提供司法规则与裁判方法、指导规范量刑活动,同时还有强大的回应社会关切的附加功能,对提升民众对于司法的认同感具有举足轻重的作用。因此刑事案例指导制度的诸多补足功能是我国选择它的重要理由,该制度的正当性更是毋庸置疑。

刑事法律的特殊性决定了刑事指导性案例与民事指导性案例不同,其不能突破罪刑法定原则进行法外释法,创制新的罪名与刑罚。刑事指导性案例只能在现有的法律框架之内解释法律与续造法律,其重点在于解释而非创制。因此我国的刑事案例指导制度不仅不违背罪刑法定原则,还有助于罪刑法定原则的实现。成文法律与案例的有效结合才是完全的罪刑法定,罪刑法定本身并不排斥案例,既判案例指导待判案件是罪刑法定司法实现的重要渠道。当然对于刑事案例指导制度也不能完全高枕无忧,毕竟刑事指导性案例的运行是以强调法官自由裁量权为前提条件的,法官裁量权的发挥也可能出现任意解释法律的现象。法律术语的专业性很强,法官如若在刑事案例中解释得比较专业,那么普通民众就难以理解其具体内容,长此以往法律就会成为"不可视"的东西,进而削弱法律的规范品格,以致罪刑法定原则在刑法中将被架空与虚置,因此刑事案例指导制度与罪刑法定原则的关系还有待深入探讨。

与域外司法判例制度不同,我国案例指导制度是一种广义的案例指导,既包括法院系统,也包括检察院系统,甚至包括公安行政机关。虽说各个机关都有依照先前处理问题的办法解决之后类似问题的经历以及权力,但应当仅限于各机关自身职权范围之内。案例指导制度建立之后,最高人民法院与最高人民检察院都开始发布指导性案例,基于各机关享有司法权内容的考量,法院在审判案件过程中不能也不应当参照最高人民检察院发布的指导性案例。基于检察机关的职权范围考量,其发布的指导性案例应当仅限于批捕和不起诉范畴,由此方可避免检察机关发布的指导性案例被虚置。我们鼓励各自机关在自身职权范围之内发布指导系统内部工作的案例,但作为司法领域的案例指导制度,法院的指导性案例必将成为刑事案例指导制度的唯一承载物。然而,最高人民法院与最高人民检察院在我国都享有司法解释权,将来刑事案例指导制度是否可以效仿司法解释的办法来化解矛盾,还需要我们继续探讨。

实证研究表明,刑事指导性案例运行效果远未达到制度设定之预期目标。

指导性案例的参照效力遭受冷遇，鲜有法院主动参照指导性案例。已颁布的刑事指导性案例"少而粗"：指导案例数量少，没有形成规模效益；案例质量又存在瑕疵，指导性案例释法说理能力不强，指导力不足，根本不能满足司法实践需求。加之法官适用案例的能力缺失，受传统裁判思维的影响，法官参照指导案例比例极低，援引有失规范，致使刑事案例指导制度陷入尴尬境地。

完善刑事案例指导制度的路径有二：一是从制度内部完善。增设高级法院作为发布指导性案例的主体，严把遴选指导性案例指导关口。注重刑事案例指导制度的影响力，增强指导性案例的说理能力，提升指导性案例的指导力。健全案例指导制度的监督与奖励机制，保障刑事案例指导制度的实践运行。二是从制度外部完善。控制司法解释的数量，为指导性案例运行提供宽广的空间，提高法官应用案例的能力，发挥学者的理论研究优势作用，形成学理研究与案例指导实践的良性互动。由此经过内部完善与外部解困，相信刑事案例指导制度会逐步步入正轨，发挥其指导审判工作的应有功能。

当然，我们要始终保持理性的态度，刑事案例指导工作必然是一项长远的社会工程，绝不可能在短时间内就发挥立竿见影之效。刑事案例指导制度未来前行道路一定不会平坦，庆幸的是我国正在进行新一轮的司法改革，尤其是推出以审判为中心的刑事诉讼程序改革，进一步提升法庭审案的地位，这一改革的内容正好与刑事案例指导制度精神相契合。因此我们要对刑事案例指导制度的前景保持足够的信心，努力促使指导性案例在近期有执行力，远期有生命力。但是，我们必须准备好应对困难的决心，影响刑事案例指导制度实践运行的因素很多，案例指导制度诸多内容在学界仍然没有形成共识，法官应用案例能力的提升也不是一朝一夕能够达致，这些都是我们今后努力的方向。

# 参考文献

## 一、中文文献

### （一）专著类

1. 张骐等：《中国司法先例与案例指导制度研究》，北京大学出版社2016年版。
2. 董皞等：《判例解释之变迁与重构：中国判例解释发展与构建之路》，中国政法大学出版社2015年版。
3. 张志铭：《法律解释学》，中国人民大学出版社2015年版。
4. 邓矜婷：《指导性案例的比较与实证》，中国人民大学出版社2015年版。
5. 陈兴良主编：《中国案例指导制度研究》，北京大学出版社2014年版。
6. 左卫民、陈明国主编：《中国特色案例指导制度研究》，北京大学出版社2014年版。
7. 何家弘主编：《外国司法判例制度》，中国法制出版社2014年版。
8. 张明楷：《刑法的私塾》，北京大学出版社2014年版。
9. 利子平：《刑法司法解释瑕疵研究》，法律出版社2014年版。
10. 江勇、马良骥、夏祖银：《案例指导制度的理论与实践探索》，中国法制出版社2013年版。
11. 陈兴良、张军、胡云腾主编：《人民法院刑事指导案例裁判要旨通纂》，北京大学出版社2013年版。
12. 魏胜强：《法律解释权的配置研究》，北京大学出版社2013年版。
13. 刘星：《西窗法雨》，法律出版社2013年版。
14. 黄卉、朱芒、解亘等：《大陆法系判例：制度·方法——判例研读沙龙Ⅰ》，清华大学出版社2013年版。
15. 杨仁寿：《法学方法论》，中国政法大学出版社2013年版。

16. 胡云腾主编：《最高人民法院案例指导性案例参照与适用》，人民法院出版社 2012 年版。

17. 苏泽林主编：《中国案例指导制度的构建和应用》，法律出版社 2012 年版。

18. ［美］彼得·德恩里科、邓子滨编著：《法的门前》，北京大学出版社 2012 年版。

19. 张明楷：《刑法分则的解释原理（上）》，中国人民大学出版社 2011 年版。

20. 高鸿钧等主编：《英美法原论（上）》，北京大学出版社 2011 年版。

21. 于同志：《中国案例指导制度：理论·制度·实践》，中国人民公安大学出版社 2011 年版。

22. 徐岱：《刑法解释学基础理论建构》，法律出版社 2010 年版。

23. 陈兴良、陈子平：《两岸刑法案例比较研究》，北京大学出版社 2010 年版。

24. 《最新司法解释小全书：刑事卷》，法律出版社 2010 年版。

25. 刘树德：《刑事指导案例汇览》，中国法制出版社 2010 年版。

26. 张明楷：《罪刑法定与刑法解释》，北京大学出版社 2009 年版。

27. 董皞主编：《中国判例解释构建之路》，中国政法大学出版社 2009 年版。

28. 陈兴良：《判例刑法学》（下卷），中国人民大学出版社 2009 年版。

29. 劳东燕：《罪刑法定本土化的法治叙事》，北京大学出版社 2010 年版。

30. 张明楷：《罪刑法定与刑法解释》，北京大学出版社 2009 年版。

31. 陈金钊：《法律解释学》，湖南人民出版社 2009 年版。

32. 刘风景：《判例的法理》，法律出版社 2009 年版。

33. 林东茂：《一个知识论上的刑法学思考》，中国人民大学出版社 2009 年版。

34. 邓修明：《刑事判例机制研究》，法律出版社 2007 年版。

35. 侯猛：《中国最高人民法院研究——以司法的影响力切入》，法律出版社 2007 年版。

36. 李洁：《论罪刑法定的实现》，清华大学出版社 2006 年版。

37. 汪世荣：《判例与法律发展：中国司法改革研究》，法律出版社 2006

38. 林维：《刑法解释的权力分析》，中国人民公安大学出版社 2006 年版。

39. 邓正来：《规则·秩序·无知——关于哈耶克自由主义的研究》，生活·读书·新知三联书店 2004 年版。

40. 武树臣主编：《判例制度研究》，人民法院出版社 2004 年版。

41. 王泽鉴：《法律思维与民法实例》，中国政法大学出版社 2001 年版。

42. 董皞：《司法解释论》，中国政法大学出版社 1999 年版。

43. 何勤华：《英国法律发达史》，法律出版社 1999 年版。

44. 张明楷：《刑法格言的展开》，法律出版社 1999 年版。

45. 沈宗灵：《比较法研究》，北京大学出版社 1998 年版。

46. 曾繁正等编译：《西方主要国家行政法 行政诉讼法》，红旗出版社 1998 年版。

47. 汪世荣：《中国古代判例研究》，中国政法大学出版社 1997 年版。

48. 徐国栋：《民法基本原则的解释——成文法局限性之克服》，中国政法大学出版社 1991 年版。

49. 张中秋：《中西法律文化比较研究》，南京大学出版社 1991 年版。

50. 林山田：《刑法特伦》，三民书局股份有限公司 1980 年版。

51.《马克思恩格斯全集》（第一卷），人民出版社 1956 年版。

52. 蔡枢衡：《刑法学》，独立出版社 1947 年版。

（二）译著类

1. ［美］迈克尔·J. 格哈特：《先例的力量》，杨飞等译，中国法制出版社 2013 年版。

2. ［英］鲁伯特·克罗斯、J. W. 哈里斯：《英国法中的先例》，苗文龙译，北京大学出版社 2011 年版。

3. ［日］山口厚：《刑法总论》，付立庆译，中国人民大学出版社 2011 年版。

4. ［英］丹宁勋爵：《最后的篇章》，刘庸安、李燕译，法律出版社 2011 年版。

5. ［德］阿图尔·考夫曼：《法律哲学》，刘幸义译，法律出版社 2011 年版。

6. ［美］罗斯科·庞德：《普通法的精神》，唐前宏等译，夏登峻审校，法律出版社 2010 年版。

7. ［日］山口厚：《从新判例看刑法》，付立庆、刘隽译，中国人民大学出版社 2009 年版。

8. ［美］P. S. 阿蒂亚、R. S. 萨默斯：《英美法中的形式与实质》，金敏等译，中国政法大学出版社 2005 年版。

9. ［英］约瑟夫·拉兹：《法律的权威：法律与道德论文集》，朱峰译，法律出版社 2005 年版。

10. ［美］马丁·夏皮罗：《法院：比较法上和政治学上的分析》，张生、李彤译，中国政法大学出版社 2005 年版。

11. ［德］克劳斯·罗克辛：《德国刑法总论（第一卷）》，王世洲译，法律出版社 2005 年版。

12. ［美］约翰·亨利·梅利曼：《大陆法系》，顾培东、禄正平译，法律出版社 2004 年版。

13. ［美］E. 博登海默：《法理学：法律哲学与法律方法》，邓正来译，中国政法大学出版社 2004 年版。

14. ［美］乔治·P·弗莱彻：《刑法的基本概念》，王世洲等译，中国政法大学出版社 2004 年版。

15. ［美］罗斯科·庞德：《法理学：第一卷》，邓正来译，中国政法大学出版社 2004 年版。

16. ［德］卡尔·拉伦茨：《法学方法论》，陈爱娥译，商务印书馆 2003 年版。

17. ［德］茨威格特克茨：《比较法总论》，潘汉典译，法律出版社 2003 年版。

18. ［美］罗斯科·庞德：《法律史解释》，邓正来译，中国法制出版社 2002 年版。

19. ［德］阿图尔·考夫曼、温弗里德·哈斯默尔主编：《当代法哲学和法律理论导论》，郑永流译，法律出版社 2002 年版。

20. ［美］理查德·A. 波斯纳：《法理学问题》，苏力译，中国政法大学出版社 2002 年版。

21. ［英］弗里德利希·冯·哈耶克：《法律，立法与自由（第一卷）》，邓正来译，中国大百科全书出版社 2000 年版。

22. ［日］大木雅夫：《比较法》，范愉译，法律出版社 1999 年版。

23. ［英］丹宁勋爵：《法律的未来》，刘庸安、张文镇译，法律出版社 1999 年版。

24. ［英］丹宁勋爵：《法律的界碑》，刘庸安、张弘译，法律出版社 1999 年版。

25. ［英］S. F. C. 密尔松：《普通法的历史基础》，李显东译，中国大百科全书出版社 1999 年版。

26. ［美］罗纳德·德沃金：《认真对待权利》，信春鹰、吴玉章译，中国大百科全书出版社 1998 年版。

27. ［美］哈罗德·伯曼编：《美国法律讲话》，陈若恒译，生活·读书·新知三联书店 1998 年版。

28. ［美］本杰明·卡多佐：《司法过程的性质》，苏力译，商务印书馆 2011 年版。

29. ［美］彼得·哈伊：《美国法律概论》，沈宗灵译，北京大学出版社 1997 年版。

30. ［日］西原春夫：《日本刑事法的形成与特色》，李海东译，法律出版社 1996 年版。

31. ［美］德沃金：《法律帝国》，李常青译，中国大百科全书出版社 1996 年版。

32. ［美］格伦顿、戈登、奥萨魁：《比较法律传统》，米健、贺卫方、高鸿均译，中国政法大学出版社 1993 年版。

33. ［美］霍伊：《自由主义政治哲学》，刘锋译，生活·读书·新知三联书店 1992 年版。

34. ［英］鲁珀特·克罗斯、菲利普·A. 琼斯：《英国刑法导论》，赵秉志等译，中国人民大学出版社 1991 年版。

35. ［美］E·阿伦·法恩兹沃思：《美国法律制度概论》，马清文译，群众出版社 1986 年版。

36. ［英］丹宁勋爵：《法律的训诫》，杨百揆、刘庸安、丁健译，群众出版社 1985 年版。

37. ［英］梅因：《古代法》，沈景一译，商务印书馆 1984 年版。

38. ［美］约翰·亨利·梅利曼：《大陆法系》，顾培东译，知识出版社 1984 年版。

39. ［法］孟德斯鸠：《论法的精神》（上册），张雁深译，商务印书馆 1982 年版。

40. ［美］汉密尔顿、杰伊、麦迪逊：《联邦党人文集》，程逢如等译，商务印书馆 1980 年版。

（三）中文论文类

1. 杨知文：《论类案的结构性相似特征及其运用》，载《中国法学》2023 年第 6 期。

2. 霍敏：《习近平法治思想指导下典型案例实现路径研究》，载《中国应用法学》2023 年第 5 期。

3. 孙万怀、张雯：《刑事案例指导制度本土价值、立场选择与证成》，载《清华法学》2023 年第 5 期。

4. 杨知文：《类案适用视角下指导性案例裁判理由的撰述》，载《政法论坛》2023 年第 5 期。

5. 郭叶、孙妹：《最高人民法院指导性案例 2022 年度司法应用报告》，载《中国应用法学》2023 年第 4 期。

6. 李振贤：《中国语境下的类案同判：意涵、机制与制度》，载《法学家》2023 年第 3 期，第 49 页。

7. 谭健强：《赋予刚性效力：刑事指导案例的内在机理与应然架构》，载《西部法学评论》2023 年第 2 期。

8. 杨知文：《指导性案例编撰中的法律解释方法及其运用》，载《东岳论丛》2022 年第 6 期。

9. 杨知文：《类案适用的司法论证》，载《法学研究》2022 年第 5 期。

10. 孙光宁：《裁判文书援引指导性案例的效果及其完善——以弘扬社会主义核心价值观为目标》，载《苏州大学学报（法学版）》2022 年第 1 期。

11. 杨知文：《非指导性案例的"指导性"与案例指导制度的发展》，载《清华法学》2021 年第 4 期。

12. 夏勇、沈振甫：《论刑事指导性案例与条文化司法解释的关系》，载《广西大学学报（哲学社会科学版）》2021 年第 2 期。

13. 于同志：《认真对待案例——基于法院审判的认知与思考》，载《法律适用》2021 年第 1 期。

14. 张骐：《中国判例之路中的经验与逻辑——霍姆斯论断的启示》，载《清华法学》2020 年第 6 期。

15. 孙跃：《案例指导制度的改革目标及路径——基于权威与共识的分析》，载《法制与社会发展》2020 年第 6 期，第 74 页。

16. 雷槟硕：《通过融入诉讼程序改善指导性案例使用》，载《法学杂志》2020 年第 6 期。

17. 孙海波：《普通法系法官背离先例的经验及其启示》，载《法商研究》2020 年第 5 期。

18. 张骐：《论案例裁判规则的表达与运用》，载《现代法学》2020 年第 5 期。

19. 孙海波：《案例指导制度下的类案参照方法论》，载《现代法学》2020 年第 5 期。

20. 孙光宁：《社会学解释方法在指导性案例中的适用及其改进》，载《上海政法学院学报》2020 年第 3 期。

21. 杨知文：《指导性案例裁判要点的法理及编撰方法》，载《政法论坛》2020 年第 3 期。

22. 顾培东、李振贤：《当前我国判例运用若干问题的思考》，载《四川大学学报（哲学社会科学版）》2020 年第 2 期。

23. 方乐：《指导性案例司法适用的困境及其破解》，载《四川大学学报（哲学社会科学版）》2020 年第 2 期。

24. 孙跃：《指导性案例与抽象司法解释的互动及其完善》，载《法学家》2020 年第 2 期。

25. 刘艳红、刘浩：《社会主义核心价值观对指导性案例形成的作用——侧重以刑事指导性案例为视角》，载《法学家》2020 年第 1 期。

26. 黄泽敏：《指导性案例主/被动援引规则之重构》，载《法制与社会发展》2020 年第 1 期。

27. 姜远亮：《指导性案例与司法解释的关系定位及互动路径——以刑事审判为视角》，载《法律适用》2019 年第 8 期。

28. 孙海波：《"同案同判"：并非虚构的法治神话》，载《法学》2019 年第 5 期。

29. 徐媛媛：《案例指导制度中的理性建构偏好——基于审判指导性案例的展开》，载《国家检察官学院学报》2019 年第 5 期。

30. 周少华：《刑事案件的差异化判决及其合理性》，载《中国法学》2019 年第 4 期。

31. 刘辰：《案例指导制度的价值定位与时代使命》，载《人民检察》2019 年第 15 期。

32. 侯欢：《司法解释与案例指导制度关系之辨》，载《北方法学》2019 年第 3 期。

33. 孙光宁：《法理在指导性案例中的实践运用及其效果提升》，载《法制与社会发展》2019 年第 1 期。

34. 汤文平：《中国特色判例制度之系统发动》，载《法学家》2018 年第 6 期。

35. 王绍喜：《指导性案例的政策引导功能》，载《华东政法大学学报》2018 年第 5 期。

36. 付玉明、汪萨日乃：《刑事指导性案例的效力证成与司法适用——以最高人民法院的刑事指导性案例为分析进路》，载《法学》2018 年第 9 期。

37. 孙光宁：《司法实践需要何种指导性案例——以指导性案例 24 号为分析对象》，载《法律科学（西北政法大学学报）》2018 年第 4 期。

38. 陈兴良：《刑法指导案例裁判要点功能研究》，载《环球法律评论》2018 年第 3 期。

39. 李红海：《案例指导制度的未来与司法治理能力》，载《中外法学》2018 年第 2 期。

40. 孙庆春：《最高人民法院指导性案例适用困境及出路——基于法官行为理论的分析》，载《西部法学评论》2018 年第 2 期。

41. 彭中礼：《司法判决中的指导性案例》，载《中国法学》2017 年第 6 期。

42. 张倩：《指导性案例的应然定位》，载《人民司法》2016 年第 10 期。

43. 向力：《从鲜见参照到常规参照——基于指导性案例参照情况的实证分析》，载《法商研究》2016 年第 5 期。

44. 刘克毅：《法律解释抑或司法造法——论案例指导制度的法律定位》，载《法律科学》2016 年第 5 期。

45. 孙光宁：《案例指导的激励方式：从推荐到适用》，载《东方法学》2016 年第 3 期。

46. 赵瑞罡、耿协阳：《指导性案例"适用难"的实证研究——以 261 份裁判文书为分析样本》，载《法学杂志》2016 年第 3 期。

47. 邵栋豪：《从指导案例 13 号看刑事案例指导制度的完善》，载《甘肃政法学院学报》2016 年第 2 期。

48. 詹亮、张庆庆：《刑事案例指导制度的困境反思与突围之道——基于最高人民法院公布十批九个刑事指导性案例的实证分析》，载《尊重司法规律与刑事法律适用研究（上）——全国法院第 27 届学术讨论会获奖论文集》，2016 年 4 月 14 日，北京。

49. 谢彩凤、赵鸿章：《从"柔性参考"到"刚性参照"：指导性案例应用现状探究及完善——以 52 个指导性案例的援引情况为分析视角》，载《尊重司法规律与刑事法律适用研究（上）——全国法院第 27 届学术讨论会获奖论文集》，2016 年 4 月 14 日，北京。

50. 吴君霞、秦宗文：《指导性案例适用方法研究》，载《四川大学学报（哲学社会科学版）》2016 年第 2 期。

51. 泮伟江：《论指导性案例的效力》，载《清华法学》2016 年第 1 期。

52. 秦宗文、严正华：《刑事案例指导运行实证研究》，载《法制与社会发展》2015 年第 4 期。

53. 马翔：《刑事案例指导制度的实证研究》，载《山东审判》2015 年第 6 期。

54. 孙万怀：《刑事指导案例与刑法知识体系的更新》，载《政治与法律》2015 年第 4 期。

55. 张开骏：《刑事案例指导制度的困境与展望》，载《广西大学学报（哲学社会科学版）》2015 年第 4 期。

56. 刘传稿：《台湾地区刑事判例制度对大陆刑事案例指导制度的启发》，载《南京社会科学》2015 年第 8 期。

57. 韩思阳：《案例指导制度反思》，载《政法论丛》2015 年第 5 期。

58. 姜涛、蒋国强：《刑法指导性案例的先决问题研究》，载《人民检察》2015 年第 17 期。

59. 李学成：《我国案例指导制度功能之反思》，载《理论月刊》2015 年第 4 期。

60. 龙宗智：《"以审判为中心"的改革及其限度》，载《中外法学》2015 年第 4 期。

61. 夏引业：《论指导性案例发布权的合法性困境与出路》，载《法商研究》2015 年第 6 期。

62. 林喜芬：《美国法院遵循先例的运行机制及启示》，载《比较法研究》2015 年第 2 期。

63. ［日］平野龙一：《刑法解释中的判例与学说》，黎宏译，载《国家检察官学院学报》2015 年第 1 期。

64. 刘树德：《最高人民法院司法规则的供给模式——兼论案例指导制度的完善》，载《清华法学》2015 年第 4 期。

65. 张明楷：《明确性原则在刑事司法中的贯彻》，载《吉林大学社会科学学报》2015 年第 4 期。

66. 赵志、陈琨：《内外兼修：刑事指导性案例生成机制》，载《环球市场信息导报：理论》2015 年第 12 期。

67. 石磊、刘松涛：《指导性案例参照情况的实证分析》，载《人民司法》2015 年 23 期。

68. 唐稷尧：《中国法官刑法解释权刍议》，载《四川师范大学学报（社会科学版）》2015 年第 4 期。

69. 雷磊：《指导性案例法源地位再反思》，载《中国法学》2015 年第 1 期。

70. 朱桐辉、余薇：《"两高"刑事指导性案例的文本分析及改进》，载《昆明理工大学学报》2014 年第 2 期。

71. 周光权：《判决充分说理与刑事指导案例制度》，载《法律适用》2014

年第 6 期。

72. 张倩：《刑事指导性案例司法适用问题研究》，载《法律适用》2014 年第 6 期。

73. 于语和、杨西多：《基于司法解释规则机制的导向论案例指导制度》，载《甘肃理论学刊》2014 年第 6 期。

74. 刘静坤：《裁判文书上网与普通案例的参考功能——以刑事案例为立足点的分析》，载《法律适用》2014 年第 6 期。

75. 李晓明：《司法解释中不可缺少的元素：刑事判例——从英美法系和大陆法系趋于融合说开去》，载《苏州大学学报（哲学社会科学版）》2014 年第 6 期。

76. 何然：《司法判例制度论要》，载《中外法学》2014 年第 1 期。

77. 唐丰鹤：《台湾判例制度三论》，载《台湾研究》2014 年第 2 期。

78. 黄泽敏、张继成：《指导性案例援引方式之规范研究——以将裁判要点作为排他性判决理由为核心》，载《法商研究》2014 年第 4 期。

79. 刘传稿、王烁：《中国台湾地区刑事判例制度与大陆案例指导制度之比较》，载《北京社会科学》2014 年第 11 期。

80. 孙光宁：《目的解释方法在指导性案例中的适用方式——从最高人民法院指导性案例 13 号切入》，载《政治与法律》2014 年第 8 期。

81. 周光权：《刑事案例指导制度的发展方向》，载《中国法律评论》2014 年第 3 期。

82. 李超：《指导性案例：公共政策的一种表达方式》，载《法律适用》2014 年第 6 期。

83. 周光权：《判决充分说理与刑事案例指导制度》，载《法律适用》2014 年第 6 期。

84. 陆幸福：《最高人民法院指导性案例法律效力之证成》，载《法学》2014 年第 9 期。

85. 周光权：《刑事案例指导制度：难题与前景》，载《中外法学》2013 年第 3 期。

86. 林维：《刑事案例指导制度：价值、困境与完善》，载《中外法学》2013 年第 3 期。

87. 陈兴良：《死刑适用的司法控制——以首批刑事指导案例为视角》，载《法学》2013 年第 1 期。

88. 陈兴良：《故意杀人罪的手段残忍及其死刑裁量——以刑事指导案例为对象的研究》，载《法学研究》2013 年第 4 期。

89. 汤文平：《判例纂辑方法研究》，载《法商研究》2013 年第 1 期。

90. 于佳佳：《日本判例的先例约束力》，载《华东政法大学学报》2013 年第 3 期。

91. 张建军：《案例指导制度对实现刑法明确性的作用》，载《法学杂志》2013 年第 9 期。

92. 张志铭：《司法判例制度构建的法律基础》，载《清华法学》2013 年第 6 期。

93. 魏治勋：《法律解释体制与法官的法律解释权》，载《东方法学》2013 年第 3 期。

94. 陈兴良：《案例指导制度前景广阔》，载《法制资讯》2013 年第 10 期。

95. 四川省高级人民法院课题组、四川大学联合课题组：《中国特色案例指导制度的发展与完善》，载《中国法学》2013 年第 3 期。

96. 舒洪水：《建立我国案例指导制度的困境和出路——以刑事案例为例》，载《法学杂志》2012 年第 1 期。

97. 舒洪水：《如何建立我国的案例指导制度——以刑事案例为例》，载《人民论坛》2012 年第 1 期。

98. 杨雄：《刑事案例指导制度之发展与完善》，载《国家检察官学院学报》2012 年第 1 期。

99. 黄京平：《刑事指导性案例中的公共议题刍议》，载《国家检察官学院学报》2012 年第 1 期。

100. 秦宗文：《案例指导制度的特色、难题与前景》，载《法制与社会发展》2012 年第 1 期。

101. 陈兴良：《案例指导制度的法理考察》，载《法制与社会发展》2012 年第 3 期。

102. 陈兴良：《案例指导制度的规范考察》，载《法学评论》2012 年第 3 期。

103. 陈兴良：《我国案例指导制度功能之考察》，载《法商研究》2012年第2期。

104. 孙国祥：《从柔性参考到刚性参照的嬗变——以"两高"指导性案例拘束力的规定为视角》，载《南京大学学报（哲学·人文科学·社会科学）》2012年第3期。

105. 王利明：《我国案例指导制度若干问题研究》，载《法学》2012年第1期。

106. 张志铭：《中国法院案例指导制度价值功能之认知》，载《学习与探索》2012年第3期。

107. 胡国均、王建平：《指导性案例的司法适用机制——以〈关于案例指导工作的规定〉的具体适用为视角》，载《上海政法学院学报》2012年第4期。

108. 解亘：《论学者在案例指导制度中的作用》，载《南京大学学报（哲学·人文科学·社会科学）》2012年第4期。

109. 武树臣：《激活判例机制提升司法权威》，载《河北法学》2011年第3期。

110. 刘作翔：《案例指导制度的定位及相关问题》，载《苏州大学学报》2011年第4期。

111. 秦宗文、朱昊：《检察机关案例指导制度若干问题研究》，载《中国刑事法杂志》2011年第7期。

112. 魏胜强：《为判例制度正名——关于构建我国判例制度的思考》，载《法律科学（西北政法大学学报）》2011年第3期。

113. 张娟：《论案例指导制度》，载《东北大学学报（社会科学版）》2011年第2期。

114. 孙国祥：《论检察机关案例指导制度》，载《人民检察》2011年第13期。

115. 宋晓：《判例生成与中国案例指导制度》，载《法学研究》2011年第4期。

116. 胡云腾：《如何做好案例指导的选编与适用工作》，载《中国审判》2011年第9期。

117. 陈越峰：《公报案例对下级法院同类案件判决的客观影响》，载《中国法学》2011 年第 5 期。

118. 孙谦：《建立刑事司法案例指导制度的探讨》，载《中国法学》2010 年第 5 期。

119. 周少华：《法典化制度下刑事判例的制度功能》，载《环球法律评论》2010 年第 6 期。

120. 劳东燕：《刑事推定、证明标准与正当程序——对 20 世纪 70 年代美国联邦最高法院判例的解读》，载《中外法学》2010 年第 5 期。

121. 郑泽善：《刑法、学说与判例》，载《甘肃政法学院学报》2010 年第 3 期。

122. 北京市人民检察院第二分院课题组：《检察机关案例指导制度的构建》，载《人民检察》2010 年第 22 期。

123. 王志强：《中国法律史叙事中的"判例"》，载《中国社会科学》2010 年第 5 期。

124. 宋晓：《裁判摘要的性质追问》，载《法学》2010 年第 2 期。

125. 徐岱：《刑法解释学的独立品格》，载《法学研究》2009 年第 3 期。

126. 李洁：《日本刑事判例的地位及其对我国的借鉴》，载《国家检察官学院学报》2009 年第 1 期。

127. 刘珊：《当代中国判例制度的构建》，载《中南民族大学学报（人文社会科学版）》2009 年第 4 期。

128. 葛凯、陈诚：《判例法借鉴之法理分析》，载《天府新论》2009 年第 6 期。

129. 解亘：《日本的判例制度》，载《华东政法大学学报》2009 年第 1 期。

130. 张榕：《通过有限判例制度实现正义——兼评我国案例指导制度的局限性》，载《厦门大学学报（哲学社会科学学报）》2009 年第 5 期。

131. 胡云腾、于同志：《案例指导制度若干重大疑难争议问题研究》，载《法学研究》2008 年第 6 期。

132. 杨磊：《成文法制度下罪刑法定原则的确证与强化——刑事案例指导制度与中国刑事法治建设》，载陈兴良主编：《刑事法评论》（第 21 卷），北京大学出版社 2007 年版。

133. 刘笃才：《中国古代判例考论》，载《中国社会科学》2007年第4期。

134. 汪世荣：《补强效力与补充规则：中国案例制度的目标定位》，载《华东政法学院学报》2007年第2期。

135. 董皞：《论判例与法律统一适用》，载《岭南学刊》2007年第2期。

136. 北京市高级人民法院课题组：《关于完善案例指导制度的调研报告》，载《人民司法》2007年第19期。

137. 张骐：《试论指导性案例的"指导性"》，载《法制与社会发展》2007年第6期。

138. 邓修明：《我国刑罚裁量模式与刑事判例机制》，载《现代法学》2006年第1期。

139. 汪世荣：《中国古代的判例研究：一个学术史的考察》，载《中国法学》2006年第1期。

140. 刘作翔、徐景和：《案例指导制度的理论基础》，载《法学研究》2006年第3期。

141. 最高人民法院课题组：《关于德国判例考察情况的报告》，载《人民司法》2006年第7期。

142. 劳东燕：《罪刑法定的明确性困境及其出路》，载梁根林主编：《刑法方法论》，北京大学出版社2006年版。

143. 蒋惠岭：《建立案例指导制度的几个具体问题》，载《法律适用》2004年第5期。

144. 周道鸾：《中国案例制度的历史发展》，载《法律适用》2004年第5期。

145. 牛克乾：《刑法渊源、规范性刑法解释与刑事判例》，载《法律适用》2004年第5期。

146. 梁根林：《罪刑法定视域中的刑法适用解释》，载《中国法学》2004年第3期。

147. 张明楷：《从生活事实中发现法》，载《法律适用》2004年第6期。

148. 冯军：《传统的流变与制度的生成——两大法系刑事案例的回顾与前瞻》，载《法学家》2003年第3期。

149. 冯军、冯惠敏：《我国刑事判例拘束力的合理定位》，载《中国律师》

2003 年第 3 期。

150. 王泽鉴：《最高法院判决在法学方法论上之检讨》，载《王泽鉴法学全集》（第一卷），中国政法大学出版社 2003 年版。

151. 冯军、刘涛：《刑事判例法渊地位：实然与应然之改革》，载《西南民族学院学报（哲学社会科学版）》2002 年第 12 期。

152. 张骐：《判例法的比较研究——兼论中国建立判例法的意义、制度基础与操作》，载《比较法研究》2002 年第 4 期。

153. 白建军：《案例是法治的细胞》，载《上海政法学院学报》2002 年第 5 期。

154. 王立民、钱芳、邵洪海：《刑事判例制度的内涵与设想》，载《当代法学》2001 年第 5 期。

155. 干朝端：《建立以判例为主要形式的司法解释体制》，载《法学评论》2001 年第 3 期。

156. 刘士国：《判例法与法解释——创建我国判例制度的探讨》，载《法学论坛》2001 年第 2 期。

157. 赵秉志、田宏杰：《判例的运用与现代刑事司法的发展趋势》，载《中国刑事法杂志》2001 年第 2 期。

158. 李晓明：《论刑事判例在我国司法体系中的定位》，载《法学评论》2000 年第 3 期。

159. 汪建成：《对判例法的几点思考》，载《烟台大学学报（哲学社会科学版）》2000 年第 1 期。

160. 张明楷：《法治、罪刑法定与刑事判例法》，载《法学》2000 年第 6 期。

161. 张文、何慧新：《关于创立中国刑事判例制度的思索》，载《政法学刊》1999 年第 1 期。

162. 吴信华：《"法院裁判"作为大法官违宪审查的客体》，载《政大法律法学评论》1999 年总第 61 辑。

163. 李国如、张文：《刑法实施应贯彻罪刑法定原则》，载《法学研究》1999 年第 6 期。

164. 潘荣伟：《大陆法系的司法判例及借鉴》，载《山东法学》1998 年第

4 期。

165. 董茂云：《大陆法系法典法与普通法系判例法的社会适应力比较》，载《法学家》1998 年第 4 期。

166. 赵文录、蔡富超：《我国建立刑事判例制度初探》，载《法学论坛》1997 年第 4 期。

167. 游伟：《我国刑事判例制度初论》，载《法学研究》1994 年第 4 期。

168. 孙旭：《关于如何在我国建立刑事判例制度的几点思考》，载《法治论丛》1992 年第 1 期。

169. 沈宗灵：《当代中国的判例——一个比较法研究》，载《中国法学》1992 年第 1 期。

170. 高岩：《我国不宜采用判例法制度》，载《中国法学》1991 年第 3 期。

171. 梁治平：《英国判例法》，载《法律科学》1991 年第 1 期。

172. 李步云：《关于法系的几个问题——兼谈判例法在中国的应用》，载《中国法学》1990 年第 1 期。

173. 武树臣：《论判例在我国法治建设中的地位》，载《法学》1986 年第 6 期。

## 二、外文文献

1. Phillip Morgan, "Doublethink and District Judges: High Court precedent in the county court", Legal Studies, 2012.

2. Eric D. Lawrence, "The Publication of Precedents and Its Effect on Legislative Behavior", Legislative Studies Quarterly, 2013.

3. Ryan C. Black, James F. Spriggs, "The Citation and Depreciation of U. S. Supreme Court Precedent", Journal of Empirical Legal Studies, 2013.

4. Gregory A. Caldeira, "The Transmission of Legal Precedent: A Study of State Supreme Courts", American Political Science Review, 1985.

5. Jan Komarek, "Precedent and Judicial Lawmaking in Supreme Courts: The Court of Justice Compared to the US Supreme Court and the French Cour de Cassation", Cambridge Yearbook of European Legal Studies, 2015.

6. Frank Cross, "Appellate Court Adherence to Precedent", Journal of Empirical Legal Studies, 2005.

7. Laura P. Moyer, Todd A. Collins, Susan B. Haire, "The Value of Precedent: Appellate Briefs and Judicial Opinions in the U. S. Courts of Appeals", Justice System Journal, 2013.

8. Malia Reddick, Sara C. Benesh, "Norm Violation by the Lower Courts in the Treatment of Supreme Court Precedent: A Research Framework", Justice System Journal, 2000.

### 三、学位论文

1. 丁海湖：《案例指导制度研究》，西南政法大学 2008 年博士学位论文。

2. 王磊：《中国案例指导制度构建研究——基于法经济学视角》，北京交通大学 2011 年博士学位论文。

3. 李佳欣：《中国刑法解释功能论》，吉林大学 2015 年博士学位论文。

### 四、报刊文献

1. 张晨：《周强出席全国法院案例指导工作推进会讲话强调——切实加强案例指导确保严格公正司法》，载《法治日报》2022 年 1 月 14 日，第 1 版。

2. 童建明：《以习近平法治思想为指引 开创检察案例指导工作新局面》，载《检察日报》2021 年 7 月 15 日，第 1 版。

3. 胡云腾：《关于参照指导性案例的几个问题》，载《人民法院报》2018 年 8 月 1 日，第 5 版。

4. 李贵方：《可将指导性案例上升为司法解释》，载《检察日报》2015 年 1 月 13 日，第 3 版。

5. 胡云腾：《关于案例指导制度的几个问题》，载《光明日报》2014 年 1 月 29 日，第 16 版。

6. 陈兴良：《一张解析德国刑事判例的路线图》，载《法制日报》2013 年 3 月 20 日，第 11 版。

7. 陈兴良：《建立案例指导制度意义深远》，载《法制日报》2013 年 4 月 10 日，第 12 版。

8. 张先明：《加强案例指导 统一裁判尺度》，载《人民法院报》2011 年 12 月 21 日，第 1 版。

9. 蒋安杰：《最高人民法院研究室主任胡云腾——人民法院案例指导制度的构建》，载《法制日报》2011 年 1 月 5 日，第 11 版。

10. 梁景辰、程计山:《案例指导制度在实现统一量刑标准中的作用》,载《人民法院报》2008年1月2日,第5版。

### 五、电子文献

1.《两高刑事指导性案例应用年度报告2015》,载北大法律信息网:http://www.chinalawinfo.com/AdHtml/20160122/fulltext.html.

2. 1991年《最高人民法院工作报告》,载最高人民法院官网:http://www.court.gov.cn/html/article/200302/19/1269.shtml.

3.《最高法召开发布会通报加强案例指导工作情况》,载中国法院网:http://www.chinacourt.org/article/detail/2015/06/id/1640214.shtml.

4.《关于加强典型案例作用的慎思——判例制度的比较研究与实证解析》,载大律师网:http://www.maxlaw.cn/l/20150817/826247395437.shtml.

5.《聚焦最高法院刑事类指导性案例》,载中国法学创新网:http://www.fxcxw.org/index.php/home/xuejie/artindex/id/7434.html.

6.《推进以审判为中心的诉讼制度改革》,载法制网:http://epaper.legaldaily.com.cn/fzrb/content/20150902/Articel11001GN.htm.

# 后　记

书稿完结，即将付梓，这本著作对我意义重大，倾注了很大的心血，算是给我整个学生生涯画了一个完美的句号。一直以来都有"写作恐惧症"的我，直到编辑对书稿已经完成全部修改和校对工作，我才又重新拿起书稿，提笔后记，感慨万千。

本书是在我博士论文的基础上进一步扩充而成。2014年9月，在工作8年之后，我又重新回到了母校吉林大学，跟随徐岱老师继续攻读博士学位，心里既兴奋，又忐忑。兴奋的是，重回校园，机会不易，尤其能在工作后继续求学，梦寐以求，在自己的人生道路上又迈出重要的一步，离自己的梦想又近一些；忐忑的是，自己撂荒多年，年龄渐长，是否能顺利完成学业，心中惶恐。

博士入学之时，我国的案例指导制度刚出台不久，在参与导师死刑司法控制研究课题时，最高人民法院发布的指导性案例中有两个关于死刑方面的案例，分别是指导案例4号王志才故意伤人案和指导案例12号李飞故意杀人案，我对这两个案例进行深入研究之后，逐渐对案例指导制度产生了兴趣，之后在导师的鼓励下，最终把案例指导制度作为我博士论文的选题。在阅读和搜集国内外大量资料基础之上，我奋笔疾书半年，论文终于有了雏形，经导师多次指导修改，最终完成近二十万字的博士论文，答辩顺利毕业。博士毕业以后我又重新返回工作岗位，各项工作任务繁忙，论文至此搁置脑后，而且一搁就是6年。2023年我又去北京师范大学访学，有幸跟随刑法大家刘志伟老师学习，才又重新拾捡起论文片段和思路，继续丰富文章内容。在导师的鼓励下，我一边学习，一边收集资料，最终在2023年底完成了本书的初稿。

书稿最终以"中国刑事案例指导制度研究"为题，最高人民法院和最高人民检察院发布《关于案例指导工作的规定》，标志着我国案例指导从理论研究走向实践，可以说这是我国法治建设上的一件大事，具有里程碑意义。案例是法治的细胞，是社会实践与法律规范的有效结合体，是应然法律规范的实然应用。无论是域内还是域外，无论英美法系抑或大陆法系国家，判/案例都发挥着极为重要的作用。作为一笔宝贵的司法财富，案例的优势功能对推动我国法治建设无疑是不可或缺的。随着法治建设与司法改革的不断推进，刑事案例指导制度面临机遇与挑战并存之局面。党的十八届四中全会通过《关于全面推进依法治国若干重大问题的决定》，描绘了建设中国特色社会主义法治国家的宏伟蓝图，并指出公正是法律的生命线，要严格司法，加强与规范司法解释和案例指导，统一法律适用标准，达致"人民群众在每一个司法案件中感受到公平正义"之目标。由此可见，案例指导是依法治国的重要内容，也是实现司法公正的重要方式。案例指导制度是司法改革的一项重要内容，"两高"极力推进刑事案例指导制度的实施，然而理论界对刑事指导性案例的效力仍未达成共识。从法院参照指导性案例审判实践来看，情况更是不容乐观，实践运行效果远未达至预期目标。

　　基于以上情况，本书以刑事法为视角，对刑事案例指导制度实践运行情况进行研究。从理论角度而言，该书可以丰富案例指导制度的内涵，因为刑事案例指导制度不同于民事案例指导制度，其本身必须在罪刑法定原则框架下进行。同时，该书能进一步明确刑事案例指导制度在我国法律体系中的地位以及指导性案例的效力，也能为我国刑事案例指导制度的实践运行提供理论支撑和运行指导。

　　在书稿即将付印之际，首先要特别感谢我的博士生导师徐岱教授，他从初稿到成稿不厌其烦地进行指导，耗费大量的时间和精力。恩师不仅是我学术上的领路人，也是我生活中的导师。其次要感谢我的第二导师北京师范大学刑事法律科学研究院刘志伟教授，虽然只有短短几个月的相处，但刘老师以严谨治学的态度以及对学生的那份关怀，成为我人生道路上又一位领路人，感念师恩！这里也要特别感谢原茵师母，在我访学期间，给我生活上很多的照顾和关心，也对我人生的发展提出了很多宝贵意见。

　　感谢我的好兄弟张龙博士、吴亚可博士、杜磊博士、李淑兰博士，他们对本书提出了宝贵意见，也是我能坚持下来的重要原因，特别是张龙博士对本书从头到尾进行了校对，再次特别感谢。

　　感谢我的师兄靳振国编辑，对本书的题目和框架提出了宝贵的建议。

感谢当代中国出版社的李昭编辑,她为本书出版付出了许多劳动,对她的敬业精神和学识,表示由衷的感谢。

最后,要感谢我的妻子和家人,他们对我工作的支持和无私态度,使我能专心写作。

本书即将出版,但在案例指导制度方面的很多问题仍需进一步探讨。如何把案例指导制度落到实处,真正发挥案例指导的实践价值,这方面的法律实践仍然有很长的路要走。同时,本书提出的观点难免有不足和疏漏之处,敬请各位专家和广大读者批评指正。

刘银龙

2024 年 10 月于长院